죽음집

이 책은 2020년도 정부(교육부)의 재원으로 한국고전번역원의 지원을 받아
수행된 '권역별거점연구소협동번역사업'의 결과물임.

This work was supported by Institute for the Translation of Korean Classics - Grant funded by the Korean Government.

한국고전번역원 한국문집번역총서/조선대학교 인문학연구원 고전번역연구소

죽음집 2

竹陰集

조희일 지음
趙希逸

최이호 이민호 옮김

일러두기

1. 이 책의 번역 대본은 서울대학교 규장각 소장 《죽음집(竹陰集)》(奎6830)으로 하였다. 이 문집은 한국고전번역원 발간 한국문집총간 83집에 수록되어 있다.
2. 내용이 간단한 역주는 간주(間註)로, 긴 역주는 각주(脚註)로 처리하였다.
3. 한자는 필요한 경우 이해를 돕기 위하여 넣었으며, 운문(韻文)은 원문을 병기하였다.
4. 맞춤법과 띄어쓰기는 한글 맞춤법과 표준어 규정을 따랐다.
5. 이 책에서 사용한 부호는 다음과 같다.

( ) : 번역문과 음이 같은 한자를 묶는다.
〔 〕 : 번역문과 뜻은 같으나 음이 다른 한자를 묶는다.
“ ” : 대화 등의 인용문을 묶는다.
‘ ’ : “ ” 안의 재인용 또는 강조 문구를 묶는다.
「 」 : ‘ ’ 안의 재인용을 묶는다.
『 』 : 「 」 안의 재인용을 묶는다.
《 》 : 책명 및 각주의 전거(典據)를 묶는다.
〈 〉 : 책의 편명 및 운문·산문의 제목을 묶는다.
□ : 글자의 자리를 비워 둠을 나타낸다.
▨ : 글자의 판독이 불가함을 나타낸다.

차례

죽음집 제3권

칠언절구 七言絶句

죽음집 제4권

오언율시 상 五言律詩上

죽음집 제5권

오언율시 하 五言律詩下

육언율시 六言律詩

죽음집

제3권

칠언절구
七言絶句

칠언절구 七言絶句

평산[1]의 객사에서 갑진년(1604, 선조37)에 자문점마[2]로 관서에 갔다.

平山客舍 甲辰年 以咨文點馬 赴關西

빈 관사 희미한 등불 아래 적막과 짝한 채　虛館殘燈伴寂寥
나그네 잠 못 들고 밤새 비 내리누나　旅人無夢雨連宵
배꽃 가지 위에 층층이 쌓인 눈　梨花枝上層層雪
아침 되면 반은 녹으리란 걸 알겠네　知是朝來一半消

1 평산(平山) : 황해도 남동쪽에 위치한 지명으로, 평주(平州)의 다른 이름이다.

2 자문점마(咨文點馬) : 자문이 오갈 때 사용하는 말을 점검하는 관원이다.

송경

松京

옛 전각 남은 터엔 풀빛이 짙은데	古殿遺墟草色稠
송악산은 말없이 석양 속에 시름하네	松山無語夕陽愁
다정하여라 선죽교[3] 가의 물이	多情善竹橋邊水
오열하며 천년을 쉼 없이 흐르누나	嗚咽千年不盡流

3 선죽교(善竹橋) : 개성시 선죽동에 위치한 고려 시대의 석교(石橋)이다. 고려 말에 정몽주(鄭夢周)가 이방원(李芳遠)이 보낸 조영규(趙英珪) 등에 의해 철퇴를 맞고 피살되었는데, 이때 다리 옆에서 참대가 솟아 나와 선죽교로 고쳐 불렀고, 정몽주의 핏자국이 지워지지 않고 계속 남아있다고 한다.

취하여 철산 부사(鐵山府使)에게 주다

醉贈鐵山

나그네 변방 오니 벗들 드문데	客來關外故人稀
반갑게 만난 이 바로 알던 사람이라	青眼逢場卽舊知
술잔 잡고 계절 저물어 문득 놀랐네	把酒忽驚時序晚
뜰 가득한 비바람에 장미 떨어져서	滿庭風雨落薔薇

우연히 읊다
偶吟

복사꽃 지려하고 살구꽃 드문데	桃花欲謝杏花稀
서글퍼라 봄빛이 차례로 저무네	惆悵春光次第歸
애써 청주 마시며 한바탕 취하였는데	强對淸尊拚一醉
주렴 밖 성긴 비가 부슬부슬 내리네	隔簾疏雨正霏霏

남을 대신해서 장난삼아 짓다

代人戲作

꾀꼬리 꾀꼴꾀골 몇 마디 우는데	數聲黃鳥囀綿蠻
화각은 침침하여 꿈이 한창이라	畫閣沈沈夢未闌
서글퍼라 석양 속 돌아가는 길에	惆悵夕陽歸去路
낙화와 버들개지가 수심 일으키네	落花飛絮惹愁端

또 짓다
又

애틋한 정 이어지는데 술은 얼마 없고	脈脈深情淺淺杯
좋은 밤 너무 짧아 한을 견디기 어렵네	良宵苦短恨難裁
만약 강의 조수로 변할 수만 있다면	若爲化作江潮水
매일 아침에 갔다 저녁에 돌아오련만	日日朝歸暮便回

자오가. 자선[4]의 시에 차운하다

子午歌 次子善韻

웃으며 술 마시니 온갖 시름이 사라져	笑向尊前萬念休
가을 하늘 아래 맑은 노래 한 곡조 부르네	淸歌一曲奏高秋
문을 나서 말 세우고 못 돌아가고 있을 제	出門立馬不歸去
어둑한 새벽달에 소나무 길이 그윽하네	落月蒼蒼松逕幽

4 자선(子善) : 이영원(李榮元, 1565~1623)의 자로, 본관은 함평(咸平), 호는 용계(龍溪)이다. 사계(沙溪) 김장생(金長生)의 문인이다. 시가 준수하고 맑아 권필(權韠), 임숙영(任叔英)과 벗으로 친하게 지냈으며, 김상헌(金尙憲) 형제 등도 그를 중시하였다.

북대에 올라 군산도를 바라보다[5]

登北臺 望群山島

천하 사람들 모두 말하길 동정호[6]가 커서	天下皆言洞庭大
칠백 리 호수 가운데 군산이 있다하네	君山七百里中間
푸른 바다 바라보매 아득하여 끝없으니	一望滄溟渺無際
이곳 군산이 정녕 저곳 군산보다 낫구나	群山定是勝君山

5 북대(北臺)에……바라보다 : 이 시 이하 다섯 수는 조희일이 1606년(선조39)부터 1608년까지 충청도와 전라도의 조운(漕運) 업무를 맡아보던 해운 판관(海運判官)으로 있을 때 지은 시인 듯하다. 《죽음집(竹陰集)》 권5에도 같은 제목의 5언 율시가 있는데, 그 주석에 "정미년(1607)에 지어졌다."라고 하였다. 군산도(群山島)는 전라북도 군산시 옥도면(沃島面)에 위치한 섬으로, 고군산군도(古群山群島)의 중심 섬인 선유도(仙遊島)를 가리킨다. 선유도는 예전에 군산도로 불렸다.

6 동정호(洞庭湖) : 중국 호남성(湖南省) 북부에 있는 큰 호수의 이름으로 양자강(揚子江) 남쪽 유역에 있는데, 이 호수 가운데 군산(君山)이 있다.

신창[7]의 작은 정자에서. 양석천의 시에 차운하다

新昌小亭 次梁石川韻

한적한 섬돌의 이끼를 죽순이 뚫어 망치고[8]	閑階苔破竹芽侵
교목은 처마에 잇닿아 푸른 그늘과 합해졌네	喬木連簷合翠陰
잠시 작은 집 빌려 단잠을 청하니	暫借小軒尋穩睡
좋은 바람이 비를 몰고 앞 숲을 지나가네	好風將雨過前林

7 신창(新昌) : 충청남도 아산군(牙山郡)에 있는 현 이름이다.

8 한적한……망치고 : 죽순이 섬돌의 이끼를 뚫고 나와 이끼를 망가뜨리는 봄날의 풍경을 읊은 것이다. 송(宋)나라 시승(詩僧) 청순(淸順)의 〈십죽(十竹)〉에 "봄바람은 부디 죽순 자라게 하지 말라. 내 섬돌 앞 푸른 이끼 뚫어 망가뜨릴까 염려된다.〔春風愼勿長兒孫, 穿我階前綠苔破.〕"라고 한 데서 온 말이다. 《古文眞寶前集 卷4》

백마강[9]에서

白馬江

가랑비 내리는 석양에 강 건널 제	夕陽微雨渡江時
천고의 황성 위에 반달 이지러졌네	千古荒城半月虧
어부의 피리는 망국의 한을 아는지 모르는지	漁笛不關亡國恨
안개 너머 어디에서 몇 마디 불어대나	隔煙何處數聲吹

9 백마강(白馬江) : 충청남도 부여(扶餘) 부근을 흐르는 강이다.

삼가 선친의 시에 차운하여 종사에게 주다[10]

敬次先稿韻 贈宗師

왕명을 받고 부지런히 일 하느라 受命孜孜謾飮氷
지금껏 가업 전하려 해도 의지할 것 없었는데 如今傳業竟無憑
유편을 보고 느낀 바가 유독 많아서 遺篇入眼偏多感
옛 중의 간곡한 부탁에 차운하노라 賡寫丁寧託舊僧

선친의 유고가 병란(兵亂) 중에 다 없어졌고 사람들에게서 전해 오는 것도 많지 않았다. 잘 지켜서 집안과 세상에 전하지 못한 것은 실로 불초(不肖)의 죄인지라 늘 자나 깨나 마음에 걸렸다. 그러던 중 정미년(1607, 선조40)에 서림(西林)의 남관(南館)에서 종사(宗師)를 만났는데, 종사는 어릴 적부터 알던 사이였다. 헤어진 지 16년이 지났으니 문득 백수(白首)와 장부(壯夫)의 감회[11]가 들었다. 안부를 다 묻기도

10 삼가……주다 : 선친은 이조 좌랑, 삼척 부사(三陟府使), 승지 등을 역임한 조원(趙瑗, 1544~1595)이다. 조원의 시는 미상이나, 조원의 시의 운자를 써서 차운하거나 승려에게 준 시가 김성일(金誠一)의 《학봉집(鶴峯集)》 권1에 〈법사의 시축 중의 시에 차운하다〔次法師軸中韻〕〉라는 제목과, 유성룡(柳成龍)의 《서애집(西厓集)》 권1에 〈승려에게 주다〔贈僧〕〉라는 제목으로 실려 있다.

11 백수(白首)와 장부(丈夫)의 감회 : 오랜 시간이 지나 자신이 어렸을 때 만난 상대가 이제는 노년이 되고 자신은 장년이 된 데 대한 감회를 말한 것이다. 한유(韓愈)의 〈정병조에게 주다〔贈鄭兵曹〕〉에 "동이 술 마시며 십 년 전에 서로 만났을 땐, 그대는 장년이요 나는 소년이었는데, 동이 술 마시며 십 년 뒤에 다시 만나니, 나는 장년이요 그대는 백발이로다.〔樽酒相逢十載前, 君爲壯夫我少年. 樽酒相逢十載後, 我爲壯夫君白首.〕"라고

전에 곧바로 소매에서 시축(詩軸)을 꺼냈는데, 가장 앞에 실린 것이 바로 선친의 유고였다. 그런데 자세히 보니 필적(筆跡)이 진짜가 아니었다. 내가 물으니, 대답하기를 "처음에 학상(學尙)이라는 중이 아주 좋아하여 절취(截取)해 갔네. 이것은 바로 상주 목사(尙州牧使) 사문(斯文) 김(金) 아무개[12]가 쓴 것이네." 하였다. 또 말하기를 "김 아무개도 선공(先公)과 동년배이나 친밀하기로는 그대만한 이가 없네." 하고 이어 나에게 다시 써 줄 것을 요구하였다. 아, 예전 전란으로 허둥지둥 달아날 적에 석장(錫杖)과 바리때도 오히려 모두 버렸을 터인데, 유고만은 말아서 소매 사이에 간직해 두었다가 결국 지금까지 보존하였으니, 종사가 선친의 유고를 보존한 것이 또한 참으로 지극정성이라 하겠다. 나는 수습하는 데에만 급급하여, 선친의 일을 기억하거나 묻지 못할까 염려할 뿐이었는데, 수많은 글 가운데서 하나를 얻었으니 어떠한 마음이 들겠는가. 이에 그 시에 차운하고 이 일을 서술하여 손수 써서 주노라. 때는 만력(萬曆) 정미년 6월 상순이다.

한 데서 온 말이다. 《韓昌黎集 卷3》

12 상주 목사(尙州牧使)……아무개 : 김정목(金庭睦, 1560~1612)인 듯하나, 확실하지 않다. 김정목은 1609년(광해군1)에 상주 목사로 재직하고 있었다. 《光海君日記 1年 5月 20日》

종사의 시축 중의 시에 차운하다

次宗師軸中韻

바다 구름 해 덮어 낮에도 침침한데　海雲霾日晝沈沈

물 빠진 낚시터에 물새가 지저귀네　潮落漁磯響水禽

객지에서 다시 만나 되려 시구 찾는데　客裏重逢還索句

누에 치는 시절 지나서 문득 놀랐다오　忽驚時節過桑蠶

6월 10일에 종사가 군산(群山)에 있는 나를 재차 찾아왔다. 이어 시를 찾아서 보고 읊는데 전날 주었던 '상촌에는 누에 치는 일 시작되었네.〔桑村起綠蠶.〕'라는 구절에서 시절이 이미 지난지라 감회가 일어 결구(結句)에서 말한 것이다.

아계의 시에 차운하여 선사(禪師) 형에게 주다[13]

次鵝溪韻 贈泂師

훨훨 나는 석장이 구름 끝을 스치니	飄然飛錫拂雲根
해질녘 매미 소리 먼 마을을 지나네	落日蟬聲過遠村
시구 청하는 데 꼭 면식 없어도 되니	乞句不須先識面
시가 있는 곳 어디든 문 두드린다네	有詩隨處便敲門

13 아계(鵝溪)의……주다 : 아계는 이산해(李山海, 1539~1609)의 호이다. 이 시는 이산해의 〈증산인일형(贈山人一泂)〉이라는 시를 차운한 것이다. 선사 형(泂)은 이산해 시의 제목에서 보듯 산인(山人) 일형(一泂)인 듯하다.

동악의 증국시[14]에 차운하다

次東岳贈菊詩韻

동쪽 울타리 곁에서 가지 하나 꺾어	爲傍東籬折一枝
진중하게 부쳐와 흉금을 털어놓네	寄來珍重見襟期
꽃은 시들었지만 향기 아직 남아	花容雖悴香猶在
손수 국화 따서 술잔에 띄운다오	手掇寒英泛酒巵

14 동악(東岳)의 증국시(贈菊詩) : 동악은 이안눌(李安訥, 1571~1637)의 호로, 증국시는〈관아의 뜰 앞에 황국이 만발하여 꺾어다가 해운판관 죽음 조이숙 희일 학사에게 부치다. 이때 덕산의 별업에서 머물고 있었다.〔衙軒庭前黃菊盛開折寄海運判官竹陰趙怡叔希逸學士時駐德山別業〕〉라는 제목의 시이다. 거기에 "손수 노란 국화 꺾어 한 가지 부치니, 벗은 멀리서 바라볼 뿐 좋은 시기 어겼어라. 중양절 지난 뒤 가을빛 저무는데, 서글퍼라 어느 때나 함께 잔을 비울까.〔手折黃花寄一枝, 故人相望滯佳期. 重陽過後秋光老, 惆悵何時共倒巵.〕"라고 하였다. 《東岳先生集 卷7 洪陽錄》

국화 연구[15]

菊花聯句

빛나는 노란 꽃 아직 가지에 가득하니 자민	燦燦金英尙滿枝 子敏
중양절 지난 뒤라 보기 좋은 때로다 이숙	重陽過後是佳期 怡叔
훗날 이 모임 다시 갖기 어려우리니 자민	他時此會應難再 子敏
오늘 밤 넘실대는 술 다 마셔야하리 이숙	須盡今宵瀲灩巵 怡叔

15 국화(菊花) 연구(聯句) : 이 시는 자가 자민(子敏)인 이안눌과 자가 이숙(怡叔)인 조희일이 한 구씩 지은 것으로, 이안눌의 문집에도 비슷한 내용이 보인다. 그의 시 〈이숙의 초당에서 국화를 마주하고 연구를 짓다. 앞 시의 운을 사용하다〔怡叔草堂對菊聯句用前韻〕〉에 "서리 견디고 남은 국화 두어 가지(자민), 시인 기다려 아직 지지 않은 듯(이숙). 훗날 이 모임 어찌 다시 가지랴(자민), 오늘 밤 넘실대는 술 다 마셔야 하리(이숙). 〔傲霜殘菊兩三枝(子敏), 如待騷人不負期(怡叔). 異時此會那能再(子敏), 須盡今宵瀲灩巵(怡叔).〕"라고 하였다. 《東岳先生集 卷7 洪陽錄》

또 짓다
又

서리 견디고 남은 국화 두어 가지 자민	拒霜殘菊兩三枝 子敏
시인 기다려 아직 지지 않은 듯 이숙	如待騷人不負期 怡叔
촛불 잡고 다시 자세히 살펴보니 자민	秉燭更須看仔細 子敏
내일 아침 벗과 함께 술 마시기 어려우리 이숙	明朝難共故人巵 怡叔

자민이 자선에게 준 시[16]에 차운하다

次子敏贈子善

가야산[17] 서쪽 가에 자리잡은 팔봉산[18]	伽倻西畔八峯山
그 아래 얽힌 나무 사이의 외딴 성	山下孤城亂樹間
무엇보다 그대 바라보며 아주 시름겨운 곳에	最是望君愁絶處
꿈처럼 젖은 구름에 비가 아롱지네[19]	濕雲如夢雨斕斑

16 자민(子敏)이……시 : 《동악집(東岳集)》 권7에 실린 〈기이자선수재(寄李子善秀才)〉를 말한다.

17 가야산(伽倻山) : 현재 충청남도 서산시 운산면과 해미면, 예산군 덕산면 경계에 있는 산이다.

18 팔봉산(八峯山) : 충청남도 덕산현(德山縣)에 소재한 산 이름이다.

19 꿈처럼……아롱지네 : 운우지정(雲雨之情)의 고사를 끌어와 벗을 그리워하는 심정을 표현한 것이다. 초(楚)나라 회왕(懷王)이 고당에서 노닐다가 꿈속에 신녀(神女)를 만나 동침을 하였는데, 신녀가 떠나면서 "첩은 무산(巫山) 남쪽 높은 봉우리에 사는데, 아침에는 구름이 되고 저녁에는 비가 되어 매일 아침저녁 양대(陽臺) 아래에 있습니다."라고 하였다 한다. 《文選 卷10 高唐賦》

이자선에게 준 시[20]에 두 번째로 차운하다
二次贈李子善

우수수 낙엽이 차가운 산에 떨어지니	蕭蕭落葉下寒山
맑은 새벽 설월 속에 그대 돌아가누나	淸曉人歸雪月間
졸린 눈 겨우 뜨고 괴로이 읊조리니	睡睫乍開吟正苦
시반[21]으로 수심한 머리털 거울 속에 보이네	鏡中愁鬢見詩斑

20 이자선(李子善)에게 준 시 : 《동악집(東岳集)》 권7에 실린 〈산 자 운을 다시 사용하여 용계 이자선에게 부치다〔復用山字寄龍溪李子善〕〉라는 제목의 3수를 말한다.

21 시반(詩斑) : 시를 짓느라 노심초사하여 머리카락이 희끗희끗해진 것을 말한다. 당승(唐僧)의 시에 "시를 짓느라 머리털 반백이 되었네.〔髮爲作詩斑.〕"라고 한 데서 온 말이다. 《山堂肆考 卷127 詩斑》

백화정[22]으로 향하려 할 제 주인 임공에게 부치다

將向百花亭 寄主人林公

오성[23]에 어제 매화 꽃술 터진 걸 보니	筽城昨見梅蘂破
동짓달 강남에 봄 소식 돌아왔네	至月江南春信回
백화정에는 아직 매화가 이를 터이니	百花亭中梅尙早
객이 오기를 기다렸다가 꽃 다 피리라	應待客來花盡開

22 백화정(百花亭) : 임훤(林愃, 1552~?)의 정자이다. 임훤은 자는 자관(子寬)이고, 문화 현감(文化縣監)을 지낸 임환(林懽)의 형으로, 자신은 벼슬을 하지 않고 정자에 백화(百花)를 심어 놓고서 거문고를 타고 시만 읊었다고 한다. 《石洲別集 卷2 師友錄》

23 오성(筽城) : 전라도 영광(靈光)의 고호(古號)이다.

차운하여 자민이 방문해 준 데 대해 사례하고 또 일찌감치 돌아가는 흥취를 서술하다

次韻 謝子敏來訪 且述其早歸之興

달 진 외딴 마을에서 돌아가는 길 재촉하니	月落孤村歸駕催
어둑한 새벽빛이 시야에 들어오네	蒼蒼曉色望中來
숙취 풀리지 않아 오건 젖혀 쓰니	宿酲未解烏巾岸
풍류 있는 자사[24] 돌아가는 모습 앞다투어 보네	爭觀風流刺史回

24 풍류 있는 자사(刺史) : 상대의 풍류가 넘친다는 말이다. 자사라고 한 것은 아마도 이안눌이 이때 목사(牧使)의 벼슬을 하고 있었기 때문에 이렇게 말한 듯하다. 이안눌은 1607년(선조40)에 홍주 목사(洪州牧使)로 있으면서 《홍양록(洪陽錄)》을 지었는데, 거기에 저자에게 준 증국시(贈菊詩)를 비롯해 조희일과 주고받은 시가 다수 포함되어 있다.

차운하여 동악에게 부치다[25] 올 때 무한성[26]에 도착하여 자민을 생각하다.

次韻寄東岳 來時 到無限城 思子敏

객지에서 함께 모여 좋게 회포 풀려고	客中簪盍好懷開
들 밖 외딴 마을을 자주 왕래하였네	野外孤村數往來
오늘 동쪽으로 돌아가서 그대 못 봐	今日東歸君不見
해질녘 역정에서 공연히 고개 돌린다오	驛亭殘照首空回

25 차운하여 동악(東岳)에게 부치다 : 조희일이 차운한 동악의 원운은 《동악집(東岳集)》 권8에 〈관아 뜰 앞에 국화가 만발하였는데 근심스레 홀로 앉아 있노라니 마음에 감흥이 일었다. 이어 지난 가을 화답한 시운을 써서 조이숙에게 부쳐 보내고 인하여 이자선에게 보이다. 때는 무신년(1608) 9월 16일이다〔衙軒庭前菊花盛開悄然獨坐有感于懷仍用去秋酬和詩韻寄贈趙怡叔因示李子善時戊申九月十六日〕〉라는 제목으로 실려 있다.

26 무한성(無限城) : 충청남도 예산(禮山)의 무한산성(無限山城)을 말한다.

또 짓다 덕향으로 가려 할 제 이미 남쪽 길에 접어든 자민을 상상하다.

又 將向德鄕 想子敏已啓南程矣

빠듯한 여정에 가는 길 바쁘고 급하니	嚴程行色也忙催
그대는 어찌 날 기다리지 않고 떠났나	君去何能待我來
홀로 팔봉산 아래 길로 향하노라니	獨向八峯山下路
취한 몸 부축하고 한밤에 돌아온 일 생각나네	憶曾扶醉夜深回

또 짓다
又

천애의 이 이별의 한을 견디기 어려운데	天涯此別恨難裁
천리에서 누가 편지 한 통 전해 올까	千里誰傳一字來
푸른 바다 성 가에 봄기운이 생동하니	青海城頭春意動
변방 기러기가 저녁 구름을 비껴 띠고 도네	塞鴻斜帶暮雲回

사상의 시에 차운하여 창기에게 주다 병오년(1606, 선조39)

次使相韻贈歌兒 丙午年

맑은 시로 예전에 놀던 일 전하니	淸詩傳得昔年遊
6년 만의 상봉에도 머리 세지 않았네	六載相逢鬢未秋
예쁘게 찡그린 얼굴 반 가리고 한 곡 부르니	半掩嬌顰歌一曲
온 당의 빈객들 모두 고개 돌려 보네	滿堂賓客盡回頭

차운하여 자민에게 부치다

次韻寄子敏

왼 종일 책상에서 옛 책 보노라니	盡日床頭閱古書
객관 쓸쓸하여 그윽한 거처 같다오	客亭寥落似幽居
다정하게 가랑비가 시구 재촉하니	多情小雨催詩句
수염 비비꼬며 시 지으매[27] 뜻이 넉넉하네	撚斷吟髭意有餘

27 수염……지으매 : 시구를 짓느라 고심한다는 말이다. 당(唐)나라 노연양(盧延讓)의 〈고음(苦吟)〉에 "시 읊어 한 글자 안배하느라, 두어 가닥 수염을 꼬아 끊었네.〔吟安一個字, 撚斷數莖鬚.〕"라고 한 데서 온 말이다. 《全唐詩 卷715》

나그네의 회포를 서술하여 숙도[28] 김상헌 에게 부치다

述旅懷寄叔度 金尙憲

쓸쓸한 빈 객관에 고운 별 더딘데	虛館寥寥麗景遲
꽃 떨어진 주렴에 한동안 앉았네	落花簾幕坐移時
푸른 봄 지났는데도 이 몸 병든 채	靑春已去人猶病
새 시 지어 그리운 사람에게 준다오	爲把新詩贈所思

28 숙도(叔度) : 김상헌(金尙憲, 1570~1652)의 자이다. 본관은 안동, 호는 청음(淸陰)·석실산인(石室山人)·서간노인(西磵老人), 시호는 문정(文正)이다. 조희일과 아주 친하게 지냈던 인물이다.

오산[29] 차천로의 시에 차운하다

次五山韻 車天輅

삼월 강가 성엔 가지에 꽃 가득하니	三月江城花滿枝
풍광이 참으로 화창한 봄날이라오	風光正屬艷陽時
멀리 고향 동산 서호 가[30]에	故園迢遞西湖畔
어느 날에나 돌아와서 낚싯줄 손질할까	何日歸來理釣絲

29 오산(五山) : 차천로(車天輅, 1556~1615)의 호이다. 본관은 연안(延安), 자는 복원(復元), 또 다른 호는 귤실(橘室)·청묘거사(淸妙居士)이다. 서경덕(徐敬德)의 문인으로, 명나라로 보내는 외교문서를 많이 작성하여 명나라에서 그를 동방문사(東方文士)라 불렀다. 특히 시(詩)에 뛰어나 한호(韓濩)의 글씨, 최립(崔岦)의 문(文)과 함께 '송도삼절'로 일컬어졌다. 저서에 《오산집》 등이 있다.

30 고향……가 : 서호(西湖)는 한강 하류 지역의 옛 이름으로, 현재 마포, 서강, 양화나루 구간을 지칭한다. 조희일의 별업(別業)이 서호(西湖) 아래에 있기 때문에 이렇게 말한 것이다. 《竹陰集 卷6 肅川途中次車五山韻》

차운하여 허 양평에게 주다

次贈許陽平

봄 저문 강가 성에 기러기 떼 비껴 나니	春晩江城雁陣斜
고향 동산엔 손수 심은 꽃 피었으리라	故園應發手栽花
아득한 세상사 어찌 말로 할 수 있으랴	悠悠世事那堪說
돌아갈 것 잊고 취한 이곳이 내 집이라	留醉忘歸是我家

사헌부와 합계(合啓)한 밤에 비답이 내려오기를 기다리다

與柏府合論夜候批下

봉장을 올린 뒤 대궐 문 닫았는데	封章奏後鎖彤闈
가을밤 지루하게 물시계 소리 더디네	秋夜漫漫報漏稀
은대에서 교지 내려오길 기다리니	待得銀臺宣旨罷
달밤에 늦게 돌아가는 게 무슨 상관이랴	不妨乘月緩鞭歸

산승의 시축 중의 시에 차운하다

次山僧軸中韻

구름 낀 숲 돌아보니 몇 겹이나 막혔는가	回首雲林隔幾重
서글퍼라 십 년이나 이 몸 돌아가지 못했네	十年惆悵未歸蹤
산에는 밝은 달빛 가득하고 서풍이 찬데	滿山明月西風冷
맑은 새벽 금원의 종소리 멀리서 들리네	淸曉遙聞禁苑鍾

청음에게 주고 아울러 죽장을 요구하다

贈淸陰兼求竹杖

평소 병이 많고 왼쪽 다리 저렸는데	多病平生左脚酸
근년에 기거의 어려움을 자못 깨달았네	年來頗覺起居難
그대의 도움으로 이 몸 부지하고 싶으니	憑君欲借扶持力
섬돌 앞 대나무 하나 어찌 아끼는가	何惜階前竹一竿

가을 그믐날을 잡아 술을 마시며 동곡에게 화답하다 동악의 다른 호는 동곡이다.

抄秋晦日 對酒和東谷 東岳一號東谷

반 걷힌 주렴 사이로 산 빛이 책상에 가득한데	半簾山色滿床書
쓸쓸한 이내 생애 적막하게 거처한다오	濩落生涯寂寞居
세간의 온갖 일들로 머리털 세려 하니	萬事世間頭欲白
부디 한잔 다 마시고 남기지 마시게	一杯須盡不須餘

영상시 동전에서

迎祥詩 東殿

해가 금경에 비쳐 새벽이슬 마르니[31] 日射金莖曉露晞

오린 꽃 조각 제비 장식 동궁에 아름답네 翦花雕燕媚春闈

큰 은혜에 사례하고 돌아가는 길 深恩謝罷歸時路

머리 위 은번[32]이 찬란하게 빛나네 頭上銀幡爛有輝

31 해가……마르니 : 새벽에 높은 전각에 해가 비춰 이슬이 마른다는 말이다. 금경(金莖)은 한(漢)나라 무제(武帝)가 세웠던 승로반(承露盤)의 구리 기둥으로, 무제는 일찍이 신선을 사모하여 건장궁(建章宮)에 20장(丈) 높이의 구리 기둥을 세우고 이슬을 받는 선인장(仙人掌)을 그 기둥 위에 설치하여 이슬을 받아서 옥가루［玉屑］에 타서 마셨다《漢書 郊祀志》 여기에서 금경은 높고 화려한 전각을 가리킨다.

32 은번(銀幡) : 은박으로 꽃처럼 오려 만든 머리꾸미개이다. 흔히 인일(人日)에 왕이 총애하는 근신(近臣)과 고관(高官)에게 하사하는데, 하례식이 끝난 후 근신들이 모두 채승(彩繩)과 은번을 머리에 꽂고 집으로 돌아갔다는 고사가 있다.

취하여 성백[33]에게 주다

醉贈惺伯

다정하여라 달만이 기약한대로 떠오르니	多情唯有月如期
눈 온 뒤 맑은 빛이 사립문에 일렁이네	雪後淸光動野扉
오늘 밤 이별의 마음 끝없이 비쳐주니	今夜離懷照不盡
한양성으로 사람과 짝하여 돌아가누나	漢陽城裏伴人歸

33 성백(惺伯) : 누구인지 자세하지 않으나, 이경탁(李慶倬, 1572~?)의 동종(同宗)으로 함께 법련암(法蓮庵)을 유람한 기록이 있다.《竹陰集 卷15 法蓮庵記》

이 판관의 별서를 방문하다 이때 별서는 청계산[34] 아래에 있었다.

訪李判官別墅 時在淸溪山下

무성한 산 속 어디에 사립문 닫혔나	亂山何處掩柴扉
예전 갔던 길 황량하니 어디로 가야 할지	舊跡荒涼去路疑
섣달 눈이 반쯤 녹아서 봄이 가까워오니	臘雪半消春事近
시냇가 찬 매화 가지에 꽃 피려 하누나	寒梅欲動澗邊枝

34 청계산(淸溪山) : 지금의 서울시와 경기도 과천시(果川市) 사이에 있는 산으로, 숲이 울창하고 맑은 계곡물이 흐른다.

차운하다

次韻

산 앞의 별업이 멀리 시야에 들어오니	山前別業望中賒
짙은 잎에 찬바람 불고 돌길 비탈졌네	暗葉吹寒石逕斜
가다가 작은 냇물 근원에 이르고 보니	行到小溪源盡處
두어 집이 흰 구름에 깊이 잠겨 있네	白雲深鎖兩三家

한욱재[35]에게 주다

贈韓勖哉

가인이 자색 비단 옷 새로 전당 잡히니[36]	佳人新典紫羅襦
거른 봄 술이 연유처럼 매끈하구나	釀得春醪潤似酥
서둘러 술통에 담았으나 그대 오지 않아	催上小槽人不到
새벽까지 진주 떨어지는 소리[37] 누워 듣네	臥聽殘夜滴眞珠

35 한욱재(韓勖哉) : 한명욱(韓明勖, 1567~1652)으로, 욱재는 그의 자이다. 본관은 청주(淸州), 호는 율헌(栗軒)이다. 1606년(선조39)에 진사가 되었고, 1612년(광해군4)에 증광문과에 병과로 급제하였다. 1614년에 예조좌랑이 되었고, 이듬해 사서·정언을 거쳐 지평이 되었다.

36 가인(佳人)이……잡히니 : 옷을 전당 잡힌다는 말은 술을 사기 위해서 옷을 맡긴다는 말이다. 두보(杜甫)의 〈곡강(曲江)〉에 "퇴청해서는 나날이 봄옷을 전당 잡혀, 날마다 강 머리에서 실컷 취해 돌아오네.〔朝回日日典春衣, 每日江頭盡醉歸.〕"라고 한 데서 온 말이다. 《杜少陵詩集 卷6》

37 진주 떨어지는 소리 : 술통에서 술이 떨어지는 소리를 말한다. 당(唐)나라 시인 이하(李賀)의 〈장진주(將進酒)〉에 "유리 술잔에 호박주 빛깔 짙기도 해라, 작은 술통에서 떨어지는 술 방울이 진주처럼 붉구나.〔琉璃鍾琥珀濃, 小槽酒滴眞珠紅.〕"라고 한 데서 온 말이다. 《全唐詩 卷17》

또 짓다
又

진주 떨어지는 소리 베개 가에 울리는데	眞珠滴滴枕邊鳴
원망의 눈물과 뒤섞여 오경이 되었네	怨淚相和到五更
수일의 좋은 약속도 보장 못하는데	數日佳期猶不保
평생 동안 어떻게 처음 약속 지키랴	百年那得信初盟

또 짓다
又

그대가 술 익으면 오겠다고 말하니	君言酒熟我當來
그리운 마음에 하루 만에 바로 익었다오	一日相思便醱醅
술은 약속 지킨 듯한데 그대는 어겼으니	酒若有期君失信
박정한 사나이 정 있는 술 마시게나	薄情郎飮有情杯

또 짓다
又

정 있는 술을 박정한 사나이에게 권하노니	有情杯勸薄情郎
오면 얼굴 펴지고 가면 간장 끊어진다오	來便開顏去斷腸
거울 속에 봄빛이 며칠이나 가겠는가	鏡裏春光能幾日
일 년의 꽃철은 잠깐 사이에 지나간다네	一年花事片時忙

사창에서 한생에게 주다

社倉贈韓生

매서운 봄추위가 객의 옷에 스미니	料峭春寒透客衣
종이창 밝은 곳에서 아침 해 보내네	紙窓明處送朝暉
서로 만나 큰 술잔 잡고 권하노니	相逢却把深杯勸
인간 세상의 시시비비 따지지 말게	遮莫人間有是非

인숙의 장례에 참석하다
會葬姻叔

아아 체백이 덤불에 파묻히니　　堪嗟體魄翳榛菅
열 자 묘소에 다섯 치 관이라　　十尺玄廬五寸棺
결국 부생이 돌아가는 곳은　　畢竟浮生歸宿處
예나 지금이나 똑같이 청산이라　　古今同是一青山

봄비 내릴 제 우연히 읊다

春雨偶吟

흐린 날 부슬부슬 또 실처럼 내리는 비가	霏霏漠漠又絲絲
봄빛 공교롭게 끌어와 나뭇가지에 올리네	巧引春光上樹枝
버들 빛 누렇게 변하고 매화 흰 빛도 바래는데	柳色變黃梅褪白
새 소리만이 저물녘 비 갤 때에 들리네	鳥聲偏在晩晴時

술자리에서 입에서 나오는 대로 붓을 달리다

酒席口號走筆

못가의 봄 그늘에 이른 모기 나는데	澤國春陰早有蚊
잠들지 못한 객창에 빗소리 들리누나	客窓無夢雨聲聞
사립문 적막하니 누구 정답게 오려나	柴扉寂寞誰來款
섬돌 위 이끼가 비단 무늬처럼 쫙 퍼졌네	階上蒼苔徧錦紋

용계의 시에 화답하다

和龍溪韻

이별의 심정 암담하여 꽃길 헤매는데	離情黯黯被花迷
봄새가 마음 다해 우니 어이 또 견디랴	更耐春禽盡意啼
헤어지지만 마음만은 떨어지지 않으리니	分手秪應心不隔
갈림길 동서로 나뉜 것 따지지 말게	路岐休問有東西

양재 도중에 을묘년(1615, 광해군7)

良才途中 乙卯年

외로운 배에 부슬비가 술잔을 적시는데	孤舟細雨濕芳尊
취한 뒤에 한 마디 말없이 헤어졌다네	醉後分襟沒一言
잠 깨보니 이미 멀어져 문득 놀랐는데	睡覺忽驚身已遠
꽃 지는 산촌에서 낮닭 우는 소리 들리네	落花村塢午鷄聞

무흥

無興

도중에 이내 생애 돌아보고 조용히 웃노니	途中暗笑此生涯
인간 세상의 온갖 일들 기약할 수 없다오	萬事人間不可期
해질녘 단정[38]에서 시름겹게 바라보니	落日短亭愁望絶
요란한 꾀꼬리 소리에 홀로 돌아가는 때라	亂鶯聲裏獨歸時

38 단정(短亭) : 행인들이 쉴 수 있도록 5리마다 둔 정자이다. 10리마다 둔 정자는 장정(長亭)이라고 한다. 두목(杜牧)의 〈우연히 짓다 2수〔偶題二首〕〉에 "수고롭게 천리 길 가는 신세, 옷깃과 소매에 먼지 가득해라. 깊은 밤 두 줄기 눈물 흘리며, 단정에서 멀리 떠난 사람 생각하네.〔勞勞千里身, 襟袂滿行塵. 深夜懸雙淚, 短亭思遠人.〕"라고 하였다. 《全唐詩 卷524》

낙화를 읊다

詠落花

아침저녁으로 핀 꽃이 차례대로 시들어	次第殘隨早晩開
바람에 날려가 모두 언덕을 이루었네	被風飛去摠成堆
봄빛 찾으러 어느 곳으로 돌아갈까	春光點檢歸何處
반은 초가집 처마에 반은 이끼에 떨어졌네	一半茅簷一半苔

고연주[39]에서

古延州

동풍에 눈발 날리는 고연주	東風吹雪古延州
골짝에 남은 추위가 해진 갖옷에 스미네	峽裏餘寒透弊裘
밤낮으로 부모 생각에 끝없는 눈물이	日夜思親無限淚
오열하며 동으로 흘러감을 어이 감당하랴	不堪嗚咽向東流

39 고연주(古延州) : 지금의 평안북도 운산군(雲山郡)에 위치한 지명이다. 본래 고려 시대 때는 연주(延州)였는데, 조선 시대에 와서 영변부(寧邊府)에 합쳐졌다가 세조(世祖) 때에 영변부에서 떨어져 나왔다. 《新增東國輿地勝覽 卷54 平安道 雲山郡》

입에서 나오는 대로 읊조리다

押口呼

동쪽 이웃 누구 집에서 조 타작하나	東隣打粟問誰家
마당가 성긴 삼에 해 그림자 비꼈구나	場際疏麻日影斜
문득 생각나네 호수 정자에 가을빛 저물 제	却憶湖亭秋色晩
서풍 불어 흰 마름꽃 시들게 한 것이	西風吹老白蘋花

또 짓다
又

골짜기 속에 울울창창 수많은 단풍나무에 　 峽裏蒼蒼萬樹楓
맑은 서리 잠깐 스치자 일시에 붉어졌네 　 淸霜乍拂一時紅
누가 초췌한 상담의 나그네[40]로 하여금 　 誰敎憔悴湘潭客
천 겹 비단 떨기에 드러눕게 하였던가 　 高臥千重錦繡叢

40 상담(湘潭)의 나그네 : 상수(湘水)로 쫓겨난 굴원(屈原)을 가리키는데, 여기서는 유배 와 있는 시인 자신을 가리킨다. 조희일은 1616년(광해군8)에 허균(許筠)의 소행으로 의심되는 투서(投書) 사건에 연루되어, 양사(兩司)의 합계(合啓)로 1617년에 평안도 이산(理山)에 위리안치(圍籬安置)되었다. 《竹陰先生集 附錄 神道碑銘》

이 상사[41]에게 주다

贈李上舍

오늘밤 모란산[42]에서 묵을 만하여	今宵可宿牧丹山
취해 외딴 성 끼고서 저물녘 돌아왔네	醉帶孤城返照還
서글퍼라 그대와 헤어지고 감회 끝없어	惆悵別君無限意
우거진 녹음방초에도 문 굳게 닫았다오	綠陰芳草掩重關

41 이 상사(李上舍) : 조희일의 인숙(姻叔)인 이위(李湋)를 가리킨다. 그에 대한 만시(挽詩)가 《죽음집》 권9에 보인다.

42 모란산(牧丹山) : 황해도 평산부(平山府)에 위치한 산이다.

꿈에서 깨어 두견새 소리를 듣다

夢罷聞鵑

등불 희미한 객창에서 꿈 깰 제	客窓燈暗夢回時
어느 곳 청산에서 두견새 슬피우나	何處青山杜宇悲
돌아가는 것이 좋은 줄 잘 알지만[43]	不是不知歸去好
그저 돌아감을 기약하기 어려워서라오	只緣歸去也難期

43 돌아가는……알지만 : 두견새의 울음소리가 흡사 사람의 '돌아가는 것만 못하다.〔不如歸去.〕'라는 말과 같아서 이렇게 말한 것이다. 촉(蜀)나라 망제(望帝)가 임금 자리를 내주고 도망칠 때에 두견새가 울었는데, 그 뒤로 촉 땅 사람들이 두견새의 울음소리를 들을 때면 망제를 생각한 나머지 비감에 사로잡히면서 마치 "돌아가는 것만 못하다."라고 울어대는 것처럼 들었다는 고사가 있다. 《蜀王本紀》

또 짓다

又

옛 청산으로 돌아가는 것만 못하지만	不如歸去舊青山
돌아가려다 가지 못한 지 몇 달이던가	歸未歸時月幾彎
구름과 비 서린 산 앞 나무들에 핀 꽃	雲雨峯前花萬樹
봄 한철 피 토하여 알록달록 물들였네	一春啼血染斑斑

심생의 서장 시에 차운하다

次沈生西莊韻

맑은 냇물 일대의 작은 별장 가에 晴川一帶小莊邊

얽힌 나무와 첩첩 산이 서로 이어졌네 亂樹重巒互接連

서글프게도 승경 찾으려다 못 찾았는데 惆悵迹乖尋勝地

꿈에 물고기와 새 따라 호천[44]에 들어왔네 夢隨魚鳥入壺天

44 호천(壺天) : 선경(仙境)을 말한다. 동한(東漢) 때 비장방(費長房)이 시장을 관리하는 자리에 있었는데, 시중의 어떤 노인이 가게 앞에다 호리병〔壺〕 하나를 걸어 놓고는 시장이 파하자 그 속으로 뛰어 들어갔다. 그 모습을 본 비장방은 다음날 노인과 함께 그 호리병 안으로 들어갔는데, 거기에는 옥당(玉堂)이 있고 그 안에서 좋은 술과 기름진 안주가 끊임없이 나왔다고 한다. 《後漢書 方術列傳 費長房》

차운하여 낙양[45]의 붉은 꽃을 읊다

次韻 詠洛陽紅

미풍에 실린 짙은 향기 호방한 자태[46] 狂香浩態倚微風

누가 천리 먼 객지에 옮겨 두었나 千里誰移客土中

낙양성 안에서 본 것과 흡사하니 恰似洛陽城裏見

남은 꽃은 죽음옹을 알아보리라 殘花能識竹陰翁

45 낙양(洛陽) : 여기에서는 우리나라 서울을 가리킨다.

46 짙은……자태 : 꽃의 향기와 모습을 형용한 말로, 한유(韓愈)의 〈작약(芍藥)〉에 "호방한 자태 짙은 향기를 예전엔 못 만났는데, 꽃은 붉은 등불 반짝인 듯 잎은 푸른 등롱 두른 듯하네.〔浩態狂香昔未逢, 紅燈爍爍綠盤籠.〕"라고 한 데서 온 말이다. 《東雅堂昌黎集註 卷9》

안성 도중에 두견화를 감상하다
安城途中 賞杜鵑花

시내에 부슬비 내려 모래 잠기고	溪雨霏霏水沒沙
어지러운 구름 걷힌 곳에 인가 있네	亂雲收處有人家
변방에 봄빛이 희미함을 싫어했는데	曾嫌塞上春光淺
시월에 호서에서 또 꽃을 보노라	十月湖西又見花

함양 도중에

咸陽途中

두류산 기슭 참으로 맑고 아름다워
흰 돌과 맑은 냇물 곳곳에 있다오
시 한 편 마치기도 전에 또 짓느라
붉은 벼랑으로 향하는 줄도 몰랐네

頭流山麓儘淸佳
白石晴川處處皆
未了一篇還一句
不知身是向朱崖

권사임[47]과 심덕용이 관청에 갔는데 오래도록 기다려도 오지 않아 짓다
權士任沈德容往公廨 久待不來 有作

대 정자에 바람 불고 이슬 내려 황혼 되었는데	竹亭風露自黃昏
아마도 눌러 앉은 채 술에 취해 있으리라	想得留連醉一尊
돌아오기를 바라는 마음 포기하고 잠깐 졸았는데	心絶望歸仍假寐
울 너머 촌가의 사람 소리에 또 놀랐네	更驚人語隔籬村

47 권사임(權士任) : 권극량(權克亮, 1584~1631)으로, 사임은 그의 자이다. 본관은 안동(安東), 호는 동산(東山)이다. 별시(別試)에 나아가 초시에 1등으로 합격하였으나, 벼슬에 뜻이 없어 복시에 응시하지 않았다. 이후에 하동(河東)에 향약을 만들어 풍속교화에 힘썼다. 저서에 《동산문집(東山文集)》이 있다.

또 짓다
又

산 빛은 어둑어둑하여 달뜨려 하니	山色蒼蒼月欲生
밤 깊은 황량한 성에 인적이 끊겼네	夜深荒堞斷人行
취한 몸 부축하고서 돌아오는 길에	也應扶醉歸時路
맑은 솔바람 가져다 소매 가득 넣었으리	携得松風滿袖淸

휴옹 심광세 의 법천사 시[48]에 차운하다

次休翁法泉寺韻 沈光世

허리춤에 찬 낡은 용천검 써보지 못하고[49] 腰間未試老龍泉
하늘 접한 바닷가 외딴 성에 와서 누웠네 來臥孤城海接天
함께 쫓겨난 신세지만 누가 더 괴로울까 同作逐臣誰更苦
백화 앞에서 취한 몸 붙든 그대 부럽네[50] 羨他扶醉百花前

48 휴옹(休翁)의 법천사(法泉寺) 시 : 휴옹은 심광세(沈光世, 1577~1624)의 호로, 본관은 청송(青松), 자는 덕현(德顯)이다. 심광세는 계축옥사(癸丑獄事)에 연루되어 1613년(광해군5) 8월부터 1623년(인조1) 3월까지 10여 년간 경상남도 고성(固城)에 정배되었는데, 이 시는 이 기간에 지었다. 법천사는 고성에 있는 절이다. 법천사 시는《휴옹집(休翁集)》 권1에 〈법천사에서. 본 고을 수령이 운을 불러 시를 짓다〔法泉寺本倅呼韻賦詩〕〉라는 제목으로 두 수가 실려 있다.

49 허리춤에……못하고 : 뛰어난 재능을 가지고도 오래도록 세상에 알려지지 못했다는 말이다. 용천검(龍泉劍)은 태아검(太阿劍)과 함께 고대의 명검이다. 오(吳)나라 때 북두성과 견우성 사이에 늘 자기(紫氣)가 감돌기에 장화(張華)가 예장(豫章)의 점성가(占星家) 뇌환(雷煥)에게 물었더니 보검이 빛이라 하였다. 이에 풍성(豊城) 감옥 터의 땅속에서 보검인 용천검과 태아검 두 보검을 발굴했다 한다.《晉書 張華傳》

50 백화(百花)……부럽네 : 휴옹(休翁)의 법천사(法泉寺) 시 첫째 수 3, 4구에 "동풍이 무한한 뜻 품고 불어오니, 석양 속에 절 문 앞에서 취한 몸 붙드누나.〔好是東風無限意, 夕陽扶醉寺門前.〕"라고 하였기 때문에 이렇게 말한 것이다.

두견새 소리를 듣다

聞鵑

그림 같은 청산에 눈썹 같은 달뜨니	青山如畫月如眉
울창한 운수에 두견새 소리 애처롭네	雲樹蒼蒼杜宇悲
봄 한철 다 울도록 돌아가지 못하고	啼了一春歸未得
새벽바람에 피 토해 꽃가지 물들이네	曉風吹血染花枝

또 짓다
又

네게 묻노니 무슨 일로 사람 향해 우느냐	問渠何事向人啼
천리 돌아가고픈 마음 이미 아득해졌어라	千里歸心已自迷
우는 소리 들으니 두 눈에 눈물 떨어지는데	聞到一聲雙淚落
달은 어느새 옛 성 서쪽으로 옮겨 갔다네	月輪移在古城西

곤양으로 향하는 횡당을 전송하다[51]

送橫塘向昆陽

처마 가까운 가지의 복사꽃 다 날아가	桃花飛盡近簷枝
반은 울 밑에 붙고 반은 못에 들어갔네	半着籬根半入池
십 리 펼쳐진 평평한 들판 산 너머 길에	十里平蕪山外路
답가[52] 소리가 석양 속에 울려 퍼지네	踏歌聲在夕陽時

51 곤양(昆陽)으로……전송하다 : 같은 제목의 시가 《죽음집(竹陰集)》 권4에 오언율시로 실려 있다. 곤양은 지금의 경상남도 사천시(泗川市) 곤양면 일원에 있었던 고을 이름이다.

52 답가(踏歌) : 답청(踏靑)하면서 부르는 노래를 말한다. 답청은 봄날 파릇파릇 돋아난 풀을 밟으며 산책하는 것으로, 삼월삼짇날을 답청절(踏靑節)이라고 한다.

성 서쪽에서 보고 느낀 것을 읊다

城西卽事

배꽃 힘없어 바람 따라 가볍게 날리는데	梨花無力趁風輕
자다 일어나니 뜰 앞에 눈송이처럼 하얗네	睡起庭前雪點明
서글퍼라 일 년 중 봄이 저물려 하니	惆悵一年春欲暮
귀향하고픈 마음 강가 성에 가득하구나	故園歸思滿江城

또 짓다

又

복사꽃에 봄 비 내려 사초가 잠기고	桃花春雨水沈莎
논 어귀 곳곳엔 개골개골 개구리소리	處處田門閣閣蛙
달빛 어두워 돌아가는 길 잘못될까 걱정 마오	月黑莫愁歸路悞
등불 켜진 작은 집이 바로 내 집이니	小齋燈火是吾家

또 짓다
又

대숲 서쪽 못에 푸른 창포 심었는데　　青蒲栽向竹西池
창포 아래 노니는 물고기 그것도 모르네　　蒲下游魚自不知
밤에 한바탕 비 내려 못에 물 가득하니　　一雨夜來池水滿
잔물결에 춤추는 새 잎이 보기 좋구나　　好看新葉舞淪漪

또 짓다

又

산비둘기 울며 갠 날씨 부르니[53]	山鳩款款喚新晴
구름 걷힌 남쪽 하늘에 햇살이 밝네	雲豁天南日脚明
주렴 밖 찬 소리에 낮잠 깨고 보니	簾外寒聲驚午枕
대숲 바람 이슬 불어 남은 청량함을 휘뿌리네	竹風吹露洒餘淸

53 산비둘기……부르니 : 원래 비둘기가 울면 비가 온다 하여 비를 부르는 비둘기란 뜻에서 환우구(喚雨鳩)라고 하는데, 비가 개면 비둘기가 기뻐한다는 말도 있다. 남송(南宋) 심여구(沈與求)의 〈청명일만청(淸明日晩晴)〉에 "우는 비둘기 있어 맑은 날씨 불러올 줄 안다.〔自有鳴鳩解喚晴.〕"라고 하였다.《宋詩鈔 卷40》

청송의 시[54]에 차운하다

次聽松韻

명아주 걸상이 상아 걸상보다 나은 줄 누가 알랴	藜榻誰知勝象床
비단 도포도 끝내 연잎 옷과 바꾸지 않는다오[55]	錦袍終不替荷裳
산 속에 배게 베고 누어 희황을 꿈꾸노라니[56]	山中一枕羲皇夢
만학의 솔바람이 길게 귓속에 들어오네	萬壑松風入耳長

54 청송(聽松)의 시 : 청송은 성수침(成守琛, 1493~1564)의 호로, 본관은 창녕(昌寧), 자는 중옥(仲玉), 다른 호는 죽우당(竹雨堂)이다. 조광조(趙光祖)의 문인으로, 기묘사화(己卯士禍) 때 스승 조광조가 처형되고 많은 선비들이 화를 입자 벼슬길을 포기하고 문하에서 많은 석학들을 배출하였다. 이 시는 《청송집(聽松集)》 권1에 〈증상인(贈上人)〉이라는 제목으로 실려 있다.

55 비단……않는다오 : 조정에서 벼슬하기보다는 은거하며 지내는 것이 더 낫다는 말이다. 비단 도포는 임금이 하사하는 조복(朝服)이고, 연잎 옷은 은사(隱士)가 입는 연잎으로 만든 옷을 말한다.

56 희황(羲皇)을 꿈꾸노라니 : 은자(隱者)처럼 한가로이 지내며 아무 근심 없이 순박하게 살고 싶다는 말이다. 희황(羲皇)은 태곳적의 복희씨(伏羲氏)를 말한다. 도연명(陶淵明)의 〈여자엄등소(與子儼等疏)〉에 "오뉴월에 북창 아래 누워 있으면 서늘한 바람이 잠시 불어오는데, 스스로 희황 때의 사람이 아닌가 하는 생각이 든다.〔五六月中, 北窓下臥, 遇涼風暫至, 自謂是羲皇上人.〕"라고 하였다. 《陶淵明集 卷7》

악양현[57]에서

岳陽縣

맑은 강 굽이굽이 밝은 모래가 띠처럼 두르고	淸江曲曲帶明沙
방장산 서쪽 가엔 낙조가 가득하구나	方丈西邊落照多
고깃배 불러 달빛 타고 내려가려는데	欲喚漁舟乘月下
언덕 바람이 백구 나는 물결[58] 흔드네	岸風搖蕩白鷗波

57 악양현(岳陽縣) : 경상남도 하동(河東)의 옛 지명으로, 조희일이 이배(移配)된 곳이다.

58 백구(白鷗) 나는 물결 : 아주 넓은 물결을 형용하는 말이다. 두보(杜甫)의 〈봉증위좌승장(奉贈韋左丞丈)〉에 "너른 바다 물결에서 출몰하는 백구를, 만 리 밖에서 어느 누가 길들이겠는가.〔白鷗沒浩蕩, 萬里誰能馴.〕"라고 한 구절이 있다. 《杜少陵詩集 卷1》

권사임(權士任)에게 주다

贈士任

앞산엔 별과 달 그리고 뒷산엔 구름	前山星月後山雲
참대 우거진 깊은 숲에 밤 비 소리 들리네	苦竹叢深夜雨聞
송별한 뒤로 지금부터는 멀리 가지 말게	送別從今休遠到
도중에 또 벗과 이별하니 못 견디겠네	不堪中道又離群

강사추[59]의 시에 차운하다

次姜士推

앞강에는 조수가 나갔다 또 들어오고	前江潮去又潮來
먼 곳의 흰 새는 저물녘 돌아오려 하네	白鳥遙將返照回
취한 뒤 잠령[60]에 올라 바라보고 싶으니	醉後欲登蠶嶺望
청산 서쪽 끝에 바다 문이 열렸으리라	青山西盡海門開

59 강사추(姜士推) : 강항(姜沆, 1567~1618)의 종숙(從叔)인 듯하다. 강항의 《수은집(睡隱集)》 권1 〈증종숙사추(贈宗叔士推)〉에 시의 배경인 한강의 양화교(楊花橋) 근처의 건물에 주인이 된 내용이 나온다.

60 잠령(蠶嶺) : 서울 양화(楊花) 나루 동쪽에 있는 잠두봉(蠶頭峯)을 가리킨다. 조희일의 별업(別業)이 잠두봉 근처 서호(西湖) 아래에 있었다.

4월 1일 비가 온 뒤
四月一日雨後

앞산은 흐릿하고 뒷산은 밝은데	前山黯淡後山明
비 지난 석양에 쨍하고 맑게 개었네	雨過殘陽閃晩晴
작은 시내 방초 덮인 언덕 가장 좋아	最愛小溪芳草岸
그림 같은 녹음 속에 사립문 닫았어라	綠陰如畫掩柴荊

또 짓다 이하는 보고 느낀 것을 읊은 것이다.
又 以下卽事

논에 물 대는 일 아이종에게 맡겼더니	田間引水任奚童
샘물줄기처럼 졸졸 흘러 물이 잘 통하지 않네	泉脈涓涓不易通
고생스럽게 물 대고 거두어 수확한 몇 섬을	辛苦灌收秋幾斛
반은 개인 빚 갚고 반은 관청에 납부하리	半酬私糴半輸公

또 짓다
又

청명절이라 날이 비로소 따뜻해지니	淸明時節日初溫
목욕촌에서 봄옷 재촉해 완성하네	春服催成沐浴村
병이 많아 해진 갖옷 여전히 못 벗고	多病弊裘猶未脫
문 닫고 저녁내 손자 아이 안고 있네	掩門終夕抱兒孫

목욕(沐浴)은 마을 이름이다.

또 짓다
又

4월이라 꾀꼬리 울 제 좋은 소식 없는데　四月流鶯無好音
녹양은 마을에 부질없이 그늘 이루었네　綠楊村巷謾成陰
꾀꼬리 왔는데 객은 기다리지 않고 떠났으니　鶯來客去不相待
서글퍼라 새 시를 누굴 위해 읊으랴　惆悵新詩誰爲吟

또 짓다
又

청니방 밑에 있는 향긋한 미나리[61] 青泥坊底水芹香
아침에 캐어 광주리에 가득 담았네 採擷朝來寄滿筐
그리워라 성 동쪽에서 맛보던 예전 풍미 却憶城東舊風味
이른 봄 얼음 밑에서 푸른 싹 자랐었지 早春氷下綠芽長

61 청니방(青泥坊)……미나리 : 청니방은 원래 중국 남전현(藍田縣)에 속한 지명인데, 여기에서는 진흙의 뜻으로 쓰였다. 두보(杜甫)의 〈최씨동산초당(崔氏東山草堂)〉에 "쟁반에는 백아곡 어귀의 밤을 까놓고, 밥 먹을 때 청니방 밑의 미나리를 삶는다.〔盤剝白鴉谷口栗, 飯煮青泥坊底芹.〕"라고 하였다.《杜少陵詩集 卷6》

무제

無題

비 온 뒤 달빛 속 서리 맞은 꽃에 바람 부니	月裏霜華雨後風
서쪽 가엔 작은 집 동쪽엔 낮은 울타리 있네	小齋西畔短籬東
황혼에도 지팡이 기댄 채 못 돌아가는데	黃昏倚杖不歸去
구름 너머 기러기 소리 어디에서 들리나	何處一聲雲外鴻

또 짓다
又

봄밤이 점점 짧아져 낮에도 잠자니	春宵漸短晝分眠
종일토록 흐리멍덩 술에 취한 듯	終日昏昏滯酒邊
베개에 기대 문득 향국을 꿈꾸노라니	欹枕忽成鄕國夢
동풍이 한강 하늘을 불며 지나누나	東風吹度漢江天

'향국(鄕國)'은 다른 판본에 '호접(蝴蝶)'으로 되어 있다.

또 짓다
又

봄철 추위가 쌀쌀하고 달빛이 고운데	春寒惻惻月娟娟
긴 밤 텅 빈 마을엔 새와 쥐도 잠들었네	遙夜空村鳥鼠眠
옛 사서 한 편 아직 다 보지 못하여	古史一篇看未了
다시 등불 옮겨 책상 앞에 가까이 붙였네	更移燈火近床前

취하여 좌객에게 주다

醉贈座客

한봄 호숫가 성엔 꽃 보이지 않고	春半湖城未見花
물가 마을 깊은 곳엔 두어 집이라	水村深處兩三家
언제나 앞 시내에서 함께 낚시하며	何當共伴前溪釣
취해 시냇가 언덕 위 모래에 누워보랴	醉臥溪邊岸上沙

한복재의 시[62]에 차운하다

次韓復齋詩韻

작은 배 노 저어 일찍이 광나루 건넜는데	廣津曾掉小舟過
굽이굽이 안개 속 사초요 언덕마다 꽃이었지	曲曲煙莎岸岸花
본래 새 정자는 경치가 좋은 곳에 있으니	自是新亭佳絶處
난간 앞에 물 흐르고 물가에 모래 펼쳐졌네	檻前流水水邊沙

62 한복재(韓復齋)의 시 : 한복재는 한종유(韓宗愈, 1287~1354)로, 복재는 그의 호이다. 본관은 청주(淸州), 자는 사고(師古)이다. 이 시는 《동문선(東文選)》 권21에 〈한양촌장(漢陽村莊)〉이라는 제목으로 실려 있다.

첨지 김득지[63] 대덕 이부 이여고[64] 식 이부 이천장[65] 명한 이 찾아와 작별하기에 입으로 부르다

金僉知得之 大德 李吏部汝固 植 李吏部天章 明漢 來別口號

대궐에 쟁쟁히 울리던 패옥 소리 그치고　　彤墀佩響輟珊珊
이내 몸 장기 가득한 강남에 떨어졌었지[66]　　身落江南瘴霧間
이별 뒤에 서로 그리운 곳 알고 싶거든　　別後欲知相憶處
맑은 대낮 옥당에서 봄 산을 그려보게　　玉堂晴晝畫春山

63 김득지(金得之) : 김대덕(金大德, 1577~1639)으로, 득지(得之)는 그의 자이다. 본관은 광산(光山), 호는 소봉(蘇峰)이다.

64 이여고(李汝固) : 이식(李植, 1584~1647)으로, 여고(汝固)는 그의 자이다. 본관은 덕수(德水), 호는 택당(澤堂), 시호는 문정(文靖)이다. 한문사대가(漢文四大家) 중의 한 사람이다. 저서에 《택당집》 등이 있다.

65 이천장(李天章) : 이명한(李明漢, 1595~1645)으로, 천장(天章)은 그의 자이다. 본관은 연안(延安), 호는 백주(白洲)이다. 한문사대가의 한 사람인 이정귀(李廷龜)의 아들이다.

66 이내……떨어졌었지 : 남쪽 바닷가로 유배되었다는 말이다. 조희일은 1618년(광해군10) 9월에 평안도 이산(理山)에서 경상남도 하동(河東)으로 이배(移配)되었다. 두보의 〈몽이백(夢李白)〉에 "강남 땅 장기가 많은 곳에, 귀양 간 나그네는 소식도 없구나.〔江南瘴癘地, 逐客無消息.〕"라고 한 데서 온 말이다. 《杜少陵詩集 卷7》

원성촌에서 오생 정의 집에 묵다

元城村宿吳生靜家

쓸쓸한 강가에 가을 기운 슬프니	搖落江潭秋氣悲
한 관직으로 영락한 채 머리 세었네	一官潦倒鬢如絲
풍류 즐기던 예전 습관 지금도 남아	風流舊習今猶在
오희 불러내어 〈죽지가〉 부르게 하네[67]	喚出吳姬唱竹枝

67 오희(吳姬)……하네 : 여인을 불러내어 노래를 부르게 한다는 말이다. 오희(吳姬)는 옛날 오월(吳越) 지역에 미녀가 많아 미인을 지칭하는 말이다. 〈죽지가(竹枝歌)〉는 악부(樂府)의 적곡(笛曲) 이름으로, 본디 각 지방의 풍토를 읊은 시가이다. 당(唐)나라 때 시인 유우석(劉禹錫)이 일찍이 낭주(朗州)에 폄적(貶謫)되었을 때 굴원(屈原)의 〈구가(九歌)〉를 모방하여 〈죽지가〉 9편(篇)을 지은 데서 비롯되었다.

상사 권시망[68]에 주어 작별하다

贈別權上舍時望

대 이슬 영롱하고 바람에 등불 반짝이는데	竹露玲瓏風爍燈
앉아서 무등산 보니 눈이 층층이 쌓였네	坐看無等雪層層
그대 만나 이미 부침했던 일 말하노라니	逢君已說浮沈事
얼음에 새긴 듯한 문장이 우습기만 하네[69]	堪笑文章似刻氷

68 권시망(權時望) : 권계옥(權啓沃, 1544~?)으로, 시망은 그의 자이다. 본관은 안동(安東)이다. 영주(榮州)에 거주하였고, 1573년(선조6) 진사시에 급제하였다.

69 얼음……하네 : 얼음에 문자를 새기더라도 이내 녹아 없어져 버리듯이, 훌륭한 재주를 가지고도 세상에 등용되지 못해 안타깝다는 말이다. 송(宋)나라 황정견(黃庭堅)의 〈송왕랑(送王郎)〉에 "모래를 쪄서 미음을 지음에 끝내 배부르지 않고, 얼음에 문자를 아로새기면 헛되이 공교할 뿐이라네.〔炊沙作糜終不飽, 鏤氷文字費工巧.〕"라고 하였다.

인숙 심자건[70]의 시에 장난삼아 차운하다

戲次沈子虔姻叔韻

푸른 등불 깜빡이고 밤은 더디니	靑燈耿耿夜遲遲
성 동쪽에서 해가 뜰 때를 기다리네	待得城東日[71]出時
맑은 서리가 푸른 버들 시들게 한 것이 아니라	不是淸霜凋碧柳
이별 잦아 다 꺾여 가지가 없어진 거라오[72]	別多摧盡已無枝

70 심자건(沈子虔) : 심각(沈恪, 1571~?)으로, 자건은 그의 자이다. 본관은 청송(靑松)이고 1606년(선조39) 진사시에 합격하였다.

71 日 : 대본에는 '月'로 되어 있으나, 앞뒤 문맥을 살펴볼 때 '日'의 오자인 듯하여 바로잡아 번역하였다.

72 이별……거라오 : 이별할 때 버들가지를 꺾어 주는 풍습이 있었기 때문에 이렇게 말한 것이다. 한(漢)나라 때 장안(長安) 사람들이 나그네를 전별할 때 장안 동쪽에 있던 파교(灞橋)까지 가서 다리 가의 버들가지를 꺾어 주며 재회를 축원하였다고 한 고사가 있다. 《三輔黃圖 橋》

유생 희경[73]은 천례 가운데 풍취가 있는 자인데 글자를 조금 알고 어울리는 사람이 모두 당대의 이름난 사람이었다. 집에 선달 매화가 활짝 피었다는 말을 듣고 학사들이 함께 가보니 꽃이 이미 시들어 있었다

劉生希慶 賤隷之有風致者 稍識字 所與皆一時名人 聞家有臘梅盛發 諸學士竝往則花已謝矣

들으니 매화 혼이 선달에 돌아와 聞道梅魂向臘回
삼청동[74] 속 두어 가지에 피었다하네 三清洞裏數枝開
선랑은 봄소식 찾는 데[75] 게으르니 仙郎懶訪春消息
서글퍼라 매화 꽃 진 뒤에 왔구나 惆悵寒英落後來

73 유생 희경(劉生希慶) : 1545~1636. 본관은 강화(江華), 자는 응길(應吉), 호는 촌은(村隱)이다. 신분이 미천하였으나 박순(朴淳)에게 당시(唐詩)를 배우고 남언경(南彦經)에게 《가례(家禮)》를 배워 학문의 경지가 높았으므로, 당대 명사들의 인정을 받아 널리 교유하였다. 《村隱集 附錄 墓表》

74 삼청동(三淸洞) : 백악산(白嶽山)의 동남쪽 골짜기로, 지금의 서울시 종로구 삼청동이다.

75 봄소식 찾는 데 : 봄이 왔는지 매화를 통해 알아본다는 말이다. 이백(李白)의 〈이른 봄에 왕한양에게 부치다〔早春寄王漢陽〕〉에 "봄이 왔다는 말을 들었으나 아직 몰라서, 찬 매화 곁으로 달려가 소식을 찾아보네.〔聞道春還未相識, 走傍寒梅訪消息.〕"라고 하였다. 《李太白集 卷13》

김 참지[76] 상 의 시에 차운하다

次金參知 尙 韻

꽃잎이 바람 따라 끊임없이 날리니　花片隨風陣陣流
봄날 상춘 놀이 저버린 것 안타깝네　惜春孤負賞春遊
봄빛이 저물어 좋은 시기 놓쳤으니　年華晼晩佳期悞
두 곳에서 서로 그리는 시름 같으리　兩處相思一種愁

76 김 참지(金參知) : 김상(金尙, 1586~1656)으로, 본관은 상주(尙州), 자는 우고(友古), 호는 사은(仕隱)이다. 김상은 1624년(인조2) 9월 16일 병조 참지에 제수되었다.

도총부 직소(直所)에서 보고 느낀 것을 읊다

摠府直廬卽事

대궐 호위하는 군병 잠잔 듯 조용한데 千門虎旅靜如眠
낮 시간 더디 가고 맑은 경치 선명하네 晝漏傳稀霽景鮮
편전에서 강연할 시간이 다가오니 便殿講筵知不遠
꽃 떨어뜨리는 바람이 어로의 연기 이끄네 落花風引御爐煙

'인(引)'은 다른 판본에 '양(颺)'으로 되어 있다.

또 짓다

又

단청 들보에 해 뜨고 제비는 지지배배	畫梁初日燕呢喃
손으로 밝은 창 열고 남쪽 향해 앉았네	手拓明牕坐向南
작은 동산 홀로 마주하니 시름 깊은데	獨對小園愁絶處
살구꽃이 눈처럼 우수수 떨어지누나	杏花如雪落摻摻

술자리에서 장난삼아 주인 영공에게 주다 영위사로 안주[77]에 갔다

酒席戲贈主人令公 迎慰使赴安州

맑은 냇물 한 굽이 정자 안고 흐르니	晴川一曲抱亭流
석양의 남은 빛이 저녁 물가에 번쩍이네	返照餘光閃晚洲
미인과 말 타고 가는 십리 길에	十里紅粧馱去路
진주 비취 얼마나 많기에 남이 줍게 두었나	幾多珠翠任人收

이때 마졸 중에 진주 구슬을 주운 자가 있었다.

77 안주(安州) : 평안북도 병영(兵營)의 소재지이다.

전날 밤의 일을 기록하여 목사 영공에게 작별하면서 지어주다
記前夜事 留別牧伯令公

굽이굽이 난간이요 면면이 산인데	曲曲欄干面面山
맑은 밤 달빛을 술잔 잡고 보았지	淸宵月色把杯看
길손 떠나지만 달은 그대로 있으니	征人一去月猶在
이별 뒤 그리우면 굽은 난간에 기대리	別後相思憑曲闌

남을 대신하여 붓을 달려 장난삼아 주다

代人走筆戲贈

좋은 밤 너무 짧고 낮은 일 년 같은데	良宵苦短晝如年
즐거운 일 많지 않고 이별의 한 계속 이어지네	歡緖無多別恨綿
홀로 백상루[78]에 기대 바라보노라니	獨倚百祥樓上望
저문 구름 가에 약산[79]이 시름겨운 기색이라	藥山愁色暮雲邊

78 백상루(百祥樓) : 평안도 안주(安州) 북쪽 청천강(淸川江) 가에 있는 누대로 관서팔경(關西八景)의 하나이다.

79 약산(藥山) : 평안도 영변군(寧邊郡)에 있는 산이다.

또 짓다
又

비는 길손 만류하는 듯한데 길손 바삐 돌아가니　雨如留客客忙歸
하늘의 일 처리가 더디다 말하지 마소　莫道天公見事遲
결승정[80] 앞으로 오열하며 흐르는 물　決勝亭前鳴咽水
홀로 지날 때 들리는 그 소리 감당 못하겠네　不堪聞到獨過時

80 결승정(決勝亭) : 평안도 영변군(寧邊郡)에 있는 정자로, 근처에 장현(長峴)과 탑연(塔淵) 등이 있는 경치 좋은 곳이다.

관청 채소밭의 석멱화
官圃菩覓

작은 밭의 누런 꽃 자색 무꽃에	小畦黃芬紫菁花
무수한 나비 떼 어지럽게 눈앞에서 비껴 나네	蝴蝶紛紜亂眼斜
문득 생각나네 서호 별장 앞 채소밭 펼쳐진 곳	却憶湖莊開圃處
손님 찾아와 술 거르고 무순나물 뜯던 일이	客來篩酒點靑芽

남원 수령 송성구[81] 상인 에게 주다

贈南原倅宋聖求 象仁

벼슬 한가하고 경내 조용하며 풍속도 순박하니	官閑境靜邑風淳
흥이 일면 때때로 성문을 자주 나간다오	乘興時時出郭頻
귤리와 어촌은 아주 아름다운 곳이니	橘里漁村奇絶處
시 완성하면 양씨 성 가진 이[82] 부르리라	詩成應喚姓梁人

81 송성구(宋聖求) : 송상인(宋象仁, 1569~1631)으로, 성구는 그의 자이다. 본관은 여산(礪山), 호는 서곽(西郭)이다. 사헌부 장령을 지냈고, 1628년(인조6)에 남원 부사(南原府使)에 제수되었다. 《承政院日記 仁祖 6年 1月 17日》

82 양씨……이 : 양경우(梁慶遇)를 가리키는 듯하다. 조희일이 양경우에게 준 시 〈차사상운증양자점(次使相韻贈梁子漸)〉에 "동국의 남쪽 호남과 영남 사이에, 그대 거처가 가장 별천지라. 남원에서 멋진 풍광 홀로 차지하고, 산들은 멀리 지리산에서 나누어져 왔다오. 귤리와 어촌은 선연히 눈에 들어오고, 임승과 야로는 늘 웃는 얼굴 하였지. 그대 따라 그윽이 살 곳 빌릴 수 있다면, 가을바람과 짝이 되어 돌아가리라.〔東國之南湖嶺間, 君居最是別人寰. 名區獨擅帶方郡, 衆岳遙分智異山. 橘里漁村森在眼, 林僧野老慣開顔. 從君倘得幽棲地, 會趁秋風作伴還.〕"라고 하였다. 《竹陰集 卷6》

윤 참의의 시에 차운하다

次尹參議詩韻

세속의 때가 날마다 관복을 더럽히니	紅塵日日染靴衫
병 무릅쓰고 조정에 나가는 말고삐 게을리 잡네	力疾趨朝懶掣銜
새 죽순은 그림자 희롱하고 석류에 열매 열리니	新籜弄陰榴結子
맑은 대낮 작은 관청에서 강남을 꿈꾸누나	小軒淸晝夢江南

성묘하다
掃洒

호남을 다 지나고 또 호서 지나	湖南行盡又湖西
기내에 아침 되어 말 타고 들어왔네	畿甸朝來入馬蹄
갈원[83]의 역원 가 술 사는 곳	葛院院邊沽酒處
예전의 마을 거리 지금 보니 헷갈리네	舊時村巷到今迷

83 갈원(葛院) : 경기도 진위현(振威縣)의 속원(屬院)이다.

청음의 시에 차운하다

次淸陰韻

청명절에 객이 집에 돌아오니	淸明時節客還家
봄철 절반을 길에서 보냈구나	一半春光路上過
작은 복사꽃 피었다 벌써 저버림을 한탄 말고	莫恨小桃開已晩
와서 지고 남은 꽃 함께 구경하세	幸來同賞落餘花

청음의 원운[84]

原韻 淸陰

성 북쪽 이름난 정원 제일가는 집인데도	城北名園第一家
겹 문을 깊이 걸어 가 볼 길이 끊어졌네	重門深鎖斷經過
주인이 오기도 전에 봄이 먼저 저물어	主人未到春先老
붉고 흰 작은 복사꽃 피었다 떨어졌네	開落小桃紅白花

84 청음(淸陰)의 원운(原韻) : 《청음집(淸陰集)》 권2에 실린 〈죽음의 집에 있는 작은 복사꽃이 활짝 피다〔竹陰家小桃盛開〕〉를 말한다.

대를 옮겨 심다

移竹

이웃집의 새 대를 뒤늦게 옮겨 심으니	隣家新竹晚移栽
죽순이 막 퍼져 그림자 들쭉날쭉하네	粉籜初舒影不齊
맑은 대낮 선잠 깨어 배게 기댄 뒤에	淸晝睡殘欹枕後
작은 집 서쪽에 빗소리가 유난하여라	雨聲偏在小軒西

관동의 윤 방백[85]에게 추후에 주다 이름은 이지이다. 호서와 호남의 관찰사를 지냈다.

追贈關東尹方伯 名履之 曾按湖西南

옥처럼 뾰족뾰족한 첩첩의 신선 산	仙山萬疊玉嵯峨
부절 받들고 지나며 명승도 구경하리	勝賞還兼仗節過
홀로 비로봉[86] 꼭대기에 기대서서	獨倚毗盧峯絶頂
창파에서 해 솟는 광경 웃으며 보리	笑看紅日涌滄波

85 윤 방백(尹方伯) : 윤이지(尹履之, 1579~1668)이다. 본관은 해평(海平), 자는 중소(仲素), 호는 추봉(秋峯)이다. 여주 목사(驪州牧使)로 재직 시에 치적을 올려 1624년(인조2)에 충청 감사로 특진되었고, 1627년에 전라 감사가 되었으며, 1629년 윤4월 24일 강원 감사에 제수되었다.

86 비로봉(毗盧峯) : 금강산(金剛山)의 최고봉이다.

또 짓다

又

임영[87]의 남쪽 가에 임한 경호[88]의 머리　　臨瀛南畔鏡湖頭
몇몇이서 가벼운 수레로 마음껏 유람하리　　小隊輕軒儘意遊
생각건대 그 중에 경치가 빼어난 곳은　　想像箇中奇絶處
성긴 비에 백구 나는 해당화 핀 물가리라　　白鷗疏雨海棠洲

87 임영(臨瀛) : 강원도 강릉(江陵)의 고호이다.

88 경호(鏡湖) : 경포호(鏡浦湖)의 별칭이다.

병든 뒤에 출사해서 욱재[89]를 찾았으나 만나지 못하다

病後出仕 過勖哉 不遇

청파[90]는 소설이라 여전히 추운데	青坡小雪逗餘寒
말 타고 시내 얼음을 조심조심 건넜네	馬涉溪氷步步難
방 벽에 비껴 걸린 거문고만 보이니	秖見瑤琴斜倚壁
맑은 〈낙매곡〉[91]을 누구를 불러 타게 할까	落梅淸調喚誰彈

이때 집에 화분 속 매화가 막 피어 있었다.

89 욱재(勖哉) : 한명욱(韓明勖, 1567~1652)의 호이다.

90 청파(青坡) : 지금의 서울 용산구 청파동(青坡洞) 일대를 가리킨다.

91 낙매곡(落梅曲) : 매화락(梅花落) 또는 관산낙매곡(關山落梅曲)이라고 하는 악곡이다.

화분 속의 매화를 마주하다
對盆梅

물시계 소리 다하고 새벽 서리 내릴 제	數聲殘漏五更霜
매화 핀 창가에 잠들어 꿈도 향긋하네	睡着梅窓夢亦香
맑은 흥취로 꽃에 반해 괴롭게 시 읊으니	淸興惱花吟正苦
달빛은 약속한 대로 서쪽 담장 지나가네	月痕依約過西墻

매화가지 꺾어서 청음에게 주다

折梅贈淸陰

가까이 서쪽 이웃에 그리운 이 있는데	咫尺西隣有所思
매화 핀 뒤에도 보러 오는 일 드물구나	梅花開後賞來稀
부쳐 보낸 성긴 가지에 맑은 향기 있는데	疏枝寄處淸香在
우스워라 강남의 역사 더딘 것이[92]	笑殺江南驛使遲

92 부쳐……것이 : 상대에게 부친 매화 가지가 뒤늦게 전달되었다는 말이다. 남북조 시대 송(宋)나라 육개(陸凱)가 범엽(范曄)과 친했는데, 강남에서 매화 한 가지를 장안(長安)에 있는 범엽에게 보내며 시를 함께 보냈다. 그 시에 "매화를 꺾다가 역사(驛使)를 만나 농두에 사는 친구에게 보내노라. 강남에는 별다른 것이 없어서 봄날의 매화가지 하나 주노라.〔折梅逢驛使, 寄與隴頭人. 江南無所有, 聊贈一枝春.〕"라고 하였다.

3월 20일에 서시백[93], 달성위[94]와 시중의 집에서 모였는데 석문을 기다려도 오지 않다

暮春念 會徐施伯達城尉于施仲家 待石門不來

이름난 동산의 풀빛은 푸르러 무성하고	名園草色綠萋萋
붉은 꽃비 바람에 날려 눈이 어질어질	紅雨隨風眼欲迷
취한 뒤에 그대 기다려도 오지 않는데	醉後待君君不至
석양은 약봉 서쪽으로 옮겨 가버렸네	夕陽移在藥峯西

93 서시백(徐施伯) : 서경우(徐景雨, 1573~1645)로, 시백은 그의 자이다. 본관은 달성(達城), 호는 만사(晩沙)이다. 도승지, 형조판서, 우의정 등을 역임하였다.

94 달성위(達城尉) : 서경우의 아우 서경주(徐景霌, 1579~1643)로, 선조의 딸인 정신옹주(貞愼翁主)와 혼인하여 달성위에 봉해졌다. 본관은 달성(達城), 자는 자순(子順), 호는 송강(松岡)이다.

취하여 별좌 최식에게 주다 산원이다. 동갑으로 참석하였다.

醉贈崔別坐湜 算員 以同甲參席

밝게 빛나는 얼굴 세지 않은 머리	頰有韶光髮未皤
육순에 이런 사람 거의 없다오	六旬如爾少無多
남은 생을 자유분방하게 보내면서	餘生斷送縱橫裏
무수한 항하의 모래를 세리라[95]	算得恒河不盡沙

95 무수한……세리라 : 항하의 모래를 세는 것처럼 많은 셈을 하리라는 말이다. 항하(恒河)는 인도(印度)의 동쪽을 흐르는 갠지스 강으로, 불경(佛經)에서 많은 수량을 말할 때에 흔히 항하의 모래에 비유한다.

화분 속의 매화를 보내면서 선원 태장[96] 김공 상용의 호이다. 에게 지어 올리다

送盆梅 錄奉仙源台丈 金公尙容號

매화는 청수하고 어른은 진실하니　梅花淸瘦丈人眞
서로 마주하면 자리의 보배[97] 될 수 있으리　相對堪爲席上珍
또 추위에도 시들지 않는 대나무 있으니　更有此君寒不死
산에 눈바람 가득해도 집은 봄이리라　滿山風雪一堂春

경상 감사에 제수되어[98] 영남으로 가려할 적에 화분 속의 매화를 올렸다.

96 선원 태장(仙源台丈) : 김상용(金尙容, 1561~1637)으로, 선원은 그의 호이다. 본관은 안동(安東), 자는 경택(景擇), 또 다른 호는 풍계(楓溪)·계옹(溪翁), 시호는 문충(文忠)이다. 김상헌(金尙憲)의 형이다. 도승지, 이조 판서 등을 역임하였다. 저서에 《선원유고》 등이 있다.

97 자리의 보배 : 원래는 유자(儒者)의 학덕(學德)을 비유하는 말인데, 여기에서는 유자의 모습과 닮은 매화의 청수(淸瘦)한 모습을 이렇게 표현한 것이다. 《禮記 儒行》

98 경상 감사에 제수되어 : 조희일은 1630년(인조8) 12월 경상 감사에 제수되었다.

청도 도중에

清道途中

산 앞의 초가집 물가 울타리에 　 山前茅屋水邊籬
붉은 복숭아나무 한 그루가 푸른 물에 비치네 　 一樹紅桃映綠漪
문득 생각나네 고향의 소나무 그림자에 　 却憶故園松影裏
동풍이 불어 가장 긴 가지 시든 것이 　 東風吹老最長枝

강진의 임소로 부임하는 이 사군[99] 경 과 작별하다

別李使君 坰 赴康津任所

궁궐에 해 뜰 제 봉황 소리 유장하더니[100]	玉階初日鳳聲長
어사의 허리에 태수의 인장 매달았네[101]	御史腰懸太守章
어느 곳 높은 누각에서 북두성 바라볼까	何處危樓瞻北斗
해문에는 물 빠지고 달빛은 창창하리라	海門潮落月蒼蒼

99 이 사군 : 이경(李坰, 1580~1670)으로, 본관은 벽진(碧珍), 자는 동야(東野), 호는 성수(醒叟)이다. 1628년(인조6) 6월 정언에 임명되었고, 1631년 윤11월 23일 강진 현감(康津縣監)에 제수되었다.

100 궁궐에……유장하더니 : 이경이 조정에서 사헌부에서 근무했다는 말이다. 봉황 소리는 금원(禁苑)에 파 놓았던 연못인 봉황지(鳳凰池)를 가리킨다. 임금을 측근에서 보좌하여 중요한 기무(機務)를 관장하는 중서성(中書省)이 이곳 가까이에 있었기 때문에 중서성을 뜻하는 말로 쓰이는데, 여기서는 조정의 중요한 부서인 사헌부를 가리킨다.

101 어사의……매달았네 : 사헌부 장령으로 있던 이경(李坰)이 강진 현감(康津縣監)으로 제수되었기 때문에 이렇게 말한 것이다. 당시 사헌부 관원인 김세렴(金世濂), 박안제(朴安悌), 이경이 이조 판서 이귀(李貴)가 연석에서 무례했다는 이유로 탄핵하였다가 모두 외직으로 좌천되었다. 참고로 사헌부의 별칭이 어사대(御史臺)이다. 《承政院日記 仁祖 9年 閏11月 21日, 23日》

청음에게 주다

贈淸陰

밤중까지 정답게 담소를 나누었는데	殷勤半夜話諵諵
하루 만의 이별 회포에 한을 감당치 못하겠네	一日離懷恨不堪
가을 햇빛 잠기려 하고 귀로는 먼데	秋景欲沈歸路遠
산 가득 붉은 잎이 나그네 옷을 스치네	滿山紅葉打征衫

또 짓다
又

어젯밤 산 중에 된서리 내리더니	山中昨夜有嚴霜
아침 되어 섬돌 국화가 반이 시들었네	階菊朝來一半荒
서쪽 이웃 서글피 바라보나 그대 보이지 않아	悵望西隣人不見
정을 머금고 홀로 남은 향기 맡는다오	含情獨自嗅殘香

해주 목사로 부임하는 권사중[102] 영공을 작별하고 이어 허정[103]에서 놀던 일을 추억하면서 감회에 젖어 주다
別權士重令公出宰海州 仍憶許亭舊遊 有感而贈

옥마로 조주 위해 왕래하는 길[104] 朝周玉馬往來途
출처 다르나 덕 있어 외롭지 않으리 出處雖殊德不孤
이자대 앞에 고사리 자라니 二子臺前薇蕨長
수양은 원래 해동 구석에 있다네[105] 首陽元在海東隅
수양은 산 이름이다.

굽은 절벽 끊어진 골에 물이 졸졸 쏟아지니 回巖斷壑瀉潺湲
바다는 너른 호수와 맞닿고 들은 산을 둘렀네 海接平湖野遶山
명승 구경 지금도 자주 꿈에 들어오니 勝賞至今頻入夢

102 권사중(權士重) : 권확(權鑊, 1568~1638)으로, 사중은 그의 자이다. 본관은 안동(安東), 호는 석계(石溪)이다. 여주목사(驪州牧使), 좌부승지, 동부승지 등을 역임하였다.

103 허정(許亭) : 읍청정(挹淸亭)이라고도 한다. 해주(海州) 서쪽 명천(明川)가에 있는 정자로, 해주 사람 허희(許曦)가 지었다. 《八谷集 卷1 次挹淸亭韻》

104 옥마(玉馬)로……길 : 조주(朝周)는 주(周)나라에 조회하러 간다는 뜻으로, 백마를 타고 주나라에 조회한 기자(箕子)의 고사를 원용한 것이다. 《史記 宋微子世家》

105 수양(首陽)은……있다네 : 백이(伯夷)와 숙제(叔齊)가 주(周)나라 무왕(武王)이 주(紂)를 정벌하는 것을 반대해서 간하다가 듣지 않자 수양산에 들어가 고사리를 캐 먹었다는 고사가 있는데, 거기에서 말하는 수양산은 중국에 있는 산이 아니라 바로 해주에 있는 산이라는 말이다. 《史記 伯夷列傳》

푸른 솔 그늘 아래 아로새긴 난간에 기대었지　　碧松陰下倚彫闌

허정(許亭)

석별의 회포에 옛 생각도 떠오르니　　惜別懷兼感舊心
젊은 시절의 자취 그대 보내며 떠올리네　　少年陳迹送君尋
어느 누가 풍류 있던 나를 기억해 줄까　　何人記得風流我
취하여 남쪽 누각에 기대 달빛 아래 읊조렸지　　醉倚南樓帶月吟

수양산의 남문〔首陽南門〕

청음이 보내온 편지에 답장하고 아울러 이별의 회포를 서술하노라니 영영 떠나 돌아올 기약이 없음을 점점 깨닫고 이별을 원망하는 마음이 들다

答寄淸陰枉札 兼敍別懷 漸覺長往無來期 不無怨離之思

석실산인 마름 옷 지어 입었으니[106]	石室山人製芰衣
요사이 한음의 기심[107] 식었겠지	年來已息漢陰機
늦봄 서쪽 이웃집에 핀 살구꽃이	西隣春晩杏花發
지지 않았는데도 돌아오지 않네	莫到花殘猶未歸

106 석실산인(石室山人)……입었으니 : 석실산인은 김상헌(金尙憲)의 호이다. 마름은 은자(隱者)가 몸에 지니는 것이므로, 마름 옷을 지어 입는다는 것은 은거(隱居)하는 것을 의미한다.

107 한음(漢陰)의 기심(機心) : 사사로운 목적을 위해 일을 교묘하게 꾀를 부리는 마음이다. 자공(子貢)이 한음(漢陰) 땅을 지나다가 한 노인이 동이로 밭에 물을 대는 모습을 보고, 기계를 사용하라고 권하자 노인은 기계를 사용하면 기심(機心)이 생긴다고 하며 거부하였다. 《莊子 天地》

낙화

落花

산속 집이 꽃들 사이에 깊이 파묻혀 있어	山家深入百花中
꽃동산 곳곳에 울긋불긋 비치누나	處處芳園映白紅
어이할거나 바람 불어 꽃잎 떨어져서	無奈被風吹落去
일시에 춤추듯 날아 담장 동쪽 지나는 걸	一時飛舞過墻東

부총관 정룡[108]에게 주고 겸하여 난죽 화첩에 사례하다
贈程副摠龍 兼謝蘭竹畫帖

갑술년(1634, 인조12) 1월 14일에 산성(山城)에서 위로연을 베풀라는 명을 받았다. 다음날 예연(禮宴)을 행한 뒤에, 중국의 제도[109]를 모방하여 사적인 술자리를 마련하고 등을 매달기를 요구하자 어룡(魚龍)과 금수(禽獸)가 모두 떨쳐 일어나고 날아 움직였다. 마실 때에 꼭 실컷 마시고 즐거움을 극도로 누리도록 권하자, 정룡이 역관을 통해 말을 전해오기를 "문장으로 이름을 날렸다는 말을 오래 전부터 들었는데 지금 다행히 만나게 되었습니다. 저는 시를 좋아하지만 시 짓는 일을 그만둔 지 오래이므로 감히 연석에서 갑작스럽게 짓지 못하지만, 예전에 지은 시가 있으니 화답시를 지어 주시기 바랍니다." 하였다. 이에 감당할 수 없다고 사양하였으나 어쩔 수 없어 붓을 달려 절구 두 수를 지어 사례하다.

춘왕정월[110] 보름날 밤　　春王正月上元宵

108 정룡(程龍) : 중국 장수로 시와 그림 및 글씨에 뛰어났다. 1633년(인조11)에 칙명을 받들고 사신이 되어 가도(椵島)를 거쳐 서울에 왔는데, 이때 남한산성(南漢山城)을 둘러보았으며, 다음 해에 돌아갔다.

109 중국의 제도 : 밖에 등을 켜놓아 밤을 밝게 하였던 정월 대보름의 풍습을 말한다.

110 춘왕정월(春王正月) : 《춘추좌씨전(春秋左氏傳)》 은공(隱公) 원년(元年) 조 맨 앞에 보이는 글귀로, 각 제후국이 주(周)나라의 정삭(正朔)을 받든다는 것을 의미하고 왕자(王者)의 대일통(大一統)을 나타낸다. 조선도 중국의 제후국으로서 복속한다는 의미로 이렇게 말한 것이다.

휘황찬란한 달빛이 하늘에 가득하네	金魄揚輝滿九霄
좋은 절기 도성에서 등불을 보며	令節觀燈京輦事
멀리 해동에 있는 걸 잠시 잊누나	暫時忘却海東遙

또 짓다
又

봄 난초 가을 국화 동시에 있지 못하는데	春蘭秋菊不同時
흡사 기약이나 한 듯 종이에 옮겨 왔구려	紙上移來似有期
난초가 서리 내린 뒤 시듦이 한스러울 터	應恨國香霜後歇
꽃다운 마음을 세한의 자태[111]에 의탁하세	芳心共托歲寒姿

또 근체시 3수가 있다.

111 세한(歲寒)의 자태 : 곤궁한 처지나 난세(亂世)에도 지조를 잃지 않는 군자(君子)의 자태를 비유하는 말이다. 《논어》 〈자한(子罕)〉에 "날이 추워진 뒤에야 송백이 뒤늦게 시듦을 알 수 있다.〔歲寒然後, 知松柏之後凋也.〕"라고 한 데서 온 말이다.

소라산 입석리[112] 사영 주인은 간성 수령 송희업[113]이다.

蘇羅山立石里四詠 主人杆城倅宋熙[114]業

층암 곳곳에 새벽 서리 짙고 層巖幾處曉霜繁
십리의 산 빛은 비단 무늬라네 十里山光錦繡紋
색칠한 단청은 모두 조물주 솜씨이니 一抹丹青皆造化
봄꽃과 가을 단풍 구분할 것 없다네 春花秋葉不須分

호암의 서리 맞은 단풍〔虎巖霜楓〕

112 소라산(蘇羅山) 입석리(立石里) : 소라산은 경기도 양주(楊州) 사천현(沙川縣)에 위치한 산으로, 그 서쪽에 입석리가 있다. 《栗谷全書 貞順翁主墓誌銘》

113 간성(杆城) 수령 송희업(宋熙業) : 송희업(?~?)은 본관은 여산(礪山), 자는 극가(克家), 호는 호은(壺隱)이다. 간성 현감(杆城縣監)을 지냈고 관직은 장악원첨정(掌樂院僉正)에 이르렀다. 간성은 지금의 강원도 고성군(高城郡) 간성읍(杆城邑) 지역이다.

114 熙 : 대본에는 '希'로 되어 있으나, 《죽음집(竹陰集)》 권2 〈간성송사군희업호호은래별잉증(杆城宋使君熙業號壺隱來別仍贈)〉에 근거하여 바로잡았다.

또 짓다

又

복사꽃 떠가는 봄물 여뀌꽃 핀 물가에	桃花春水蓼花磯
안개 낀 시내 독차지하고서 낚싯대 희롱하네	長占煙波弄一絲
낚시 마치고 돌아오는 길 저문 줄도 모르는데	釣罷不知歸路晚
붉은 생선 푸른 버들가지에 비껴 꿰었다네	紫鱗斜貫綠楊枝

앞 시내에서 낚시하다〔前溪釣魚〕

또 짓다

又

느리게 가면서 배불리 씹고 푸른 초원에 누웠다가	徐行飽齧臥靑蕪
밭둑 위와 시내 가에서 서로 부르고 답하네	壟上溪頭互答呼
몸이 희생에 알맞지 않은 것이 너의 복이니	身不中犧爲爾福
오동나무로 뿔 자르는 때 와도 싫어하지 말라[115]	莫嫌時至角磨梧

뒤의 들판에서 소를 먹이다〔後坪牧牛〕

115 오동나무로……말라 : 오동나무는 부드러우면서도 강하므로 이것으로 소뿔을 끊었다. 《회남자(淮南子)》 〈설산훈(說山訓)〉 "둘 다 견고한 것은 서로 화합하지 못하고 둘 다 강한 것은 서로 굴복하지 않는다. 그러므로 오동나무로 뿔을 끊고 말 꼬리로 옥을 자르는 것이다.〔兩堅不能相和, 兩强不能相服, 故梧桐斷角, 馬氂截玉〕"라고 하였다.

또 짓다

又

석양이 빛 거두고 어두운 구름에 숨으니　　頹陽斂照暝雲韜
문득 동쪽 산에 달이 높이 솟았다 알리네　　忽報東山月出高
달빛은 백 갈래로 다투어 어지러이 스미는데　　百道金光爭亂透
숲속 가득 깃든 참새들 한꺼번에 우짖네　　滿林棲雀一時號

먼 산 위의 달을 맞이하다〔遠嶺邀月〕

동양위[116]에게 삼가 부치고 아울러 백주[117]에게 보이다

奉寄東陽尉兼視白洲

붉은 매화 한 점 술잔에 떨어지니　紅梅一點落尊前
맑은 술잔에 향기 스미어 취흥이 도도하네　香襲淸觴醉興顚
달빛은 사람 따라 함께 떠나가지 않고　月色不隨人共去
밤 깊도록 머물며 외로이 잠든 날 비춰 주네　夜深留照對孤眠

116 동양위(東陽尉) : 신익성(申翊聖, 1588~1644)으로, 본관은 평산(平山), 자는 군석(君奭), 호는 낙전당(樂全堂)·동회거사(東淮居士)이다. 선조(宣祖)의 딸 정숙옹주(貞淑翁主)와 혼인하여 동양위에 봉해졌다.

117 백주(白洲) : 이명한(李明漢, 1595~1645)의 호이다.

아우[118]의 시에 차운하여 성현[119] 찰방으로 부임하는 족제 김감[120]과 작별하다

次舍弟韻 別族弟金堪赴省峴郵任

층층의 돌 잔도에 저문 구름 낮게 깔리니　　層層石棧暮雲低
이십사교[121] 밑으로 시냇물 오열하며 흐르네　　二十四橋嗚咽溪
천리 멀리 이별의 회포로 아주 시름 겨운 곳　　千里別懷愁絶處
역정에 매화가 지고 들새가 울어 대누나　　驛亭梅落野禽啼

118 아우 : 조희진(趙希進, 1579~1644)을 가리킨다.

119 성현(省峴) : 경상북도 청도군(淸道郡)에 속한 지명이다.

120 김감(金堪) : 1590~1662. 1635년(인조13) 1월 19일에 성현 찰방(省峴察訪)에 제수되었다. 《仁祖實錄 13年 1月 19日》

121 이십사교(二十四橋) : 강소성(江蘇省) 양주(揚州) 강도현(江都縣)에 있던 24개의 교량이 있는 곳으로, 두목(杜牧)의 〈기양주한작판관(寄揚州韓綽判官)〉에 "이십사교의 달 밝은 밤에, 어느 곳에서 미인에게 퉁소를 불게 하나.〔二十四橋明月夜, 玉人何處敎吹簫.〕"라고 한 데서 온 말이다. 《全唐詩 卷523》 여기에서는 문경(聞慶)의 주흘산(主屹山) 아래에 있는 다리를 말하는 듯하다.

근래 청음이 청평산을 유람한다는 말[122]을 듣고 입에서 나오는 대로 읊어 회포를 부치다
比聞淸陰訪遊淸平山 口占寄懷

청평산 절에 저녁 종소리 맑으니	淸平山寺暮鍾淸
홀로 향등과 벗한 채 잠 못 이루리	獨伴香燈夢不成
천 그루 살구꽃은 눈과 같은 색이고	一色杏花千樹雪
산 가득 밝은 달빛에 자규 소리 듣겠지	滿山明月子規聲

122 청음(淸陰)이……말 : 청음 김상헌(金尙憲)은 1635년(인조13) 3월에 춘천(春川) 청평산(淸平山)을 유람하였는데, 이 때 지은 시문이 《청음집(淸陰集)》 권10 〈청평록(淸平錄)〉에 실려 있다.

성 동쪽 처가에서. 차운하다

城東聘家 次韻

해당화 졸고 비 막 개니	海棠花睡雨初晴
낮 시간 다 가고 밤 시간 알리누나	晝漏傳殘報夜更
십년을 떠돌다 이제 이곳에 이르니	流落十年今到此
예전의 마을 거리가 분명치 않구나	舊時閭巷不分明

길천군[123]이 형조 판서에서 막 체차되다

吉川君初遞秋卿

길천군의 집은 푸른 산 속에 있으니	吉川家在翠微間
벼슬 관두어 마음이 더욱 한가하리라	想得休官意更閑
산 달빛 뜰에 가득하고 산 살구꽃 흰 곳에서	山月滿庭山杏白
바위 구멍으로 졸졸 흐르는 물소리 누워 들으리	臥聽巖竇水潺潺

123 길천군(吉川君) : 권반(權盼, 1564~1631)으로, 본관은 안동(安東), 자는 중명(仲明), 호는 폐호(閉戶)이다. 1613년(광해군5)에는 경상도 관찰사가 되어 지방행정을 잘 다스려 길천군(吉川君)에 봉해졌다. 권반은 1628년(인조6) 11월 16일에 형조 판서에 제수되었는데, 언제 체차되었는지는 확실하지 않다.

죽음집

제4권

오언율시 상
五言律詩 上

오언율시 상 五言律詩上

호서로 가는 김자시[124] 위남 를 보내며

送金子始之湖西 偉男

괴원[125]의 동료 자리 비우고	槐院虛僚席
천진[126]에서 왕명 받고 출발하네	天津發使星
잘 알리라 내일 이별할 제	須知明日別
지금 술 깨어 있는 것 한탄할 줄을	應恨此時醒
종 울릴 제 바람은 나무에 일고	鍾動風生樹
풀벌레 슬피 울 제 달빛은 뜰에 가득하네	蟲悲月滿庭
이별의 회포 어디에서 달랠까	離懷何處遣
독서하는 곳을 반딧불이 외로이 비추네	孤照讀書螢

124 김자시(金子始) : 김위남(金偉男, 1563～1618)으로, 자시는 그의 자이다. 본관은 광산(光山), 초명은 종남(終男), 호는 요산(樂山)이다. 1610년(광해군 2)에 천추사(千秋使) 서장관(書狀官)으로 명나라에 다녀왔고 폐모론(廢母論)이 일어난 뒤로 관직을 떠났다가 구차스럽게 생을 영위할 수 없다고 하면서 절식하다가 이듬해 죽었다.

125 괴원(槐院) : 승문원의 별칭이다. 조희일은 1602년(선조35)에 문과에 급제하여 승문원에 들어갔는데, 이 시는 이때 지은 듯하다. 《竹陰集 附錄 神道碑銘》

126 천진(天津) : 중국 낙양(洛陽)에 있는 천진교(天津橋)를 말하는데, 여기에서는 한양을 말한다.

공릉[127] 도중에

恭陵道中

교릉[128] 가는 길에 말 세우니	立馬喬陵道
청산에 해가 지려는 때라	青山欲暮時
세찬 여울은 콸콸 쏟아지고	風湍瀉淅瀝
숲속 새는 들쑥날쑥 우는구나	林鳥詠參差
오솔길에는 풀이 언덕까지 이어지고	一逕草連岸
외딴 마을에는 꽃이 울에 피었어라	孤村花壓籬
길 따라 가며 좋은 흥취 충분하여	沿途足佳興
천애로 향하는 것도 몰랐네	不覺向天涯

127 공릉(恭陵) : 예종(睿宗)의 비(妃)인 장순왕후(章順王后)의 능으로, 현재 경기도 파주시(坡州市) 조리면(條里面) 봉일천리(奉日川里)에 있다.

128 교릉(喬陵) : 중국 교산(喬山)에 있는 황제(黃帝)의 능인데, 흔히 왕릉(王陵)의 존칭어로 쓰인다. 여기서는 파주(坡州) 삼릉(三稜)인 공릉, 순릉(順陵), 영릉(永陵)을 말한다.

임진강에서 회포가 일어

臨津有懷

한 줄기 임진강 물이	一帶臨津水
천 길의 푸른 절벽을 휘도네	千尋翠壁回
강산에는 옛 주인 없어	江山無舊主
갈매기는 남은 슬픔 있네[129]	鷗鷺有餘哀
오래된 축대는 황량하게 폐해졌고	故築荒涼廢
남은 꽃은 적막하게 피어있네	殘花寂寞開
어부는 아무 근심 없는 듯	漁翁不愁思
석양에 뱃노래 부르며 돌아오네	斜日棹歌廻

129 강산에는……없네 : 임진강 가에서 갈매기와 짝하며 지내던 황희(黃喜)가 죽고 없어서 갈매기가 슬퍼한다는 말이다. 황희가 벼슬에서 물러나 임진강 하류에 반구정(伴鷗亭)을 짓고 거기에서 노년을 보낸 일이 있다. 《記言 卷13 伴鷗亭記》

차련관[130]에서. 〈증연상인〉 시[131]에 차운하다

車輦館 次贈連上人

나그네 심정 문득 언짢아서　羈情忽不愜
일어나 창문을 빙 돈다오　自起遶窓檽
흰 빗줄기는 주룩주룩 내리고　雨足森森白
푸른 산 빛은 넘실넘실 일렁이네　山光滴滴靑
나는 정신 피로해 길 오르기 겁나는데　神疲怯登道
중은 조용하여 경전 이야기 좋아하네　僧靜好談經
언제나 진경(眞境) 찾아 떠나　何日尋眞去
구름 뚫고 옥경 두드릴까[132]　穿雲叩玉扃

130 차련관(車輦館) : 평안도 철산(鐵山)에 소속된 역관으로, 많은 사신들이 이곳을 거쳐 가며 시문을 지었다.

131 증연상인(贈連上人) 시 : 신흠(申欽)이 연상인(連上人)에게 준 시로, 《상촌집(象村集)》 권9에 실려 있다. 상인은 승려를 높여 부르는 말이다.

132 언제나……두드릴까 : 옥경(玉扃)은 천제(天帝) 혹은 신선이 상주(常住)하는 곳을 말하는 것으로, 신선을 찾아 떠나고 싶다는 말이다. 《海內十洲記 崑崙》

압록강에서 취하여 임 지사 춘발 주화 에게 주다

鴨江 醉贈林知事春發 走華

나라가 위태로울 때 힘 바친 이	效力艱危際
사람들은 임 지사라고 말하네	人言知事林
새로 안 즐거움은 흡족하지 않은데	新知懽未洽
먼 이별의 한은 어찌 그리 깊은가	遠別恨何深
새는 외로운 구름 따라 사라지고	鳥逐孤雲沒
하늘은 너른 들에 이어져 어둡네	天連大野陰
외로운 배 우선 묶지 말게나	孤舟且莫繫
강가 가까워져 애간장 끊어지니	腸斷近江潯

철산에서 취하여 홍생 춘수[133]에게 주다

鐵山 醉贈洪生春壽

손잡고 만난 오늘 저녁	握手會今夕
서로 보며 서글픈 안색 짓네	相看色悵然
평생 죽을 고비 수차례 넘겼지만	生涯萬死後
얼굴은 십년 전 모습 그대로네	面目十年前
오래된 성 굽이에 달이 지고	月落古城曲
푸른 바닷가에 조수가 돌아오네	潮回滄海邊
밤 깊어 고운 등불 짧은데	夜深華燭短
술 마시며 계속 머무른다오	尊酒更留連

133 홍생 춘수(洪生春壽) : 자는 학장(學長)이다. 자세한 행적은 알 수 없으나 선조(宣祖) 때에 문장으로 이름이 났던 인물이다. 1594년(선조27)에 선조가 여러 재신(宰臣)들에게 각자 인재를 천거하라는 명을 내리자 약포 정탁(鄭琢)은 홍춘수가 문장이 탁월하고 사명(辭命)에 유능한 인물이라 하여 천거하였다. 또 어우(於于) 유몽인(柳夢寅)은 홍춘수가 박학(博學)하고 문장을 잘하였다고 하였다. 《藥圃集 藥圃先生年譜》《於于集 與尹進士彬書》

신안[134]에서 선원 영공[135]을 유별하다

新安留別仙源令公

비 지나가니 맑은 밤 고요하고	雨過淸夜靜
달 떠오르니 작은 집 그윽하네	月出小齋幽
변방이라 벗들이 적고	關外故人少
천애라 귀로가 멀구나	天涯歸路脩
당초 술 조심하시라 당부했는데	贈言初戒酒
이별할 제 도리어 술을 더 따르네	臨別却添籌
덧없는 세상 즐거움이 짧아	浮世歡悰短
술에 의지해 온갖 근심 없애네	憑渠破百憂

134 신안(新安) : 평안도 정주(定州)의 다른 이름이다.

135 선원 영공(仙源令公) : 김상용(金尙容, 1561~1637)으로, 선원은 그의 호이다. 본관은 안동(安東), 자는 경택(景擇), 시호는 문충(文忠)이다. 김상헌(金尙憲)의 형으로, 병조·예조·이조의 판서를 역임하였다. 저서에 《선원유고》 등이 있다. 김상용은 1602년(선조35)부터 1604년까지 정주 목사(定州牧使)로 재직하였는데, 이 시는 이때 지은 듯하다.

두견새 소리를 듣다

聞鵑

빈 객관에 사람 잠든 뒤요	虛館人眠後
텅 빈 숲에 달빛 은은할 때라	空林月隱時
남은 봄에 두견새 피 토하며 울고	殘春杜宇血
오랜 나무에는 가지에서 꽃 떨어지네	老樹落花枝
고국은 천년의 원한이 있고[136]	故國千年怨
고신은 재배시를 올렸네[137]	孤臣再拜詩
청산 보니 새벽 되려 하는데	青山看欲曉
남은 슬픔 다 하소연하지 못했구나	不盡愬餘悲

136 고국(古國)은……있고 : 고향에 돌아가지 못한 원통한 마음을 두견새의 고사에 빗대어 표현한 것이다. 촉(蜀)나라 망제(望帝) 두우(杜宇)가 재상인 별령(鱉令)에게 운하 공사를 맡겨 멀리 보내고 그의 아내와 간통을 하였다가 뒤에 그에게 왕위를 빼앗기고 달아나서는 타향에서 원통함을 품고 죽었다. 그 뒤에 그의 혼이 두견새가 되어 밤새 원통하게 피를 토하며 우는데, 그 소리가 마치 "촉도로 돌아가자, 돌아감만 못하다.〔歸蜀道, 不如歸.〕"라는 것처럼 들렸다고 한다. 《華陽國志 蜀志》

137 고신(孤臣)은 재배시(再拜詩)를 올렸네 : 고신(孤臣)은 두보(杜甫)를 가리키고, 재배시는 우국충정(憂國衷情)을 말한다. 두보가 일찍이 촉제(蜀帝)의 넋이 두견(杜鵑)으로 화(化)했다는 전설에 의거하여 〈두견행(杜鵑行)〉을 지어서 두견에 재배하였으므로, 황정견(黃庭堅)이 〈제마애비(題磨崖碑)〉에서 "신 원결은 용릉행 이삼 편을 읊었고, 신 두보는 두견행 재배시를 올렸네.〔臣結春陵二三策, 臣甫杜鵑再拜詩.〕"라고 하였다. 《杜詩詳註 卷9》《古文眞寶前集 卷5》

자건[138]과 양재의 역촌에서 함께 묵었는데 다음날 나 먼저 청휘로 향하게 되어 시를 남겨서 그에게 주다 을사년(1605, 선조38)

與子虡同宿良才驛村 翌日余先向晴暉 留詩贈之 乙巳年

한양 도성으로 고개 돌리니	回首漢陽城
남산이 무한한 정 머금었네	終南無限情
알겠네 새벽녘에 눈이 내려	殘宵知有雪
어두운 빈 방에 밝은 빛 생김을	虛幌暗生明
창 너머로 말의 여물 씹는 소리 들리고	隔窓聞馬齕
베개 기대니 몇 마디 닭 우는 소리라	欹枕數鷄聲
홀로 청휘 향해 가는 길에	獨向晴暉路
문득 어제 갔던 일 생각나네	還思昨日行

138 자건(子虡) : 심각(沈恪, 1571~?)의 자이다. 본관은 청송(靑松)이다. 1606년(선조39) 진사시에 합격하였다.

우연히 읊다
偶吟

고향 멀리 부평초처럼 떠도는 중에	故國萍蹤遠
계절이 바뀌어 새봄이 되었네	新春斗柄移
손님 드물어 치장하는 것 잊었고	客稀忘盥櫛
마음 한적하여 거문고 바둑 즐기네	心適玩琴棊
끊어진 골짝에는 언덕에 물 차오르고	絶壑潮侵岸
외딴 마을에는 울타리에 눈 쌓였네	孤村雪壓籬
빈 집에서 홀로 지내는 삶에 만족해	空齋飽幽獨
신발 단정히 신고 섬돌을 더디 내려오네	整履下階遲

입춘 다음날 이어서 수세하다

立春翌日 仍守歲

남은 밤 다할까 두려워	却怕殘宵盡
나직이 읊조리며 근심스레 앉았네	沈吟坐悄然
봄바람 분 것은 이미 어제였고	春風已昨日
새벽빛 들면 또 내년이구나	曉色又明年
처마 눈은 녹아서 뚝뚝 떨어지고	簷雪融成滴
등잔 심지는 꺼졌다 다시 타오르네	燈花落復燃
근심 있는 사람은 원래 잠 못 드는데	愁人元不寐
이때 되니 더욱 잠이 없어라	到此更無眠

중양절에 취하여 일어나다

重陽醉起

아침 해가 높은 나무 위로 솟으니　　朝日上高樹
작은 창에 발 그림자 옮겨 가누나　　小窓簾影移
나른하게 취하였다 막 깨어나　　懨懨醉初醒
우두커니 바보처럼 앉았어라　　兀兀坐如癡
찬 빛의 오이는 넝쿨째 매달렸고　　冷色瓜懸瓞
맑은 향의 국화는 울에 비치누나　　淸香菊映籬
중양절을 어찌 그냥 보낼쏘냐　　重陽豈全負
쓸쓸히 새로 지은 시 읊으리　　寥落詠新詩

영광 도중에

靈光途中

강남으로 떠나온 길 이미 반이라	江南行已半
서울 바라보니 더욱 아득하네	洛北望逾迷
바닷가 마을에는 삼경의 비 내리고	海國三更雨
역로 길에는 무릎까지 진흙 쌓였네	郵程一膝泥
비스듬한 숲은 울창하여 골짜기 덮고	攲林深覆壑
꺼진 언덕은 굽어 오솔길 났네	崩岸曲通蹊
대 빛이 촌락과 잘 어우러져	竹色團村塢
석양에 말 가는 대로 맡겼네	斜陽信馬蹄

법성창[139]에서

法聖倉

외딴 성 법성포 孤城法聖浦
포구의 물이 마을을 도누나 浦水遶村居
집들은 모두 대숲 가에 있어 有屋皆依竹
배들은 모두 물고기 잡는다오 無船不捕魚
조수 소리는 잠자리에 요란하고 潮聲殷枕席
바다 기운은 금서를 눅눅하게 하네[140] 海氣潤琴書
창주 향해 길 떠나고자 하여[141] 欲向滄洲路
돛배 가는 대로 맡기네 風帆恣所如

139 법성창(法聖倉) : 1512년(중종7)에 세곡(稅穀)의 수송 및 보관을 위해 수로 강변에 만들어 놓은 창고로, 전라도 영광 주변 12개 지역의 전세(田稅)와 대동미를 거두어 서울로 운송하는 데 이용되었다. 이 시는 조희일이 1606년(선조39)부터 1608년까지 충청도와 전라도의 조운(漕運) 업무를 맡아보던 해운 판관(海運判官)으로 있을 때 지은 듯하다.

140 바다……하네 : 당(唐)나라 허혼(許渾)의 시에 "구름이 바다 기운과 잇닿으니 거문고와 책이 눅눅하다.〔雲連海氣琴書潤.〕"라고 한 데서 온 말이다.《全唐詩 卷533 晩自朝臺津至韋隱居郊園》

141 창주(滄洲)……하여 : 은거하고 싶은 마음을 표현한 것이다. 창주는 물가를 뜻하는 말로, 은자의 거처를 가리킨다. 두보(杜甫)의 〈서각이수(西閣二首)〉에 "게으른 마음이 강물 같아, 밤낮으로 창주로 향해 가네.〔懶心似江水, 日夜向滄洲.〕"라고 하였다.《杜詩詳註 卷17》

용당[142]을 건너려 할 제 심자건이 부여에 왔다는 말을 들었다. 자온대[143]에서 아래로 길을 나와 무수진을 건너면서 나그네의 회포를 서술하다

將渡龍堂 聞沈子虔來扶餘 路出自溫臺下 渡無愁津 述旅懷

강 포구 곁의 나그네 길	客路傍江浦
강바람이 내 옷깃에 부누나	江風吹我衣
취령산[144]은 이름난 도읍지에 가깝고	名都鷲嶺近
용당은 예전 나루가 아니구나	古渡龍堂非
방초는 자연히 봄기운 띠는데	芳草自春意
왕손은 언제나 돌아오려나[145]	王孫何日歸
석양에 북으로 가는 기러기	斜陽北去雁
일일이 사람 등지고 날아가네[146]	一一背人飛

142 용당(龍堂) : 용당진(龍堂津)으로, 수신제(水神祭)를 지냈던 고마나루를 말한다. '웅진단(熊津壇)', '웅진사(熊津祠)' 등으로 불렸다.

143 자온대(自溫臺) : 충청남도 부여군(扶餘郡)에 있는 바위이다. 《삼국유사》 〈남부여(南夫餘)〉에 의하면, 이 바위는 10여 명이 앉을 수 있는 규모인데 백제의 왕이 왕흥사(王興寺)에 예불을 드리러 갈 때 먼저 이 돌에 올라 부처에게 예배를 하거나 쉬어갔다고 한다. 임금이 도착하면 바위가 저절로 따뜻해져 '자온대'라는 이름이 붙었다고 한다.

144 취령산(鷲嶺山) : 충청남도 부여군(扶餘郡)에 소재한 산이다.

145 왕손(王孫)은 언제나 돌아오려나 : 부여(扶餘)가 백제의 수도였기 때문에 이렇게 말한 것이다.

146 석양에……날아가네 : 두보(杜甫)의 〈귀안(歸雁)〉에 "만리 밖 형양 땅의 기러기가 올해 또 북쪽으로 돌아가네. 쌍쌍이 길손을 보며 날아오르고, 일일이 사람 등지고 날아

가네.〔萬里衡陽雁, 今年又北歸. 雙雙瞻客上, 一一背人飛.〕"라고 한 데서 온 말이다.《杜詩詳註 卷23》

조 상사의 집에서 매화를 찾다
趙上舍家訪梅

매화 피었다는 말 듣고	聞道寒梅發
작은 은거지 찾아 왔네	來尋小隱居
봄빛은 아직 너무 이른지	春光絶知早
향기로운 꽃 다 피지 않았네	香萼未全舒
술 가득 따름은 취하기 위해서가 아니요	滿酌非關醉
나지막이 읊조림은 모두 매화 때문이라	沈吟摠爲渠
그리움에 하룻밤을 지새우고	相思過一夜
매화 소식이 어떠한지 묻네	消息問何如

덕현[147] 심광세 에게 부치다

寄德顯 沈光世

그대 지금 잘 돌아갔는가 君今好還未
꿈속에서 그대 얼굴 보았다네 夢裏見君顏
우연히 밤새 이야기 했으니 偶爾連宵話
기나긴 밤 동안 기쁨이 어떠했겠나 何當永夕懽
습한 구름은 해를 가리고 瘴雲霾日軸
봄비는 강 언덕에 자욱하겠지 春雨暗江干
봉해[148]에는 신선이 많으니 蓬海多仙者
서로 따르며 단약 찾세나 相隨問鍊丹

147 덕현(德顯) : 심광세(沈光世, 1577~1624)의 자로, 본관은 청송(靑松), 호는 휴옹(休翁)이다. 지시에 《휴옹집(休翁集)》이 있다.

148 봉해(蓬海) : 신선들이 산다고 하는 봉래산(蓬萊山)이 있는 바다이다. 여기에서는 전라도 부안(扶安)을 말하는 듯하다. 심광세는 1607년(선조40) 1월에 부안 현감으로 부임하였다.

술자리에서 입으로 읊어 삼가 상루[149]에게 드리다

酒席口占 奉贈湘纍

십 리 군산 길	十里群山路
자주 이곳에 왕림하였지	頻煩枉此行
지기라 굳이 말할 것 없으니	心知不足說
잔 이르거든 우선 마셔야 하리	杯到且須傾
먼 포구에는 남은 물이 빠지고	極浦殘潮落
외딴 성에는 조각달이 떠오르네	孤城缺月生
새벽녘 노 젓는 소리 너머로	曉來鳴櫓外
고개 돌리니 이 심정 어이하리	回首若爲情

149 상루(湘纍) : 죄를 지어 관직에서 내쫓긴 사람을 의미하는 말로, 초(楚)나라 굴원(屈原)이 무고를 당하여 상수(湘水)로 쫓겨나 있다가 죽었으므로 이렇게 이른다.

용당진에서 풍파를 만나 고을 수령 이군에게 주다. 지난겨울 이군과 이곳에서 작별하였는데 이곳이 마침 군산의 월영대 아래와 가까웠기 때문에 제4구와 5구에서 말하였다

龍堂津遇風波 贈主倅李君 蓋往年冬 與李君作別於此地 而適近群山月影臺下 故第四五云

바다 어귀에 동풍이 급히 부니	海口東風急
하늘과 맞닿은 큰 물결이 출렁이네	連天巨浪洶
위험한 길에는 목숨 가볍게 여기고	危途輕性命
깊은 골짜기에는 어룡이 춤추네	深壑舞魚龍
건너기 어려움은 예나 지금이나 같지만	涉難同今日
이별의 슬픔은 지난겨울이 심했다오	傷離劇往冬
외로운 구름은 나를 보고 비웃으리	孤雲應笑我
무슨 일로 아직도 세속에 있냐고	何事尙塵蹤

신창현[150]에서 눈보라를 만나다

新昌縣 遇風雪

신창현에서 하룻밤 보내노라니　一夜新昌縣
희미한 등불에 고향 그리는 마음이라　殘燈故國心
세찬 바람에 폭설 날리니　驚風吹急雪
돌아가는 꿈이 먼 산에 끊겼어라　歸夢斷遙岑
매화 언덕에는 봄이 물러서 있고　春退寒梅塢
참대 숲에는 소리가 처연하구나　聲淒苦竹林
십년 동안 수많은 일들을　十年多少事
쓸쓸하게 외로이 읊조린다오　寥落入孤吟

150 신창현(新昌縣) : 현재 충청남도 아산시(牙山市) 신창면(新昌面) 일대의 지역이다.

관서의 막부로 부임하는 덕여[151] 이경탁 를 전송하다

送德餘赴關西幕府 李慶倬

나라 위해 부모 하직하는 날	爲國辭親日
아 그대 떠나기 어려워하는구나	嗟君重去留
아직 모의의 격서 받지 않았는데	未攀毛義檄
먼저 유공의 누대에 기대누나[152]	先倚庾公樓
기러기 사라지면 고향 소식 끊기고	雁盡鄕音斷
봄 깊으면 변방의 풀 무성하겠지	春深塞草稠
풍진 세상 그야말로 어려움 많으니	風塵正多難
부디 변방의 계책 잘 보좌하게	努力佐邊籌

151 덕여(德餘) : 이경탁(李慶倬, 1572~?)의 자이다. 본관은 한산(韓山), 호는 반금(伴琴)이다. 명곡(鳴谷) 이산보(李山甫)의 아들이다. '관서의 막부로 부임한다.'는 말은 함경 도사(咸鏡都事)로 부임한다는 말이다.

152 아직……기대누나 : 이경탁(李慶倬)이 도사의 임명장을 받기도 전에 고향을 그리워한다는 말이다. 모의(毛義)의 격서(檄書)를 받는다는 말은 어버이를 봉양하기 위해 벼슬에 나가는 것을 이른다. 후한(後漢)의 모의가 집이 가난하고 어머니가 연로하였는데, 수령으로 삼는다는 격서가 오자 매우 기뻐하며 벼슬에 나아가니 사람들이 모두 천하게 여겼다. 그 후 어머니가 세상을 떠난 뒤 효렴(孝廉)으로 천거되었으나 나아가지 않자 비로소 사람들은 그가 벼슬길에 나아간 것이 어머니를 위해서였음을 알았다 한다.《後漢書 劉平等列傳序》 유공(庾公)의 누대에 기댄다는 말은 진(晉) 나라 유량(庾亮)이 무창(武昌)을 다스리면서 관료인 은호(殷浩), 왕호지(王胡之)의 무리와 같이 남루(南樓)에서 밤경치를 구경하고 날이 새도록 시를 읊고 담소를 나누었던 고사에서 온 말인데, 여기에서는 남쪽 누대에 기대 고향을 그리워한다는 뜻이다.《世說新語 卷5 容止》

밤에 금강을 건너면서 호백에게 지어 올리다

夜渡錦江 錄奉湖伯

꽃과 버들이 마을마다 좋으니 花柳村村好
봄빛에 낮밤을 분간 못하겠네 春光夜不分
문득 백사장이 다 끝나니 忽然沙路盡
이곳이 금강가임을 알겠어라 知是錦江濆
기숙하는 이들 모두 나그네인데 寄宿無非客
길 재촉함은 단지 그대 때문이라 催行只爲君
멀리 외딴 성을 가리키니 孤城遙指點
등불이 짙은 구름에 막혔네 燈火隔重雲

익산에서 모귀 어른[153]께 드리다

益山 贈暮歸丈人

모귀 어른께 묻노니 爲問暮歸丈
지금 잘 지내십니까 如今好在不
교제하는 벗은 의기가 많고 交親多氣槩
동년배는 매우 풍류가 있습니다 儕輩最風流
한번 뵙고 싶은 마음 없지 않으나 一訪非無意
이번 걸음은 자유롭지 못합니다 玆行不自由
봄빛이 남쪽 지방에 가득하니 春光滿南國
꽃과 버들이 모두 시름을 자아냅니다 花柳摠堪愁

153 모귀(暮歸) 어른 : 송영구(宋英耇, 1556~1620)로, 모귀는 그의 호이다. 본관은 진천(鎭川), 자는 인수(仁叟), 또 다른 호는 표옹(瓢翁)이다. 1584년(선조17)에 문과에 급제하여, 주서(注書)와 사과(司果) 등을 역임하고, 1611년(광해군3)에 경상도 관찰사를 지냈다. 인조반정 뒤 예조 판서에 추증되었다. 전주(全州)의 서산사(西山祠)에 제향되었다.

홍덕[154]에서 안명원[155]에게 지어 드리다

興德 錄奉安明遠

한제의 화융에 대한 논의[156] 漢帝和戎論
그대가 으뜸가는 사람이었지 君爲第一人
높은 재주 먼저 관리로 시험하려 高才先試吏
대뜸 작은 고을 다스리게 하였네 小縣遽臨民
강해에서 서로 만난 날 江海相逢日
연화가 저물려 하는 봄이라 煙花欲暮春
나그네 회포로 녹주 대하노라니 羈懷對綠酒
운무(雲霧) 헤치고 지우 보는 듯[157] 披霧見心親

154 홍덕(興德) : 전라도 고창(高敞) 지역의 옛 이름이다.

155 안명원(安明遠) : 안욱(安旭, 1564~?)으로, 명원은 그의 자이다. 본관은 광주(廣州), 호는 청천(淸川)이다. 사헌부 감찰, 공조 좌랑, 호조 좌랑 등을 역임하였다.

156 한제(漢帝)의……논의 : 한제는 한 문제(漢文帝)를 말하고, 화융(和戎)의 논의는 융족(戎族)과의 화친에 대한 관한 논의를 말한다. 1602년(선조35) 9월 알성시의 시제(試題)가 〈한문제여흉노화친론(漢文帝與匈奴和親論)〉이었는데, 안욱(安旭) 등 5명이 뽑혔다. 《燃藜室記述 別集 卷9 官職典故》

157 운무(雲霧)……듯 : 마음이 통하는 훌륭한 사람을 만났다는 말이다. 진(晉)의 위관(衛瓘)이 상서령(尙書令)이 되었을 때 악광(樂廣)이 조정의 명사들과 이야기하는 것을 보고 기특히 여겨 말하기를 "이 사람은 사람 중의 수경(水鏡)이라, 만나 보면 운무를 헤치고 푸른 하늘을 본 것 같다.〔此人人之水鏡也, 見之若披雲霧覩靑天.〕"라고 한 데서 온 말이다. 《世說新語 賞譽》

장사[158] 도중에

長沙途中

시내 휘돌아 숱한 산과 어우러지니 溪回亂嶂合
나그네는 근심스레 마음 아파하네 客子悄傷情
만학에는 석양이 지고 萬壑夕陽盡
온 숲에는 산 살구가 환하네 一林山杏明
돌아가는 마음은 북쪽 대궐에 있지만 歸心懸北極
봄기운은 남쪽 바다에 가득하구나 春氣滿南溟
장사의 술에 흠뻑 취한들 盡醉長沙酒
가생 조문하는 데 무슨 문제랴[159] 何妨弔賈生

158 장사(長沙) : 전라도 무장(茂長)의 옛 이름으로, 지금의 고창(高敞) 지역이다.

159 장사(長沙)의……문제랴 : 장사에서 술에 취하더라도 장사왕(長沙王)의 태부(太傅)로 좌천된 가의(賈誼)를 조문하는 데 아무 문제가 없다는 말이다. 가생(賈生)은 한(漢)나라 가의로 20세에 수재(秀才)로 칭해지며 태중대부(太中大夫)에 발탁되는 등 문제(文帝)의 총애를 한 몸에 받았으나 권신들의 모함으로 장사로 좌천되었다. 《史記 賈生列傳》

춘백도에서

春栢島

배 묶고 난초 핀 물가에 내려와　維舟下蘭渚
앉아서 편안히 큰 술잔 명하네　坐穩命深巵
바람이 몰아치니 조수가 세차고　風捲潮頭壯
파도가 치니 바윗돌이 기이하네　波舂石骨奇
여기에서 노니 흥이 끝이 없는데　玆遊無限興
시간 많지 않은 것이 한스러울 뿐　唯恨不多時
부디 높은 정상까지 오르지 말게　且莫窮高頂
떠난 뒤에 그리움 남도록　要留去後思

신창원[160] 정자 위에서

新倉院亭上

유월 남쪽으로 가는 나그네	六月南征客
나지막이 〈고열행〉[161] 읊조리네	沈吟苦熱行
불 구름은 긴긴 날을 태우고	火雲燒永日
가을 기운은 삼복에 엎드렸네	金氣伏三庚
멀리 외딴 정자에서 앉아 즐기며	坐愛孤亭逈
평평한 너른 들판을 돌아보네	回看大野平
돛배가 기울어진 채 곁을 지나가니	風帆欹側過
저물녘 강 수면에 물결이 일어나네	江面晚潮生

160 신창원(新倉院) : 임피현(臨陂縣)에 소재한 역원(驛院)으로, 만경강(萬頃江) 신창진(新倉津) 언덕에 있다. 《新增東國輿地勝覽 卷34 全羅道 臨陂縣》

161 고열행(苦熱行) : 당(唐)나라 왕곡(王轂)이 지은 시로, 한 여름의 찌는 듯한 무더위에 괴로운 심정을 읊은 것이다. 《古文眞寶前集 卷11》

상 상인에게 주다

贈尙上人

상 상인의 얼굴 못 보았지만	不見尙師面
먼저 시축에 시를 써 준다오	先題軸上詩
외로운 몸 세상 단절한 지 오래라	孤蹤斷世久
석장 짚고 하산함이 더디구나	一錫下山遲
바리때 들면 쌍룡 길들여질 테고	奠鉢雙龍擾
불경 얘기하면 두 사슴 춤추리라	談經兩鹿儀
조계에서 이렇게 수작할 수 있다면	曹溪如許酌
훗날 더러운 마음을 씻게 되리라	佗日洗心脾

관서로 안찰하러 가는 이양오[162]를 전송하다
送李養吾廉按關西

여기에서 용만관[163]까지의 거리	此去龍灣館
묻노니 얼마나 멀고 먼 노정인가	遙遙問幾程
금포(錦袍) 부절 맞이한 땅으로	曾迎錦節地
어사의 행차 홀로 전송하네	獨送繡衣行
보이는 광경 처음이 아니고	觸物非生面
만나는 사람 모두 옛 정 있으리	逢人摠舊情
인수를 풀고 가든 말든	無論解印去
절로 위엄과 명성 드러나리	自是著威聲

162 관서로……이양오(李養吾) : 이양오는 이지완(李志完, 1575~1617)으로, 양오는 그의 자이다. 본관은 여주(驪州), 호는 두봉(斗峯), 시호는 정간(貞簡)이다. 1597년(선조30) 정시 문과에 급제하였으며, 1602년 하지사(賀至使) 서장관에 충원되었다. 관서로 안찰하러 간다는 말은 그가 1605년 황해도 안문 어사(黃海道按問御史)에 제수된 일을 말한다.《宣祖實錄 38年 3月 1日》

163 용만관(龍灣館) : 사신 일행이 머물던 의주(義州)의 객관(客館)이다.

조선술[164] 찬한 에게 부치다

寄趙善述 纘韓

찬 비 부슬부슬 내리는데　　凍雨蕭蕭下
기러기가 떼 지어 날아가네　　征鴻陣陣飛
가을이라 이별의 한 괴롭고　　高秋別恨苦
노년이라 지우가 드물다오　　末路可人稀
홀로 앉아 황국을 보고　　獨坐看黃菊
나지막이 읊조리며 백의의 선비 기다리네　　沈吟待白衣
변방 안정시킬 조정의 계책 있는데　　安邊有廟算
왜 하필 거듭 탄식하는가　　何必重歔欷

164 조선술(趙善述) : 조찬한(趙纘韓, 1572~1631)으로, 선술은 그의 자이다. 본관은 한양(漢陽), 호는 현주(玄洲)이다. 동부승지, 상주 목사(尙州牧使) 등을 역임하였다. 문장이 뛰어났고 특히 시부(詩賦)에 능하였다. 저서에 《현주집》이 있다.

홀로 앉다. 동파의 시[165]에 차운하다

獨坐 次東坡韻

찬 집에서 저녁에 홀로 술 마실 제	獨酌寒齋夕
나지막이 읊조리니 취기 오르지 않네	沈吟醉不成
그런대로 시에 의지해 흥을 부치고	聊憑詩遣興
술꾼만이 이름 남긴다는 말[166]을 부질없이 믿네	浪信飮留名
나무 끝은 높은 바람에 눕고	樹杪高風偃
울타리 밑은 가랑눈에 밝구나	籬根小雪明
강호에 절서가 저물어가니	江湖時序晩
육신에 부림당한 이내 생애 우습네	形役笑吾生

165 동파(東坡)의 시 : 동파는 송(宋)나라 소식(蘇軾, 1036~1101)의 호이다. 자는 자첨(子瞻), 시호는 문충(文忠)이다. 이 시는 《동파전집(東坡全集)》 권2에 〈사유가 처음 진주에 도착하여 부쳐준 2수에 화답하여 차운하다〔和子由初到陳州見寄二首次韻〕〉라는 제목으로 실려 있다.

166 술꾼만이……말 : 이백(李白)의 〈장진주(將進酒)〉에 "예로부터 현달한 사람들은 모두 자취도 없지만, 술꾼만은 그 이름을 남겼어라.〔古來賢達皆寂寞, 惟有飮者留其名.〕"라고 한 말을 가리킨다. 《李太白集 卷2》

자민[167]을 기다려도 오지 않다

待子敏不來

종에게 분부하여 손님의 행색 살피게 하고	戒僕候行色
창을 열고 작은 못에 임했네	開窓臨小池
그대 만나면 정히 무슨 말을 할까	逢君定何語
손잡고 함께 시대를 상심하리	握手共傷時
애석하구나 간절한 약속이	可惜丁寧信
도리어 공허한 기약이 되었네	還成汗漫期
외로운 방에서 날이 저물어 감을 근심하는데	孤齋悄向夕
뜰에는 눈이 사락사락 내리누나	庭雪下絲絲

167 자민(子敏) : 이안눌(李安訥, 1571~1637)의 자이다. 본관은 덕수(德水), 호는 동악(東岳), 시호는 문혜(文惠)이다.

윤여직[168]을 방문하다

訪尹汝直

새벽에 기성[169] 고을을 출발하여	曉發箕城縣
몇 겹의 구름을 뚫고 지나왔던가	穿雲過幾重
가는 물줄기는 어둔 골짝에 흐르고	細泉流暗谷
가벼운 눈은 높은 소나무에 떨어지네	輕雪落高松
땅은 멀어 평평한 들에 임해있고	地逈臨平野
정자는 비어 먼 봉우리 들어오네	亭虛納遠峯
옷깃 풀고 편안히 술 마시노라니	開襟成穩酌
황봉[170]에 취한 일이 문득 생각나네	却憶醉黃封

168 윤여직(尹汝直) : 윤길(尹趌, 1567~1615)로, 여직은 그의 자이다. 본관은 파평(坡平)이다. 1589(선조22) 문과에 급제하여 형조 정랑, 상원 노사, 상령을 역임하였다.

169 기성(箕城) : 평양(平壤)의 옛 이름이다.

170 황봉(黃封) : 황봉주(黃封酒)의 준말로, 관청에서 빚어 황색 비단이나 종이로 봉한 술이다.

두 번째로 차운하여 홍군옥[171] 천경 에게 사례하다

二次謝洪群玉 千璟

강가에 임한 외딴 누각에 孤閣臨江浦
겨울 따뜻해 장무가 자욱하네 冬暄瘴霧重
흰 새는 쌍으로 물가로 돌아가고 白雙歸渚鳥
푸른 솔은 홀로 서리 견디누나 青獨保霜松
너른 들엔 들쑥날쑥 자란 나무들 大野參差樹
먼 하늘엔 아득히 솟은 봉우리들 遙空縹緲峯
새 시가 나의 나태함 일으키니 新詩起我懶
먼지 묻은 벼루를 또 개봉하네 塵硯又開封

171 홍군옥(洪群玉) : 홍천경(洪千璟, 1553~1632)으로, 군옥은 그의 자이다. 본관은 풍산(豊山), 호는 반항당(盤恒堂)이다. 1609년(광해군1) 증광 문과(增廣文科)에 장원하였고, 전적, 나주 교수, 남원 교수 등을 역임하였다. 월정서원(月井書院)에 제향되었다.

군옥을 방문하다. 앞 시의 운을 사용하다
訪群玉 用前韻

깊숙한 마을에 말을 멈추고서	征驂住深巷
옛 정의 펴니 얼마나 애틋한가	敍舊意何重
기개는 바람 앞의 대나무요	氣槩風前竹
지조는 눈 내린 뒤의 소나무라	襟期雪後松
붓 적셔 짧은 구절로 보답하고	染毫酬短句
두건 젖히고 높은 산을 바라보네	岸幘望高峯
서글퍼라 나 돌아간 뒤에는	惆悵人歸後
사립문에 낙엽만 덮여 있으리	柴門落葉封

배를 타고 창랑정[172]을 향하다. 앞 시의 운을 사용하다
乘舟向滄浪亭 用前韻

석양에 뱃놀이하기 좋으니　　斜陽放船好
모래섬을 지나고 또 지나네　　洲渚過重重
노 저어 찬 대숲에 가고　　迎棹來寒籜
바위 기대어 고송을 가리키네　　依巖指古松
아득하여 갈 길을 헤매고　　蒼茫迷去路
쉽게 앞 봉우리를 놓치네　　容易失前峯
배 정박하고 비탈길 오르니　　繫纜攀危磴
어둔 벼랑이 찬 눈에 덮였네　　陰崖凍雪封

172 창랑정(滄浪亭) : 나주(羅州) 회진(會津)의 영산강 가에 소재한 정자로, 임탁(林恈, 1566~1610)이 지은 것이다.

정읍 도중에. 앞 시의 운을 사용하다

井邑途中 用前韻

들을 가다 먼 곳을 바라보며	行野眺望遠
무성한 숲 기슭에서 마을 찾네	尋村林麓重
실바람은 우거진 대숲에 불고	細風吟亂竹
찬 해는 성긴 솔에 맑게 비치네	寒日澹疏松
봉래 바다에 신선 흥취 아득하고	仙興迷蓬海
칼 같은 산이 시름 창자 베누나[173]	愁腸割劍峯
집 떠난 지 지금까지 다섯 달	離家今五月
어디에서 집안 편지 찾을까	何處覓書封

173 칼……베누나 : 눈앞의 광경이 시름을 촉발한다는 말이다. 유종원(柳宗元)의 〈호초 상인과 함께 산을 보며 경화의 친구에게 부치다〔與浩初上人同看山寄京華親故〕〉에 "바닷가의 뾰족한 산들은 칼날과 같아, 가을이면 곳곳마다 시름 창자를 베누나.〔海畔尖山似劍鋩, 秋來處處割愁腸.〕"라고 한 데서 온 말이다. 《全唐詩 卷351》

낭성[174]에서 심덕현 광세 에게 부치다. 앞 시의 운을 사용하다

狼城 寄沈德顯 用前韻 光世

외로운 객관에서 밤 함께 보낼 제 連床孤館夜
날 추워 푸른 병풍을 겹겹이 가렸네 寒掩翠屛重
바다 가까워 구름은 성가퀴에 짙고 海近雲蕈堞
뜰 비어 달빛은 소나무를 누르네 庭空月壓松
가는 길은 천리정이요[175] 征途千里井
세상일은 구의봉이라[176] 世事九疑峯
손잡고 함께 돌아갈 곳이니 携手同歸地
만호의 봉지 논하지 말게 休論萬戶封

174 낭성(狼城) : 어디인지 확실하지 않으나, 심광세(沈光世)가 1607년(선조40) 1월에 부안 현감(扶安縣監)으로 제수되었고, 《죽음집(竹陰集)》 시의 편차와 조희일의 여정을 고려해 볼 때 전라도 부안 근처의 고을인 듯하다.

175 가는 길은 천리정(千里井)이요 : 여정이 두렵다는 말이다. 두보(杜甫)의 〈풍질로 배안에서 배개에 엎드려 감회를 쓰다〔風疾舟中伏枕書懷〕〉에 "사람 두려워 천 리의 우물 마시지 못하고 풍속을 물음은 구주의 금기 때문이네.〔畏人千里井, 問俗九州箴.〕"라고 한 데서 온 말이다. 《杜少陵詩集 卷23》

176 세상일은 구의봉(九疑峯)이라 : 세상일을 헤아릴 수 없다는 말이다. 구의봉은 중국 남쪽에 구의산(九疑山)이 있는데, 아홉 봉우리가 서로 비슷하여 이것인가 저것인가 의심스럽기 때문에 지어진 이름이다. 이백(李白)의 〈공후요(箜篌謠)〉에 "다른 사람들 마음속에 산과 바다가 몇 천 겹인가. 친구로 사귀자고 선뜻 말하나 얼굴 마주하면 구의봉과 같다네.〔他人方寸間, 山海幾千重? 輕言託朋友, 對面九疑峯.〕"라고 한 데서 온 말이다. 《李太白文集 卷2》

덕향에 도착하다. 심덕현이 부친 중자 운 화답시를 얻다
到德鄉 得沈德顯寄和重字韻

낭성 고을로 고개 돌리니	回首狼城縣
운산이 겹치고 또 겹쳤네	雲山重復重
나지막이 읊조리며 보배로운 나무[177] 생각하고	沈吟思寶樹
우두커니 서서 외로운 소나무 어루만지네	佇立撫孤松
바다는 조룡의 포구[178]와 이어졌고	海接釣龍浦
사람은 회안의 봉우리[179]로 돌아가네	人歸回雁峯
새로 지은 시와 정다운 편지를	新詩與情札
일일이 손수 써서 봉한다네	一一手題封

177 보배로운 나무 : 원문의 '보수(寶樹)'는 옥수(玉樹)와 같은 말로 남의 집 훌륭한 자제를 비유한다. 진(晉)나라 때 사현(謝玄)이 숙부인 사안(謝安)의 질문을 받고 대답하기를 "비유하자면 지란과 옥수가 자기 집 정원에서 자라나기를 바라는 것과 같습니다.〔譬如芝蘭玉樹, 欲使其生於庭階耳.〕"라고 한 데서 온 말이다. 《晉書 謝安列傳》

178 조룡(釣龍)의 포구 : 조룡대(釣龍臺)가 위치한 백마강(白馬江)을 가리킨다.

179 회안(回雁)의 봉우리 : 부여(扶餘)에 있는 산인 듯하나 자세하지 않다. 원래 회안봉(回雁峯)은 기러기가 여기까지 오면 더 이상 내려가지 않고 다시 북으로 돌아간다고 해서 붙여진 이름으로, 중국 형산(衡山)의 봉우리 중 하나이다.

나그네의 회포

旅懷

눈 내리니 바람이 비로소 잦아들고	雪落風初定
날 추우니 밤이 그야말로 더디네	天寒夜正遲
강호에 객으로 떠도는 날이요	江湖爲客日
서울에 돌아가지 못하는 때라	京洛未歸時
부생 늙어가매 조금씩 술 따르고	細酌浮生老
세도 위태하매 미친 듯 노래하네	狂歌世道危
푸른 등 비춰 잠 못 드는데	青燈照不寐
외로운 변방에 화각 소리 슬프네	孤戍角聲悲

남파 영공[180] 심열 에게 주고 작별하다

贈別南坡令公 沈悅

내 어찌 오래 체류 하겠는가	我滯安能久
그대가 잠시 먼저 떠날 뿐	君行只暫先
나그네 심정은 본래 감회가 많고	羈情本多感
이별의 슬픔에 다시 서로 끄누나	別悵更相牽
호서 가는 길엔 눈이 다 녹고	雪盡湖西路
한강 북쪽엔 봄이 찾아 왔으리	春生漢北天
유언비어가 파리처럼 귀에 스치니[181]	飛言蠅過耳
한번 웃고 술잔 불러 돌리게	一笑喚杯傳

180 남파 영공(南坡令公) : 심열(沈悅, 1569~1646)로, 남파는 그의 호이다. 본관은 청송(青松), 자는 학이(學而), 시호는 충정(忠靖)이다. 1589년(선조22) 진사시에 합격하였고 1593년 별시 문과에 급제하였다. 경기 황해도 경상도 함경도의 관찰사를 지냈고, 호조 판서, 강화 유수, 영의정 등을 역임하였다.

181 파리처럼 귀에 스치니 : 파리는 참소하는 사람을 비유하는 말이다. 《시경》 〈청승(青蠅)〉에 "앵앵거리는 쉬파리가 가시나무에 앉았도다. 화락한 군자여, 참언을 믿지 말지어다.〔營營青蠅, 止于樊. 豈弟君子, 無信讒言.〕"라고 하였다.

가을 매미 월과이다.

秋蟬 月課

맴맴 하고 또다시 직직 우니	咽咽復啾啾
찬 매미 소리 이른 가을에 들리네	寒聲聞早秋
날 저물려 하니 떼 지어 울고	群號日將暮
비 막 걷히니 어지러이 모여드네	亂集雨初收
그늘 찾아 바람결에 번드치며 가고	逐蔭翻風去
서늘한 곳에서 잎 안고 머무누나	乘涼抱葉留
옛 궁의 단풍나무 속에서	故宮紅樹裏
처절하게 울어 시름 견디지 못하겠네	凄斷不勝愁

돌아오는 제비

歸燕

기러기 오는 절기 기다려 떠났다가	去待賓鴻節
사일(社日)이 되려는 때에 온다오[182]	來當欲社辰
수양버들 정원에서 쌍으로 날고	雙飛垂柳院
낙화의 먼지를 함께 털어내네	共拂落花塵
외딴 보루에 그대로 깃들어 살며	寄着仍孤壘
봄 한철 또 새끼 낳아 기른다오	生成又一春
숲속에 둥지 틈은 훗날 일이니	巢林異日事
거듭 너를 위해 괴로워하노라[183]	重爲爾酸辛

182 기러기……온다오 : 제비가 추운 겨울을 따뜻한 곳에서 보내기 위해 늦가을에 남쪽으로 떠났다가 봄이 되어 돌아온다는 말이다. 기러기가 오는 절기는 음력 9월을 말하는 것으로, 《예기》 〈월령(月令)〉에 "계추의 달에 기러기가 손님으로 찾아온다.〔季秋之月, 鴻鴈來賓.〕"라고 하였다. 사일(社日)은 입춘(立春) 이후 다섯 번째 무일(戊日)인 춘사일(春社日)과, 입추(立秋) 이후 다섯 번째 무일인 추사일(秋社日)이 있는데, 흔히들 제비는 춘사일(春社日)에 온다고 한다.

183 숲속에……괴로워하노라 : 먼 거리를 날아와 애써 인가(人家)에 집을 지었는데 또 숲속에 둥지를 틀어야 하는 수고 때문에 이렇게 말한 것이다. 제비는 대부분 동남아 등지에서 겨울을 보내고 먼 거리를 날아 봄에 우리나라를 찾아와 인가(人家) 처마 밑에 둥지를 만들고서 20~24일간 새끼를 번식을 한 뒤 둥지를 떠나 갈대밭이나 배 밭 등지에 잠자리를 마련한다고 한다. 《한국민족문화대백과》

강심경[184]

江心鏡

북쪽 대궐 천추절에 北闕千秋節
남쪽 고을에서 백련금 올렸네[185] 南州百鍊金
신물의 조화가 없었다면 不緣神物化
어찌 지존이 가까이 하는 데 걸맞겠나 寧稱至尊臨
빛을 번쩍여 번개를 생성하고 閃爍光生電
기운을 불어 장맛비를 만드누나 吹噓氣作霖
개원 연간[186]에 기이한 일 많았는데 開元多異事
기이한 보배 강심경이 으뜸이라 奇寶擅江心

184 강심경(江心鏡) : 당 현종(唐玄宗) 천보(天寶) 3년(744)에 양주 참군(揚州參軍) 이수태(李守泰)가 등쪽에 반룡(盤龍)이 새겨진 수심경(水心鏡) 하나를 바쳤다. 이 거울은 본래 5월 5일 오시(午時)에 양자강 위에서 주조한 것으로 사기(邪氣)를 물리치고 만물(萬物)을 환히 통감(洞鑑)할 수 있으며, 능히 구름을 일으키고 안개를 토해 내며, 비를 내리고 바람을 일으키기도 하는 신통력이 있었다고 한다. 《格致鏡原 卷56 鏡》

185 북쪽……올렸네 : 천추절(千秋節)은 군주의 탄신일을 이르는 말로, 당 현종(唐玄宗) 개원(開元) 17년에 백관(百官)이 주청하여 현종이 탄생한 8월 5일을 천추절로 삼은 데서 유래하였다. 백련금(百鍊金)은 백번을 단련한 금으로, 강심경(江心鏡)은 백번을 단련해야 하고 6, 70번 단련하면 쉽게 깨져 완성되기 어렵다고 한다. 《太平御覽 卷31 5月 5日》

186 개원(開元) 연간 : 개원은 당 현종(唐玄宗) 때의 연호로, 713에서 741년까지 사용되었다.

중흥사[187] 승려의 시축 중의 시에 차운하다 병오년(1606, 선조39)에 서쪽으로 가며 기록한 것이다
次中興寺僧軸中韻 丙午年西征錄

부평초처럼 떠돌며 멀리 가는 나그네 萍泛遠行客
구름 따라 노니 어느 절의 승려인가 雲遊何處僧
다정하여라 길 따라 찾아오려고 多情沿路訪
새벽에 일어나지는 것도 마다않네 不憚犯晨興
시내 바위에 청리가 닳고 澗石胝靑履
아지랑이에 적등[188]이 윤택하네 嵐霏潤赤藤
어느 날 밤 선방(禪房)에서 幾時禪室夜
희미한 등불 아래 마주보며 자랴 相對睡殘燈

187 중흥사(中興寺) : 삼각산(三角山)에 소재한 사찰로, 임진왜란과 병자호란 때 승군대장의 지휘소가 설치되었던 곳이다.

188 적등(赤藤) : 중국 남방의 산속에서 나는 껍질이 붉은 등나무인데, 이것으로 지팡이를 만들었다. 한유(韓愈)의 시에 "적등으로 지팡이를 만드는 것을 세상에서 못 보았는데, 대랑께서 비로소 전지에서 가지고 왔네.〔赤藤爲杖世未窺, 臺郎始攜自滇池.〕"라고 하였다. 《韓昌黎文集 卷4 和虞部盧四酬翰林錢七赤藤杖歌》

납청정[189]에서 기성으로 돌아가는 박숙야[190] 엽 에게 차운하여 주다

納清亭 次韻贈朴叔夜還箕城 燁

그대는 도중에 말 돌리고 가는 저녁이요	中路回鑣夕
나는 변방 성에 홀로 가는 때라	邊城獨去時
돌샘에는 옥 같은 물이 솟고	石泉瀧玉溜
언덕 버들은 황금 실 날리네	堤柳颺金絲
잠깐의 이별에 한이 없지 않지만	乍別非無恨
다시 만날 기약이 또 있다오	重逢亦有期
시인은 늘 소갈병(消渴病) 앓아	詞人長病渴
가는 곳마다 경지 생각하네[191]	到處憶瓊枝

189 납청정(納清亭) : 평안도 정주군(定州郡) 마산면(馬山面) 북쪽에 소재한 정자로, 중국 사신 당고(唐皐)가 이름을 지었다고 한다.

190 박숙야(朴叔夜) : 박엽(朴燁, 1570~1623)으로, 숙야는 그의 자이다. 본관은 반남(潘南), 호는 국창(菊窓)이다. 광해군 때 평안도 관찰사가 되어 규율을 확립하여 국방을 튼튼히 하였으나, 인조반정으로 훈신(勳臣)들에 의해 학정(虐政)한 죄로 사형 당하였다.

191 시인은……생각하네 : 박엽(朴燁)이 늘 한(漢)나라 시인 사마상여(司馬相如)처럼 소갈병(消渴病)을 앓고 있는 중에도 가는 곳마다 좋은 시문 지을 것을 생각한다는 말이다. 경지(瓊枝)는 아름다운 시문을 비유적으로 표현한 말이다. 《초사(楚辭)》 〈이소(離騷)〉에 "경옥(瓊玉) 가지를 꺾어 음식을 만들고, 경옥 가루를 빻아서 양식을 만들리라.〔折瓊枝以爲羞兮, 精瓊爢以爲粻.〕"라고 한데서 온 말이다.

행궁의 어원에서 꽃을 감상하다. 현옹 신흠 의 시[192]에 차운하다

行宮御苑賞花 次玄翁韻 申欽

예전 이곳 행재소에 왔을 때는	行在昔臨此
먼 곳에서 경황이 없었지	蒼黃天一涯
어찌 알았으랴 오늘	那知有今日
함께 사신을 접대하게 될 줄을	相與待皇華
어로에는 봄풀이 자라고	御路生春草
빈 동산에는 살구꽃 떨어지네	空園落杏花
근심에 억지로 한 번 취하니	愁來強一醉
오사모가 떨어진 줄도 몰랐네	不覺墮烏紗

192 현옹(玄翁)의 시 : 현옹은 신흠(申欽, 1566~1628)의 호이다. 이 시는 《상촌고(象村稿)》 권10에 〈원접사 일행과 용만의 산정에서 모였는데 이곳은 임진왜란 때의 행궁이다. 김남창과 조죽음이 이 자리에서 시를 지었기에 나도 입으로 읊어 화답하였다.〔與遠接一行會龍灣山亭 卽壬辰行宮也 金南窓趙竹陰席上有作 余口占和之〕〉라는 제목으로 실려 있다.

통군정[193]에서. 현옹의 시[194]에 차운하다
統軍亭 次玄翁韻

흰 성가퀴 아주 높이 솟았는데 粉堞臨無地
붉은 정자 그 꼭대기에 있다오 紅亭在上頭
풍운은 변방과 이어져 자욱하고 風雲連塞暗
은하수는 처마 가까이 흐르누나 河漢近簷流
만 리 먼 곳에 봄빛이 찾아오니 萬里來春色
외딴 성에서 나그네 수심 일으키네 孤城動客愁
밤 깊어 취한 몸 부축하고 갈 제 夜深扶醉去
검푸른 하늘에 조각달 붙었어라 天碧襯蟾鉤

193 통군정(統軍亭) : 평안도 의주읍성(義州邑城)에서 제일 높은 압록강 기슭 삼각산(三角山) 봉우리에 소재한 정자이다. 의주읍성의 북쪽 장대(將臺)로서 서북 방위의 거점이었던 의주성의 군사 지휘처로 쓰였다. 바라보는 경치가 좋아 관서팔경(關西八景)의 하나로 꼽혔다.

194 현옹(玄翁)의 시 : 이 시는 《상촌고(象村稿)》 권10에 〈원접사의 종사관 조이숙과 태천 수령 심사경과 함께 통군정에 올라가 달구경을 하다〔與遠接從事趙怡叔泰川宰沈士敬上統軍亭見月〕〉라는 제목으로 실려 있다.

차오산[195]의 마상 시에 차운하다

次車五山馬上韻

한번 서쪽 교외 길 나서니	一出西郊路
한양 사람 만나기 어렵구나	難逢洛北人
긴 노정에 옛 역 들어가니	長程入古驛
가랑눈이 가벼운 먼지 위에 쌓였네	小雪壓輕塵
풀은 온 힘으로 추위 헤치려 하고	草意全排凍
새 소리는 조금씩 봄으로 변하네	禽聲稍變春
가련하도다 사신 가는 나그네 되어	可憐槎上客
두 번이나 새해를 맞이했구나	重見歲華新

195 차오산(車五山) : 차천로(車天輅, 1556~1615)로, 오산은 그의 호이다.

회란석[196]에서. 차오산의 시에 차운하다

回瀾石 次車五山韻

첩첩 봉우리 다투어 창을 모은 듯	疊嶂爭攢戟
높은 바위의 기세 하늘에 닿을 듯	危巖勢逼天
못 가운데에는 푸른 봉우리 잠겼고	澤心涵翠髻
골짝 모서리는 기름진 전답 안았네	硤角抱瓊田
은하수는 신령한 물결과 통하고	河漢通靈派
파도는 큰 내와 접했어라	波濤接巨川
거듭 와서 승경 찾아 감상함은	重來尋勝賞
주인이 어진 덕분이라오	賴荷主人賢

196 회란석(回瀾石) : 황해도 금천군(金川郡) 오조천(吾助川) 기슭에 소재한 비석으로, 회란석(廻瀾石)이라고도 한다. 《계산기정(薊山紀程)》에서 영수병(映水屛)을 설명한 글에 "금릉관(金陵館) 남쪽에 깎아지른 석벽이 개울가에 치솟아 있으니 이는 박연(朴淵)의 하류이다. 석벽에는 '영수병'이 새겨져 있다. 그 앞에는 귀부(龜趺)의 비석이 민간의 밭 가운데 서 있으니, 바로 명(明)나라의 조사(詔使) 허국(許國)과 위시량(魏時亮)의 시가 있고, 그 비석 뒷면에는 또 '회란석(廻瀾石)' 세 글자가 커다랗게 쓰여져 있다."라고 하였다. 《薊山紀程 卷1 出城 癸亥年 10月 25日》

봉산의 여관에서. 사상 서경[197]의 시에 차운하다

鳳山旅舍 次西坰使相韻

작은 장막에 봄추위 스미고　斗帳春寒透
맑은 창에 보전[198] 사라지네　晴窓寶篆消
회오리바람은 처마 끝에 불고　回風鳴屋角
아침 해는 행랑 가운데를 도네　初旭轉廊腰
지나간 일을 곰곰이 생각해 보니　往事思量細
덧없는 인생이라 감개가 풍부하네　浮生感慨饒
당시 죽마 타고 놀았으니　當時騎竹戲
고향 멀다고 말하지 말게　不道故鄕遙

197 서경(西坰) : 유근(柳根, 1549~1627)의 호이다. 시문에 뛰어나 1606년(선조 39) 1월에 중국 사신 주지번(朱之蕃)이 왔을 때 원접사(遠接使)로 나가 이들을 맞이하였는데, 이때 조희일은 종사관이 되어 그를 수행하였다.

198 보전(寶篆) : 향(香) 연기를 미화한 것으로, 향 연기가 피어오를 때 그 형상이 전서(篆書)처럼 꼬불꼬불하다고 하여 붙여진 것이다.

양자점 경우 의 연광정 시[199]에 차운하다

次梁子漸練光亭韻 慶遇

옛 도읍지에 봄바람 이니	古國春風動
높은 누각에 먼 객의 마음 쓸쓸하네	危樓遠客情
붉은 햇살에 노을이 물들고	霞翻日脚紫
밝은 물결 위로 새가 지나네	鳥度鏡光明
우뚝 솟은 천 길 절벽이요	拔地千尋壁
구름 닿은 백 치[200] 성이라	連雲百雉城
이곳에 앉으매 넋과 뼈가 상쾌하니	坐來魂骨爽
이내 신세 선경에 있는 듯하네	身世在瑤京

199 양자점(梁子漸)의 연광정(練光亭) 시 : 양자점은 양경우(梁慶遇, 1568~1629)로, 자점은 그의 자이다. 연광정은 평양의 대동강가 덕암(德巖)이라는 바위 위에 있는 누각으로, 관서팔경 중 하나이다. 이 시는《제호집(霽湖集)》권5에〈연광정에서 저녁에 바라보다[練光夕望]〉라는 제목으로 실려 있다.

200 백 치(百雉) : 성의 담장 길이가 300장(丈)이라는 말로, 아주 높은 성을 이른다. 1치는 길이가 3장이다.

기자묘[201]를 지나다. 차오산의 시에 차운하다
過箕子墓 次車五山韻

눈물 참으며 주나라 조빙하는 날 忍淚朝周日
맥수의 언덕에서 슬피 노래했네[202] 悲歌麥秀墟
어느 방면인들 교화하지 않았으랴 何方不敎化
유풍이 또 시서를 좋아한다오 遺俗且詩書
묘소에는 기자 봉지라 새겨진지 오래요 墓刻箕封古
밭은 정전(井田)의 모습이 남아 있네[203] 田形井畫餘
당시 고사리 캐던 노인[204]과 當年採薇老
심사 비교하면 서로 같으리라 心事較相如

201 기자묘(箕子墓) : 평양(平壤)에 있는 기자(箕子)의 묘소이다.

202 눈물……노래했네 : 기자(箕子)의 고사를 원용한 것이다. 은(殷)나라가 망한 뒤 조선에 봉해진 기자(箕子)가 주(周)나라에 조회하러 가는 길에 은나라의 옛터를 지나다가 궁궐은 폐허가 되고 그 자리에 벼와 기장이 무성하게 자란 것을 보고, 통곡하자니 주나라에 조회를 가는 길이고 고개 숙이고 흐느끼자니 아낙 같은 모습이 될 것 같아, 이 심정을 미루어 〈맥수가(麥秀歌)〉를 지었다. 《史記 宋微子世家》

203 밭은……있네 : 정전(井田)은 중국의 하(夏)·은(殷)·주(周) 삼대(三代) 때에 실시된 전제(田制)이다. 기자가 평양에 설치했다고 전해지는데, 평양 외성(外城)의 남쪽에서부터 대농강(大同江) 가에 이르는 지역에 그 잔형이 남아 있었다고 한다.

204 고사리 캐던 노인 : 백이(伯夷)·숙제(叔齊)를 말한다. 주 무왕(周武王)이 은나라를 멸망시키자, 백이, 숙제가 주나라 곡식을 먹을 수 없다 하여 수양산(首陽山)에 들어가서 고사리를 캐 먹다가 〈채미가(採薇歌)〉를 지어 불렀다고 한다. 《史記 伯夷列傳》

양자점의 안흥[205] 도중 시에 차운하다

次梁子漸安興道中韻

천애의 역관에서 밤에	天涯候館夜
쓸쓸하게 오건 젖혔네	寂寞岸烏巾
게을러 뒤섞인 책들 누가 정리할까	亂帙慵誰整
근심 속에 희미한 등불 홀로 가까이 하네	殘燈悄獨親
객의 마음은 한식 가까워 서글픈데	客懷寒食近
봄빛은 고향 동산에 새로우리	春色故園新
맑은 강물을 세 차례 건너니	三渡淸江水
갈매기가 사람을 비웃는구나	沙鷗笑殺人

205 안흥(安興) : 평안도 용천군(龍川郡)의 옛 이름이다.

사상[206]의 시에 차운하다

次使相韻

야성은 세속 따르기 어렵지만	野性難隨俗
임금 은혜에 관복 벗지 못했네	君恩未解官
여러 해 변방에 객으로 있으니	頻年客關塞
고향 산의 옛 집을 생각하네	舊業憶鄉山
바람 몰아쳐 변방 모래 날리고	風振邊沙亂
봄날 흐려 바닷가 마을 차구나	春陰海國寒
국사에 애쓰는 것을 굳이 말하랴	驅馳豈足說
세상길 본래 편안하지 않다오	世路本無安

206 사상(使相) : 원접사(遠接使) 유근(柳根, 1549~1627)을 가리킨다.

정주 목사(定州牧使) 윤백사[207] 훤 에게 또 주다

又贈定牧尹白沙 晅

아주 먼 변방의 신안[208]관	絶塞新安館
황폐한 성의 옛 진영 관원이라	荒城古鎭官
깊은 근심을 임금과 나누고[209]	深憂分北闕
남은 흥취에 서산을 보네	餘興看西山
삼춘의 은택 이미 두루 펼쳤으니[210]	已遍三春澤
어찌 한 백성이라도 춥게 하랴	寧教一物寒
인화가 이곳에 있음을 알겠으니	人和知在此
강역이 그대 덕분에 편안하다오	疆域賴君安

207 윤백사(尹白沙) : 윤훤(尹晅, 1573~1627)으로, 백사는 그의 호이다. 본관은 해평(海平), 자는 차야(次野)이다. 영의정 윤두수(尹斗壽)의 4남이다. 1597년(선조30) 문과에 급제하여 정주 목사, 평안도 관찰사 등을 역임하였다. 저서에 《백사집(白沙集)》이 있다.

208 신안(新安) : 평안도 정주(定州)의 다른 이름이다.

209 깊은……나누고 : 지방관의 임무를 수행함을 말한다. 원문의 '우분(憂分)'은 '분우(分憂)'와 같은 말로, 임금의 근심을 나누어 외직으로 나가 백성을 다스리는 것을 말한다.

210 삼춘(三春)의……펼쳤으니 : 윤훤(尹晅)이 선정(善政)을 두루 베풀어 모든 백성이 고루 은택을 입었다는 말이다. 맹교(孟郊)의 〈유자음(游子吟)〉에 "한 치 되는 풀의 마음으로, 삼춘의 따뜻한 햇볕 보답하기 어려워라.〔難將寸草心, 報得三春暉.〕"라고 하였다. 《古文眞寶前集 卷1》

사상의 시에 차운하여 북저[211] 김류 를 그리워하다

次韻懷北渚 金瑬

재차 장수의 막부에 들어갔고[212]	再入油幢客
선조 때엔 붓 잡는 관원이었지[213]	先朝秉筆官
마음은 본래 돌과 같고[214]	心肝本似石
의기는 산을 옮길 수 있네[215]	意氣可移山
절역에 떨어져 있으니 넋이 괴롭고	絶域離魂苦
외딴 성에서 바라보니 눈이 시리네	孤城望眼寒
봄 기러기 북쪽으로 다 돌아가	春鴻北歸盡
안부 편지 부칠 길이 없구나	無路寄平安

211 북저(北渚) : 김류(金瑬, 1571~1648)의 호로, 본관은 순천(順天), 자는 관옥(冠玉), 시호는 문충(文忠)이다.

212 재차……들어갔고 : 김류는 1597년(선조30) 정유재란 때에 복수 초모사(復讐招募使)의 김시헌(金時獻)의 종사관(從事官)으로 충주(忠州)에 갔고, 1609년(광해군1)에 이항복(李恒福)의 종사관으로 관서(關西)에 갔다. 《宣祖實錄 31年 2月 18日》《宣祖修正實錄 35年 2月 1日》

213 선조(先祖)……관원이었지 : 붓 잡는 관원은 예문관 검열을 말하는 것으로, 김류는 1601년(선조34) 6월 18일 예문관 검열에 제수되었다. 《宣祖實錄 34年 6月 18日》

214 마음은……같고 : 마음이 굳게 정해져 변하지 않는다는 말이다. 《시경》 〈백주(柏舟)〉에 "나의 마음은 돌이 아니니, 굴릴 수가 없다네.〔我心匪石, 不可轉也.〕"라고 한 데서 온 말이다.

215 의기는……있네 : 의기가 높다는 말이다. 이백(李白)의 〈부풍호사가(扶風豪士歌)〉에 "부풍의 호걸스러운 선비 천하에 뛰어나니, 의기가 서로 통하면 산을 옮길 수 있네.〔扶風豪士天下奇, 意氣相傾山可移.〕"라고 하였다. 《全唐詩 卷166》

또 짓다

又

길 떠나 황량한 변방에 오니	行色臨荒塞
사람들 우러르는 높은 관원이라	觀瞻屬大官
시냇물은 옛 역참을 휘돌고	溪流遶古驛
들불은 높은 산에 타오르네	野火上高山
햇살 따스해 봄 구름 매끄럽고	日煦春雲膩
소나무 맑아 저물녘 바람 차갑네	松清晚籟寒
나그네 회포 풀기에 좋으니	羈情好消遣
가는 곳마다 마음이 편안하네	隨處覺神安

사상의 시에 차운하다

次使相韻

천애에서 맞는 한식 절기에	天涯寒食節
매일 세찬 바람이 부누나	無日不狂風
먼 변방엔 풀이 푸르지 않지만	遙塞草未綠
고향 동산엔 꽃이 참으로 붉겠지	故園花正紅
지는 봄에 응당 돌아가리라 생각했는데	殘春謂當返
이 계획도 허사가 되고 말았구나	此計却成空
변방 고을에 백성의 삶 곤궁하니	邊邑民生困
풍성한 음식이 도리어 부끄럽구나	還慙飣餖豐

벗이 간관의 직임을 띤 채로 남쪽 지방으로 귀성하였는데, 나에게 준 시편을 보고 이른 아침 이미 나루를 건넜다는 것을 비로소 알게 되다

友人帶諫職歸省南中 見贈詩章 始知詰朝已渡津矣

봉도에 노을이 깃든 날이요	蓬島棲霞日
선사가 은하를 떠가는 때라[216]	仙槎泛漢時
언덕에 임하여 패옥 풀지 않은 채	臨皐無解佩
말 멈추고서 시를 남겼으리	駐馬有留詩
일 많은 곳에서 귀근 허락 받고	劇地容歸覲
성은으로 맡은 직임을 띠고 갔네	恩光帶職司
맑은 조정은 언관의 책임 중시하니	淸朝重言責
칠십일의 기일을 어기지 말게	毋悞七旬期

216 선사(仙槎)가……때라 : 선사는 신선 뗏목으로, 사신(使臣)이나 사행(使行)을 비유한다. 한 무제(漢武帝) 때 장건(張騫)이 사명(使命)을 받들고 서역(西域)에 나갔던 길에 뗏목을 타고 황하(黃河)의 근원을 찾게 하였는데, 은하수에 도착하여 견우(牽牛)와 직녀(織女)를 만났다는 전설이 전한다.《荊楚歲時記》 여기에서는 벗이 임금의 명을 받들고 간 것을 말한 것이다.

또 짓다

又

객이 영남을 향해 떠나니　客向嶺南去
남쪽 고을 귀로가 멀구나　南中歸路脩
잔도는 높은 조도[217]에 매달려 있고　棧懸危鳥道
샘물은 깊은 용추[218]에 쏟아지네　泉倒殷龍湫
해와 달은 진성과 멀고[219]　日月秦城遠
바람과 구름이 초수에 이는 가을이라[220]　風雲楚樹秋
등림하여 묻노니 어디인가　登臨問何處
가랑비 내리는 역참 가 누각이리　微雨驛邊樓

217 조도(鳥道) : 새나 넘을 수 있을 만큼 좁고 험한 산길로, 여기에서는 조령(鳥嶺), 즉 문경새재를 말한다.

218 용추(龍湫) : 문경새재에 있는 폭포 이름이다. 《신증동국여지승람(新增東國輿地勝覽)》 제29권 〈경상도 문경현(慶尙道聞慶縣)〉에 "용추는 새재 밑의 동화원(桐華院) 서북쪽 1리에 있다. 사면과 밑이 모두 돌이고 그 깊이를 헤아릴 수 없는 깊은 폭포가 있는데, 용이 오른 곳이라고 전한다."라고 하였다.

219 해와……멀고 : 도성과 멀리 떨어져 있다는 말이다. 진성(秦城)은 진나라의 도성으로, 여기서는 한양 도성을 가리킨다. 당(唐)나라 유상(劉商)의 〈송종제부상도(送從弟赴上都)〉에 "거마는 진성에 멀고, 괴나리봇짐의 초객은 가난하구나.〔車騎秦城遠, 囊裝楚客貧.〕"라고 하였다. 《全唐詩 卷304》

220 바람과……가을이라 : 초수(楚樹)는 남쪽 지방의 나무이다. 구준(寇準)의 〈추야회귀(秋夜懷歸)〉에 "강 피리 소리에 파운이 어두우니, 한밤에 산바람이 초수에 부는 가을이라.〔一聲江笛巴雲暝, 半夜山風楚樹秋.〕"라고 하였다. 《御選宋詩 卷45》

차운하여 동년 급제한 벗에게 주다. 벗이 일찍이 눈병을 앓아 거문고 가락에 자신의 뜻을 의탁하였으므로 편 가운데에서 언급하다

次韻贈同年友生 友生曾患阿睹 托意絲桐 故篇中及之

사마시에 동년 급제한 의리	司馬同年義
훗날 용문(龍門)에 오르리라 마음먹었지	登龍異日心
그런데 어찌하여 오랜 이별이 되어	如何成闊別
이에 아름다운 음성 끊어지게 되었나	於此阻徽音
붓을 던진 웅장한 뜻에 부끄럽고[221]	壯志慙投筆
줄을 끊은 외로운 회포 감내하네[222]	孤懷耐斷琴
모름지기 기러기를 보내는 눈[223]으로	須將送鴻眼

221 붓을……부끄럽고 : 벗은 큰 뜻을 품고 종군(從軍)하였는데 자신은 그렇게 하지 못해 부끄럽다는 말이다. 붓을 던진다는 말은 종군을 뜻한다. 후한(後漢)의 무장 반초(班超)는 아버지가 반표(班彪)이고 형이 반고(班固)인 문인 집안에서 태어났다. 그도 처음에는 학문에 뜻을 두고 낙양(洛陽)에 와서 책 베끼는 일로 연명하였는데, 하루는 붓을 던지며 "장건(張騫)은 이역(異域)에서 공을 세워 후(侯)에 봉해졌는데 어찌 오래도록 글씨나 쓰고 있으리오."라고 하고, 이후 무인으로 흉노(匈奴)의 정벌에 따라가 기지를 발휘하여 큰 공을 세웠다. 《後漢書 班超列傳》

222 줄을……감내하네 : 지기(知己)를 떠나보낸 슬픔을 감내한다는 말이다. 춘추시대 초(楚)나라의 음악가인 백아(伯牙)가 자신의 거문고 소리를 정확하게 이해해 주던 친구 종자기(鍾子期)가 죽자 거문고 줄을 끊어 버리고 다시는 거문고를 타지 않았다는 백아절현(伯牙絶絃)의 고사에서 나온 말이다. 《列子 卷5 湯問》

223 기러기를 보내는 눈 : 위(魏)나라 혜강(嵇康)의 〈증수재입군(贈秀才入軍)〉에 "눈으로 멀리 돌아가는 기러기를 보내고, 손으로 오현금을 뜯는다.〔目送歸鴻, 手揮五絃.〕"라고

먼저 벗의 시를 감상하네 先賞故人吟

한 데서 온 말로, 친한 벗을 그리워하는 뜻을 내포하고 있다.

또 짓다
又

무성한 나무 사이 외딴 마을에 날 저무니	亂樹孤村暮
푸른 강물이 칠월에도 차구나	滄江七月寒
편지 뜯어보고 말을 타고 갔다가	開緘應命駕
돌아올 땐 말 대신 배 저어 왔네	移棹替歸鞍
세상일은 마음에 담아두기 쉽고	世故關心易
부질없는 삶은 흥이 나기 어렵네	浮生遇興難
서로 만나 별다른 일 없이	相逢無別事
누대에 기대 초승달을 보네	新月倚樓看

입추 저녁에 회포가 일어
立秋夕有懷

단정히 신발 신고 앞 계단 내려와　整履下前階
나지막이 읊조리며 돌이끼 밟네　沈吟步石苔
저물녘 강에는 달빛이 흘러가고　暮江流月去
차가운 비는 가을을 보내 오누나　涼雨送秋來
빨리 가는 세월에 귀밑머리 세니　急景凋危鬢
새 시 지어 옛 정회 쏟는다오　新詩寫舊懷
천지 속에서 살아가노라니　乾坤俯仰裏
오도가 참으로 아득하구나　吾道儘悠哉

차운하여 임 상사[224] 전 에게 주다

次韻贈任上舍 錪

그윽한 거처 산비탈에 있으니	幽居枕山麓
적막한데 누가 찾아오랴	寂寞有誰來
오래된 마을엔 구름이 나무에 잠기고	古洞雲沈樹
한가한 뜰엔 비가 이끼를 내리치네	閑庭雨撲苔
시는 병이 많아 그만두었지만	詩因多病廢
대문은 벗을 위해 열어두었네	門爲故人開
어느새 종소리가 울리니	直到鍾聲動
취기 띤 채 남쪽 성으로 돌아왔네	南城帶醉回

224 임 상사(任上舍) : 임전(任錪, 1560~1611)으로, 본관은 풍천(豊川), 자는 관보(寬甫), 호는 명고(鳴皐)이다. 당대의 재야 학자로서 대문장가인 권필(權韠)과 쌍벽을 이룰 정도로 시명(詩名)이 높았다. 저서로는 《명고집》이 있다.

우연히 읊다
偶吟

고요한 뜰 가를 산보하면서	散步閑庭畔
석양 속에 나지막이 읊조리네	沈吟暮景前
오이 시들어 온통 구부러지려 하고	瓜殘渾欲曲
연잎 시들어 원을 이루지 못하네	荷敗不成圓
거미는 거미줄에 걸린 나비 습격하고	蛛襲粘絲蝶
사마귀는 잎 안고 우는 매미 노리네	螳窺抱葉蟬
고요한 가운데 사물의 이치 보니	靜中觀物理
세상일이 참으로 천리를 따르구나	機事儘由天

소분한 뒤 도중에 강 문학[225] 홍중 을 만나다

掃墳後道中 遇姜文學 弘重

성은으로 성묘 허락 받아	恩許省丘墓
유신은 건장[226]을 하직하였네	儒臣辭建章
몸은 대궐의 말을 타고	身騎天廐馬
옷은 어로의 향기 배었지	衣惹御爐香
지난 일들 온통 꿈만 같아	往事渾如夢
고신은 스스로 상심해 할 뿐	孤臣秖自傷
송문[227]에서 홀로 돌아가는 객	松門獨歸客
예전 춘방의 관원[228]임을 누가 알랴	誰識舊春坊

225 강 문학(姜文學) : 세자시강원 문학을 역임한 강홍중(姜弘重, 1577~1642)을 가리킨다. 본관은 진주(晉州), 자는 임보(任甫), 호는 도촌(道村)이다. 광해군 때 주서, 장령, 필선을 역임하였고, 인조반정 이후 승문원 판교로 있던 중 회답 부사(回答副使)로 일본에 다녀왔다. 이후에 강원도 관찰사, 청송 부사(青松府使), 성천 부사(成川府使) 등을 역임하였다.

226 건장(建章) : 한대(漢代)의 궁전인 건장궁(建章宮)으로, 전하여 궁궐을 의미한다.

227 송문(松門) : 무덤을 가리킨다. 백거이(白居易)의 〈능원첩(陵園妾)〉에 "송문에는 새벽까지 달이 배회하고, 백성에는 하루 종일 바람이 소슬하다.〔松門到曉月徘徊, 柏城盡日風蕭瑟.〕"라고 하였다. 《白香山詩集 卷4》

228 춘방(春坊)의 관원 : 춘방은 세자시강원을 말한다. 강홍중(姜弘重)은 세자시강원 정언과 세자시강원 문학을 역임하였다.

밤에 읊다
夜吟

죽원[229]의 밤 적막하니	竹院夜寥闃
계단 가득히 찬 이슬 맺혔네	滿階涼露生
가을 귀뚜라미 소리는 잠잠해지려 하고	秋聲蛩欲蟄
산에 비 기운은 완전히 걷혔어라	山氣雨全晴
달뜨니 마을의 다듬이 소리 멀고	月出村砧逈
바람 부니 대궐 물시계 소리 맑네	風傳禁漏淸
문장 짓는 것 또한 나의 병이라	文章亦吾病
때때로 다시 불평을 토로한다오	時復不平鳴

229 죽원(竹院) : 대를 심은 정원으로, 전하여 승사(僧舍)를 의미한다.

법성창에서 양백 사명[230]에게 지어 드리다

法聖倉 錄奉養伯士明

마주하여 이별의 마음 하소연하니	相對愬離衷
밤 깊어 붉은 등불이 짧네	更深短燭紅
인생살이는 함께 지내기 어렵고	人生難合併
나그네 길은 동서로 나뉘기 쉽구나	客路易西東
먼 포구에는 저문 봄에 비 내리고	極浦殘春雨
외딴 성에는 종일토록 바람 부누나	孤城盡日風
시대 상심에 이별의 한까지 더해져	傷時兼恨別
온갖 꽃떨기에 눈물을 뿌린다오	淚洒百花叢

230 양백 사명(養伯士明) : 이배원(李培元, 1575~1653)으로, 양백은 그의 자이다. 본관은 함평(咸平), 호는 귀휴당(歸休堂)이다.

함평에서 이양백 배원 에게 주어 작별하다

咸平贈別李養伯 培元

그댄 난리 피해 남쪽에 내려온 선비요	避地落南士
나는 궁궐 들어가려 북쪽으로 가는 사람이라	朝天征北人
그대 남아 있으니 참으로 홀로 괴롭겠고	君留良獨苦
나는 떠나가니 누구와 친하게 지낼까	我去與誰親
세상살이 발 디디기 어려운데	世路難容足
이역에 또 몸 붙이고 있구나	殊方且着身
자동화 반쯤 시들어 갈 제	紫桐花半老
옛 성의 봄에 이별이 한스럽네	離恨古城春

수원[231]에 쓰다 영암에 있다.

題燧院 在靈巖

나그네 금성[232] 객관으로부터	客自錦城館
가고 가니 저물녘이 가까웠어라	行行時近晡
긴 노정 중 옛 역원에 들어가니	長程入古驛
한바탕 비 내려 너른 벌판 씻누나	一雨洗平蕪
짙은 꽃은 섬돌 위에 피었고	壓砌濃花發
무성한 대는 처마까지 이어져 퍼졌네	連簷亂竹敷
하늘가에 달이 떠 아름다우니	天邊月出秀
남쪽 구석에 있는 걸 문득 깨닫누나	忽覺在南隅

231 수원(燧院) : 전라남도 영암군(靈巖郡)에서 북쪽 25리에 있는 역원(驛院)이다. 《新增東國輿地勝覽 卷35 靈巖郡》

232 금성(錦城) : 전라남도 나주(羅州)의 옛 이름이다.

홀로 읊다

獨吟

아이가 시냇가 밑의 땔감을 메니	兒擔澗底柴
한 묶음이 어깨 높이와 나란하네	一束與肩齊
나의 흙 침상 따뜻하게 데워주니	供我土床煖
누워서 차가운 솔바람 소리 듣네	臥聽松籟凄
가을 깊어 풀벌레는 집 벽에 가깝고	秋深蟲近壁
밤 깊어 달은 문 안으로 들어왔어라	夜久月侵闥
부질없는 인생사 헤아려보니	算到浮生事
파란만장하여 마음 절로 아득해라	參差意自迷

이정[233] 충 이 준 시에 차운하다

次李正 沖 見贈韻

새벽에 일어나 쓸쓸하게 말없이	曉起悄無語
발 거두고 푸른 산을 바라보네	捲簾看翠微
가을빛은 눈에 가득 좋지만	秋光滿眼好
세상일은 마음과 맞지 않구나	世事與心違
돌아갈 곳이 없지 않으니	不是無歸地
어찌 옷 털고 떠나지 못하랴[234]	其如未拂衣
산중에 작은 은거지 있으니	山中有小隱
조만간 가서 서로 의지하리라	早晚去相依

233 이정(李正) : 이충(李沖, 1568~1619)으로, 본관은 완산(完山), 자는 거용(巨容), 호는 칠택(七澤)이다. 1600년(선조33) 별시문과에 병과로 급제하여 이듬해 무장 현감(茂長縣監)을 거쳐 1606년 성천 부사(成川府使)로 나갔다. 1609년(광해군1)에 사도시정(司導寺正)으로 춘추관편수관을 겸직하여 《선조실록》의 편찬에 참여하였으므로 이충을 이정이라 한 것이다. 뒤에 전라도 관찰사, 형조 판서와 호조 판서를 역임하고 우의정에 추증되었다.

234 어찌……못하랴 : 벼슬을 버리고 은거한다는 말이다. 두보(杜甫)의 〈곡강대주(曲江對酒)〉에 "벼슬아치의 마음은 창주가 멂을 새삼 깨닫노니, 늙어감에 옷 털고 떠나지 못함이 서글플 뿐이네.〔吏情更覺滄州遠, 老大徒傷未拂衣.〕"라고 하였다. 《杜少陵詩集 卷6》

백형과 중형[235]의 기일에 느낌이 일어

伯仲忌日有感

<table>
<tr><td>백형과 중형이 같은 때에 돌아가시니</td><td>伯仲同時喪</td></tr>
<tr><td>봉분을 연 지 한 해가 되었네</td><td>墳塋閱歲開</td></tr>
<tr><td>하늘이 호되게 재앙을 내려</td><td>天乎偏降割</td></tr>
<tr><td>아우만이 홀로 슬픔을 머금었네</td><td>弟矣獨含哀</td></tr>
<tr><td>밤 되어 승냥이와 범을 피해</td><td>入夜逃豺虎</td></tr>
<tr><td>울음 삼키며 풀숲에 엎드리네</td><td>呑聲伏草萊</td></tr>
<tr><td>지난 일 추억에 애간장 끊어져</td><td>追思心已絶</td></tr>
<tr><td>통곡하며 술 석 잔을 올린다오</td><td>慟哭奠三杯</td></tr>
</table>

235 백형(伯兄)과 중형(仲兄) : 백형은 조희정(趙希正, ?~1592)이고, 중형은 조희철(趙希哲, 1566~1592)이다. 《동국신속삼강행실도(東國新續三綱行實圖)》〈효자도(孝子圖) 권6 효자활부(二子活父)〉에 "유학(幼學) 조희정과 개성 도사(開城都事) 조희철은 서울 사람이다. 어버이 섬기기를 효성으로 하였는데, 임진왜란 때에 그 아비 조원(趙瑗)이 왜적을 만나 해를 당하려 하자, 형제가 에워싸고 살려달라고 애걸하였다. 그리하여 조원은 죽음을 면하고, 두 사람은 다 해를 당하였다. 금상(今上 광해군) 때 정문(旌門)을 내렸다."라고 하였다.

옥천 군수로 부임하는 홍익지[236]를 작별하다

別洪翼之赴沃川

그대는 익성군(益城君)[237]의 후손으로	之子益城後
명문 집안에 충의까지 갖추었지	名家忠義俱
지금 세상엔 즐거운 땅 없으니	當今無樂土
어느 곳인들 곤궁하지 않으랴	何地不窮途
예전에 모격 받드는 걸 보았는데[238]	毛檄看曾捧
재차 반여 드는 것이 부럽구나[239]	潘輿羨再扶

236 홍익지(洪翼之) : 홍서익(洪瑞翼, 1572~1623)으로, 익지는 그의 자이다. 본관은 남양(南陽), 호는 화옹(禾翁)이다. 1609년(광해군1) 증광 문과에 갑과로 급제하여 수안(遂安)·옥천(沃川)·선산(善山)의 군수를 역임하였다. 1617년에 분병조 참의(分兵曹參議)가 되었으나 광해군의 어지러운 정사를 보고 외직으로 나갈 것을 자청하여 가평 군수(加平郡守)가 되었다. 이조 판서에 추증되었다.

237 익성군(益城君) : 홍성민(洪聖民, 1536~1594)으로, 홍서익의 아버지이다. 본관은 남양(南陽), 자는 시가(時可), 호는 졸옹(拙翁)이다. 1561년(명종16)에 진사가 되고 1564년 문과에 급제하였다. 1575년(선조8)에 호조 참판으로 명(明)나라에 사은사로 가서 종계변무(宗系辨誣)에 힘쓴 공으로 광국 공신(光國功臣) 2등에 책록되고, 익성군(益城君)에 봉해졌다. 후에 대제학, 호조 판서를 역임하였다.

238 예전에……보았는데 : 1610년(광해군2)에 홍서익이 수안 군수(遂安郡守)에 임명된 것을 말한다. 모격(毛檄)은 후한(後漢)의 모의(毛義)를 벼슬에 임명하는 격문(檄文)으로, 수령의 임명장을 가리킨다. 192쪽 주 152) 참조. 《樂全堂集 卷10 兵曹參議洪公貞夫人沈氏合葬墓誌銘》

239 재차……부럽구나 : 홍서익이 옥천 군수(沃川)로 부임하여 부모를 봉양하게 되었다는 말이다. 반여(潘輿)는 진(晉)나라 반악(潘岳)이 어머니를 모실 때 쓰던 가마로, 전하여 부모를 봉양하는 것을 말한다. 《晉書 潘岳列傳》

비록 먼지가 솥에 가득하더라도	縱然塵滿甑
응당 내무를 박대하지 않으리라[240]	應不薄萊蕪

240 비록……않으리라 : 가난하게 살더라도 부모 봉양을 위한 일이므로 사람들이 박하게 대하지 않을 것이라는 말이다. 후한 때의 은사인 범염(范冉, 112~185)은 자가 사운(史雲)이다. 환제(桓帝) 때에 내무(萊蕪) 지방의 장관으로 나가라는 명을 받았으나 모친상을 당하여 부임하지 않았으며, 그 뒤에도 여러 차례 벼슬할 기회가 있었으나 나아가지 않고 청빈한 생활을 하였다. 그래서 당시 사람들은 그의 청빈한 삶을 노래하여 "시루 속에 먼지 나는 범 사운이요, 솥 속에 물고기 헤엄치는 범 내무로다.〔甑中生塵范史雲, 釜中生魚范萊蕪.〕"라고 하였다. 《後漢書 獨行列傳 范冉》

나주 목사 박열지[241] 동열 영공에게 주다
贈羅牧朴說之令公 東說

사군으로 간다는 말 듣고 聞說使君去
공무 마치고 바삐 문을 나섰네 罷衙忙出門
강에 다다라 패옥 풀지 않은 채 臨江未解佩
말 멈추니 애간장 끊어지누나 駐馬暗銷魂
혈소 올려 공도 부지하였거늘[242] 血疏扶公道
밝은 세상에서 직언 버렸네 明時棄直言
금성은 경관이 뛰어난 곳이니 錦城形勝地
한가하게 거처하는 것도 성은이라 高臥亦君恩

241 박열지(朴說之) : 박동열(朴東說, 1564~1622)로, 열지는 그의 자이다. 본관은 반남(潘南), 호는 남곽(南郭)·봉촌(鳳村)이다. 선조 때 우부승지, 황해도 관찰사, 형조 참의를 지냈다. 광해군 때 대사성으로 있던 중 정인홍(鄭仁弘)을 유적(儒籍)에서 삭제시킨 일로 광해군에게 미움을 받아 1611년(광해군3) 7월 30일에 나주 목사(羅州牧使)로 나갔으며, 폐모론(廢母論)에 반대한 일로 형인 박동량(朴東亮)과 함께 옥에 갇혔다가 석방되었다. 시문(詩文)에 능하였고, 경사(經史)와 백가(百家) 및 국조(國朝)의 고사(故事)에 두루 통하였다. 저서에 《봉촌집(鳳村集)》이 있다.

242 혈소(血疏)……부지하였거늘 : 정인홍(鄭仁弘)이 이황(李滉)을 문묘에 배향하는 것이 부당하다는 상소를 올리자, 이에 분격한 유생들이 정인홍을 유적(儒籍)에서 삭제하였다. 이때 대사성으로 있던 박동열(朴東說) 등에게 맨 먼저 이를 제창한 유생을 조사하라고 하자 박동열 등이 상소하여, 정인홍(鄭仁弘)이 유적인 《청금록(靑衿錄)》에서 삭제된 것은 많은 선비들이 공분을 느껴서 한 일이므로 조사하여 아뢸 수 없다고 한 일을 가리킨다. 《光海君日記 3年 4月 13日》

이덕여[243]에게 부치다

寄李德餘

내 벗이 북막을 보좌하게 되었으니[244]	吾友佐北幕
변방으로 가는 길이 멀고 멀구나	關山途道脩
군복 입고 가을에 변방으로 나가	戎裝秋出塞
길을 가다 밤에 누각에 기대리라	行色夜憑樓
돌 더미에는 호가 소리 은은하고	亂磧胡笳隱
외딴 성에는 화각 소리 구슬프리	孤城畫角愁
석양 속에 남쪽으로 가는 기러기	斜陽南去雁
떼 지어 사람 등지고 날아가누나	陣陣背人流

243 이덕여(李德餘) : 이경탁(李慶倬, 1572~?)으로, 덕여는 그의 자이다. 본관은 한산(韓山), 호는 반금(伴琴)이다.

244 북막(北幕)을……되었으니 : 북막은 함경북도 경성(鏡城)에 설치된 북병영(北兵營)의 별칭이다. 이경탁이 함경 도사(咸鏡都事)에 제수된 것을 가리킨다.

또 짓다

又

북으로 경흥의 경계에 닿고	北盡慶興界
남으로 장백산[245] 바라보리	南瞻長白山
강 요동치니 검은 용 싸우는 듯	江喧黑龍鬪
구름 걷히니 검은 수리 서린 듯	雲缺皁鵰盤
사냥 말은 교외 눈 헤치며 가고	獵騎衝郊雪
변방 바람은 깃대를 꺾겠지	邊風折旆竿
다정하게도 봉화가 있어	多情有烽火
날마다 평안하다고 알리누나	日日報平安

245 장백산(長白山) : 백산(白山)이라고도 한다. 《신증동국여지승람(新增東國輿地勝覽)》 권50 〈경성 도호부(鏡城都護府)〉에 "백산은 경성부 서쪽 110리에 있다. 산세가 매우 험하여 5월이 되어야 눈이 녹으며, 7월이면 다시 눈이 쌓인다. 산꼭대기에는 나무가 낮고 작다. 지방 사람들은 이 산도 장백산이라고 부른다."라고 하였다.

또 짓다
又

장사가 붉은 군대 깃발 흔드니　壯士簸紅旗
군중의 종사관 누구인가　軍中從事誰
기운은 생여직[246]을 집어 삼키고　氣呑生女直
사람들은 호남아라고 말하누나　人道好男兒
해 비쳐 금빛 창 녹아내리고　照日金槍鑠
바람결에 쇠 피리 소리 구슬프리　臨風鐵笛悲
〈새하곡〉[247] 길게 읊조리며　長吟塞下曲
술기운에 사냥하고 밤에 더디 돌아오리　醉獵夜歸遲

246 생여직(生女直) : 생여진(生女眞)이다. 요 흥종(遼興宗) 야율종진(耶律宗眞)의 진(眞)을 피휘하여 직(直)을 쓴 것으로 요나라에 귀화하지 않은 여진족을 말한다. 귀화한 여진족은 숙여진(熟女眞)이라고 한다.

247 새하곡(塞下曲) : 고대의 악부(樂府) 가운데 하나로, 북쪽 변경 지역의 풍정을 노래한 것이다. 당(唐)나라 왕유(王維), 이하(李賀), 이백(李白)의 〈새하곡〉이 대표적이다.

다시청(茶時廳)[248]에 갔다가 양백을 찾아가다

赴茶時訪養伯

공무 마치고 누구를 찾아갈까　　衙罷誰相訪
성 동쪽의 작은 은거지라오　　城東小隱家
오랜 기쁨은 정이 끝이 없고　　宿歡情未已
새 술은 맛이 자랑할 만하구나　　新釀味堪誇
문동초[249]는 자리를 비추고　　映席門冬草
석죽화는 계단까지 이어졌어라　　連階石竹花
세월은 하염없이 흘러가는데　　流光殊苒苒
어디서 향기로운 꽃 찾을까　　何處覓芳華

248 다시청(茶時廳) : 사헌부(司憲府)의 감찰(監察)들이 매일 아침에 모여서 일을 의논하며 차를 마시는 청사이다.

249 문동초(門冬草) : 맥문동(麥門冬) 혹은 천문동(天門冬)으로, 당뇨로 인한 갈증 제거에 효험이 있는 약재이다.

조 감역의 내실에 대한 만사
趙監役內室挽

눈 가득한 여아들은　　滿眼女兒輩
자모의 은혜 알까　　能知慈母恩
울려다 도리어 장난 치고　　欲啼翻作戲
하소연하려다 문득 말을 잊네　　將訴輒忘言
남편 심정의 괴로움을 배로 알겠고　　倍覺郎心苦
부덕의 돈독함을 일찍이 들었다네　　曾聞婦德敦
자동화가 나무에 가득한데　　紫桐花滿樹
봄이 가 홀로 문을 닫누나　　春去獨關門

취중에 나오는 대로 읊조려 사미당[250]께 삼가 드리다 김공극효의 호이다.

醉中口占 伏呈四味堂 金公克孝號

존장은 바로 부친의 벗이니	尊丈卽父執
이웃에 살아 정이 더욱 깊네	隣比情更深
남과 경계를 두는 마음 없고	無心置畦畛
욕되이 부르고 찾을 술 있네	有酒辱招尋
화분에는 연꽃 그림자 겹쳐 있고	倚疊盆荷影
섬돌에는 대 그늘이 무성하네	參差砌竹陰
가희도 일을 아는지	歌姬亦解事
백두음[251]을 한번 불러보네	試唱白頭吟

250 사미당(四味堂) : 김극효(金克孝, 1542~1618)의 호이다. 본관은 안동(安東), 자는 희민(希閔)으로, 청음(淸陰) 김상헌(金尙憲)의 부친이다. 1562년(명종17) 세자익위사 세마(世子翊衛司洗馬)에 임명되었고, 1564년 사마시에 급제한 후 양구 현감(楊口縣監), 동복 현감(同福縣監), 금산 군수(錦山郡守), 돈녕부 도정을 역임하였다.

251 백두음(白頭吟) : 한대(漢代)의 악곡으로, 보통 헤어지는 섭섭한 감정을 비유할 때 쓰는 표현이다. 한(漢)나라의 문장가 사마상여(司馬相如)가 무릉(茂陵) 땅의 여자를 첩으로 맞이하려 하자, 그의 아내인 탁문군(卓文君)이 〈백두음〉을 지어서 결별(訣別)의 뜻을 드러내니, 상여가 그만 취소하고 말았다는 고사가 있다. 《西京雜記 卷3》

차운하여 목천과 작별하다 계축년(1613, 광해군5)

次韻 別木川 癸丑年

사는 곳 가까워 늘 어울렸고	住近常聯袂
나이 많아 형이라 불렀지	年先喚作兄
어찌 감당하랴 사람 멀리 떠나	那堪人遠去
바로 기러기 따라 남쪽으로 가는 것을	正趁雁南征
전별 자리에 이별 노래 구슬프고	祖席離歌怨
가을바람에 나그네 귀밑머리 희네	秋風旅鬢明
훗날 임기 마치고 돌아가는 날	他時政成日
백성에게 남은 사랑 있으리[252]	遺愛在民生

252 백성에게……있으리 : 선정(善政)을 베풀어 후대에까지 은택을 미친 것이라는 말이다. 원문의 '유애(遺愛)'는 지방관이 백성들에게 선정을 베푼 것을 뜻한다. 춘추시대 정(鄭)나라 공손교(公孫僑) 곧 정 자산(鄭子產)이 죽자 공자가 눈물을 흘리며 "고인의 풍모를 가진 사람 가운데 사랑을 남기신 분이다.〔古之遺愛.〕"라고 칭송한 데서 온 말이다.《春秋左氏傳 昭公 20年》

이양백이 초대한 전별 자리에 가다 이때 이부 정랑으로 주청사의 서장관에 특별히 차임되었다.

赴李養伯邀餞 時以吏部郞 特差奏請書狀

어제 동쪽 성에서 취했는데	昨日東城醉
다정하게 또 그대를 찾아왔네	多情更訪君
날 흐려 가늘게 눈 내리고	天陰微下雪
달 가늘어 살짝 구름에 닿았네	月細乍臨雲
이별의 한에 봄이 막 생동하고	別恨春初動
종소리에 밤이 깊어가누나	鍾聲夜向分
장쾌한 유람 이제야 이루게 되었는데	壯遊今始遂
하필 사람들과 헤어짐을 한탄하랴	何必恨離群

양화도[253]에 배를 띄우다

泛楊花渡

해질녘 양화도	落日楊花渡
미풍에 잔물결 이누나	微風輕浪生
청산에는 단비가 내리고	青山得好雨
흰 새는 갠 날씨 좋아하네	白鳥喜新晴
세상일은 기쁜 흥취 없지만	世路無歡興
강호에는 옛 맹약 있다오	江湖有舊盟
앞 물가에서 노 더디 저으며	前汀移棹晩
술병 잡고 시 지었나 묻누나	把酒問詩成

253 양화도(楊花渡) : 서강(西江) 하류에 있는 나루터로, 지금의 서울시 마포구(麻浦區) 당인동(唐人洞) 한강 가에 있었다.

유별
留別

무망의 죄[254]에 걸렸지만 被罪雖無妄
몸 보전할 수 있을지 기약 못하겠네 全軀不自期
어찌 알았으랴 오늘 那知有今日
서로 큰 술잔 들어 권할 줄을 相與勸深巵
우로[255]는 생성의 은택 베풀고 雨露生成澤
천지 같은 성상은 나를 포용하네 乾坤覆載私
우리들의 만남과 이별 吾儕逢與別
모두 성상의 자애 덕분이라오 都是聖君慈

254 무망의 죄 : 아무런 이유도 없이 재앙을 받는 것을 말한다. 《주역》 〈무망괘(无妄卦) 육삼(六三)〉에 "무망의 재앙이니, 설혹 소를 매어 놓았다 하더라도 행인이 얻음은 읍인의 재앙이로다.〔无妄之災, 或繫之牛, 行人之得, 邑人之災.〕"라고 한 데서 온 말이다. 여기서는 1613년(광해군5)에 이이첨(李爾瞻) 등이 인목대비(仁穆大妃)의 아버지 김제남(金悌男)이 반역을 모의하였다고 무고하여 죽일 때, 이조 정랑 조희일이 이 일에 연루되어 사헌부에서 파직을 청한 일을 말한다. 《光海君日記 5年 5月 18日》

255 우로(雨露) : 은택을 비유하는 말로, 여기서는 임금의 은혜를 가리킨다.

1월 1일 갑인년(1614, 광해군6)

正月一日 甲寅年

사십이 된 오늘 아침	四十今朝是
세월은 나를 우대하지 않네	流光不我私
반평생 쉬이 지나갔고	半生容易過
만사 모두 기약하기 어렵네	萬事摠難期
억지로 초화 노래[256]를 짓고	强作椒花頌
애오라지 죽엽 술잔 집어 드네	聊拈竹葉巵
새 봄에 수심 속 노쇠한 모습을	新春愁鬢改
푸른 거울은 먼저 알고 있었으리	青鏡已先知

256 초화(椒花) 노래 : 신년의 축사(祝詞)를 의미한다. 옛날에 신년 초하루가 되면 산초로 빚은 술〔椒酒〕을 가장에게 올려 헌수(獻壽)하던 풍속에서 유래한 말이다. 진(晉)나라 때 유진(劉臻)의 처 진씨(陳氏)가 글을 잘하여 일찍이 신년 초하룻날 〈초화송(椒花頌)〉을 지었다. 《晉書 列女列傳 劉臻妻陳氏》

보고 느낀 것을 읊다

卽事

아득하게 구름은 땅에 드리우고	漠漠雲垂地
어둑하게 해는 산에 숨었어라	沈沈日隱峯
광풍이 비와 눈을 불어	狂風吹雨雪
저물녘에 창문을 때리누나	薄暮打窓櫳
바람 쏴하여 깃든 새 놀라게 하고	淅瀝驚棲鳥
입김 불어 서린 용 일으키네	噓呵起蟄龍
깊은 진탕에 이미 신발이 빠져	深泥已沒屐
정원을 절로 통과하기 어렵네	庭戶自難通

홀로 읊다
獨吟

한밤중 만감이 교차하니	中夜萬感集
자려다가 도리어 잠 못 들었네	欲眠還未能
달 숲에는 상쾌한 바람 불고	月林吹爽籟
바람 가린 장막에는 찬 등불 반짝이네	風幙爍寒燈
일찍부터 조심하여 경계했는데	早有小心戒
지금은 더욱 구설수가 많구나	今爲多口憎
교외 집에 봄 흥취 일어나	郊扉動春興
필마로 뱁새 노는 언덕을 내려가네	匹馬下鷦陵

우연히 쓰다가 '한' 자 운을 얻다

偶題得寒字

새소리 우짖는 새벽에	啼鳥一聲曉
창 밝아 외로운 꿈 깼네	窓明孤夢闌
병든 뒤라 읊는 것이 더욱 괴롭고	病餘吟更苦
한봄인데도 날이 여전히 차구나	春半候猶寒
물방울 맺혀 처마 고드름 곧고	溜結簷氷直
먼저 떠다니는 틈 사이에 아침 해 둥그네	埃浮隙旭團
무릎 하나 들어갈 방도 넓고 넓으니	恢恢容膝地
세상길은 더 넓음을 스스로 깨닫노라	自覺世途寬

회포를 풀다

遣懷

저녁이 다가도록 꼼짝 않고 앉았다가	竟夕猶堅坐
나지막이 읊조리며 문득 뜰에 내려왔네	沈吟忽下庭
그윽한 회포는 마음속으로 말하고	幽懷心語口
오묘한 정취는 내 형체를 잊게 하네	妙趣我忘形
맑고 맑은 은하수요	澹澹天河水
빛나고 빛나는 태백성[257]이라	煌煌太白星
광풍이 밤중에 일어나	狂風犯夜起
노하여 산속 집 부수려하네	怒欲裂巖扃

257 태백성(太白星) : 저녁 무렵 서쪽 하늘에 보이는 금성(金星)을 이르는 말이다.

서쪽 교외 도중에

西郊途中

저물녘에 남쪽 성곽을 나서	向晩出南郭
진창 헤치며 말 타고 더디 가네	衝泥征馬遲
막 불에 탄 들판의 흔적	野痕初着火
이미 녹아 흘러간 강 빛	江色已流澌
전답 사이로 오르내리는 참새	上下田間雀
밭두둑 위로 피어오르는 아지랑이	浮游陌上絲
봄바람이 참으로 시원하게 부니	春風正浩蕩
게으른 나그네 또 새 시 짓는다오	倦客又新詩

벗의 내실에 대한 만사
友人內挽

나그네 저녁에 방에 돌아오니	遊子暮歸室
아내는 아침에 이미 죽었어라	室人朝已亡
헤어진 지 얼마 되지 않았는데	別離曾未幾
어찌 그리도 바삐 갔단 말인가	存歿一何忙
수척한 아이는 누가 젖 먹여줄까	兒瘦誰需乳
노쇠한 어버이 홀로 방에 있구나	親衰獨在堂
모든 인연 이제 다 끝났지만	萬緣今盡了
이들만 남편에게 남겼구나	唯此累諸郎

돌아가는 기러기

歸雁

고생하고 또 고생하며	辛苦復辛苦
가을에 바빴는데 봄에도 바쁘구나[258]	秋忙春又忙
바람 세차니 점점이 비껴 날고	風驚斜點點
하늘 넓으니 가다가 사라지네	天遠滅行行
북쪽 변방엔 모래와 자갈 많지만	塞北饒沙礫
강남엔 먹을 곡식이 풍족하다오	江南足稻粱
굶주림이 또한 곤란한 줄 알면서	自知飢亦困
어찌 홀로 더위와 추위만 피하나	何獨避炎涼

258 가을에……바쁘구나 : 기러기는 가을에 추위를 피해 남쪽으로 오고 봄에 더위를 피해 북쪽으로 돌아가는 철새이기 때문에 이렇게 말한 것이다. 《한국민족문화대백과》

수원 도중에

水原途中

나그네 깊숙한 동네에 들어오니 客子入深巷
주인이 맞이하며 절하누나 主人迎拜之
비록 지금 처음 본 사이지만 雖然今始見
예전부터 서로 알고 지낸 듯 恰似舊相知
방을 소제하고 짚방석 깔고 掃室鋪稿薦
말 묶고 콩대를 먹이누나 停驂秣豆萁
간곡히 그대에게 사례하고 떠나니 丁寧謝爾去
혹 다시 들를 때가 있으리라 倘有再過時

또 짓다
又

말 재촉하여 맑은 새벽에 출발하니	促駕發淸曉
새벽바람이 불어 더욱 차갑네	曉風吹更悽
어찌하여 한밤에 비가 내려	如何半夜雨
또 말발굽 진탕에 빠지게 하였나	又作一蹄泥
엷은 안개는 찬 나무 에워싸고	薄霧籠寒樹
살얼음은 작은 시내에 얼었네	輕氷着小溪
돌아가는 길에 멀리 가리키니	歸程遙指點
눈 닿는 끝 서쪽에 바다 구름 떠 있네	眼盡海雲西

취하여 읊다

醉吟

호해에 이내 몸 떠가는 듯	湖海身如泛
서남쪽으로 가는 길 끝이 없네	西南路不窮
엷은 구름은 달 토해 희미하고	薄雲微吐月
세찬 눈발은 바람 따라 흩날리네	驚雪亂隨風
헤어진 뒤에 그대들 돌아가면	別後還君輩
술잔 앞에는 또 이 늙은이 뿐	尊前又此翁
큰 술잔 사양 말고 취하게	深杯莫辭醉
세상사 더더욱 부질없으니	世事轉成空

귀근하는 김회여[259]에게 주어 작별하다

贈別金晦汝歸覲

그대 술 잘 마시지 못하지만	君雖不能飮
날 위해 억지로라도 잔 들게	爲我强銜杯
부모 문안하는 여가에 시와 예 익히고	詩禮晨昏暇
가까이에서 모시며 즐거워하리라	懽娛杖屨陪
섬돌 작약에는 붉은 꽃망울 맺고	嫩紅抽砌藥
처마 매화에는 여린 흰 꽃 피겠지	殘白入簷梅
사월 되면 송료[260] 익으니	四月松醪熟
산옹은 손님 돌아오길 기다리리	山翁待客回

259 김회여(金晦汝) : 김광현(金光炫, 1584~1647)으로, 회여는 그의 자이다. 본관은 안동(安東), 호는 수북(水北)이다. 김상용(金尙容)의 아들로, 1612년(광해군4)에 생원, 진사 양과에 모두 합격했으나, 광해군의 어지러운 정치를 비판하며 관직에 나아가지 않았다. 1625년(인조3) 정시 문과에 병과로 급제한 뒤 내직을 두루 역임하였다. 저서에 《수북유고(水北遺稿)》가 있다.

260 송료(松醪) : 솔잎이나 솔뿌리를 넣고 빚은 탁주이다.

목은의 시[261]에 차운하다

次牧隱詩韻

어지러운 생각을 끊으니	紛華絶思慮
마음이 맑아 허령해지네	方寸澹虛靈
연약한 풀은 섬돌에 올라 푸르고	軟草侵階碧
수양버들은 땅을 스쳐 푸르구나	垂楊拂地青
노을은 베틀 위 재단하던 비단인 듯	霞裁機上錦
산은 베갯머리 바싹 붙은 병풍인 듯	山逼枕前屛
죽음(竹陰) 노인 소요하는 곳	竹老棲遲處
천지 사이 하나의 여관이라	乾坤一旅亭

261 목은(牧隱)의 시 : 목은은 이색(李穡, 1328~1396)의 호이다. 이 시는 《목은시고(牧隱詩藁)》 권9에 〈즉사(卽事)〉라는 제목으로 실려 있다.

용계[262]를 찾아가는 도중에

訪龍溪道中

병 무릅쓰고 가약에 달려가려 力疾赴佳約
아침 되어 머리에 관을 썼네 朝來頭自冠
밭 갈던 노복 불러 말고삐 잡게 하고 耕奴呼執御
술친구와 억지로 말에 함께 올랐네 酒伴強聯鞍
꽃은 마을마다 예쁘게 피었고 花意村村好
시상은 곳곳마다 무르녹누나 詩情處處闌
신선 장원은 어디에 있는가 仙莊在何許
길 접어드니 솔숲이 차갑구나 路入萬松寒

262 용계(龍溪) : 김지남(金止男, 1559~1631)의 호이다. 본관은 광산(光山), 자는 자정(子定)이다. 1591년(선조24)에 사마시에 합격하고, 같은 해 별시문과에 병과로 급제하여 검열이 되었다. 1593년 정자가 된 뒤 내직을 두루 역임하였다. 1613년(광해군5) 집의로 있을 때, 박응서(朴應犀)의 무고로 영창대군을 죽이자고 주장하는 지평 정호관(丁好寬)을 면박했고, 인목대비를 폐하려는 이이첨(李爾瞻) 일당에 반대하면서 그 죄상을 폭로하였다. 저서에 《용계유고(龍溪遺稿)》가 있다.

회포를 풀다

遣懷

짝할 이 없이 홀로 거처하며	獨處與誰伴
누운 낙타처럼 쓰러져 있네	頹然如臥駝
꽃을 시샘하여 바람은 쌩쌩 불고	妬花風獵獵
기쁜 소식 알리려 까치는 깍깍 우네	報喜鵲査査
산 빛은 시의 풍격 맑게 하고	山色淸詩格
솔바람은 잠 귀신 쫓아내누나	松聲走睡魔
그윽한 회포 억지로 없애려고	幽懷强排遣
몸의 원기 손상시키지 말게	莫使損天和

고을 수령이 찾아오다

邑倅來過

궁벽한 마을에 누가 찾아올까 窮巷誰相問
지는 봄에 홀로 문을 닫았네 殘春獨掩門
좋은 소식 짧은 편지 통해 오고 好音憑小札
단비가 높은 수레를 따르누나[263] 甘雨趁高軒
사귀는 정은 새롭지만 오래된 듯하고 交道新仍舊
집안 명성은 그 아우에 그 형이었지 家聲弟及昆
깊은 근심 반은 사라져 沈憂消一半
안개 헤치고[264] 맑은 술 대한다오 披霧對淸尊

263 단비가……따르누나 : 고을 수령이 백성들에게 선정(善政)을 베푼다는 말이다. 후한(後漢)의 정홍(鄭弘)이 회음 태수(淮陰太守)로 나갔을 때 그의 수레가 이르는 곳마다 단비가 내려 가뭄을 해소해 주었다는 '수거감우(隨車甘雨)'의 고사를 원용한 것이다. 《後漢書 鄭弘列傳》

264 안개 헤치고 : 원문의 '피무(披霧)'는 운무(雲霧)를 헤치고 푸른 하늘을 본다는 말로, 훌륭한 사람을 만난다는 뜻이다. 진(晉)의 위관(衛瓘)이 상서령(尙書令)이 되었을 때 악광(樂廣)이 조정의 명사들과 이야기하는 것을 보고 기특히 여겨 말하기를 "이 사람은 사람 중의 수경(水鏡)이라, 만나 보면 운무를 헤치고 청천을 본 것 같다."라고 한 데서 온 말이다. 《世說新語 賞譽》

벗과 가볍게 술을 마시다

與友人小酌

객은 봄이 저문 뒤 돌아가고	客返春殘後
벗은 술 익을 때 찾아 왔네	朋來酒熟時
서로 만나 회포 토로한 곳에서	相逢討懷處
먼저 기행시에 대해 말하네	先說紀行詩
날 어둑하니 산은 더욱 좋고	日暝山逾好
정 깊으니 취기가 짐짓 더디네	情深醉故遲
바람에 꽃이 눈 가득 떨어지니	風花滿眼落
즐거움과 슬픔이 교차하누나	錯莫興兼悲

술을 대하고서 입으로 읊조리다

對酒口號

대은암[265] 앞 길	大隱巖前路
사람 드물고 마을 깊숙하네	人稀門巷深
일찍이 남아의 뜻을 품었고	嘗懷男子志
분명히 성현의 마음 보았네	灼見聖賢心
숲 무성하니 새는 늘 요란하고	林茂禽常鬧
산 높으니 해는 쉬이 잠기누나	山高日易沈
이내 생애 술 깨었다 다시 취하고	此生醒復醉
취한 뒤에 다시 길게 읊조린다오	醉後更長吟

265 대은암(大隱巖) : 북악산(北岳山) 남쪽 기슭에 있는 바위 이름으로, 대은암동(大隱巖洞)을 가리킨다. 지정(止亭) 남곤(南袞)이 이곳에 살면서 대은암이란 이름이 생겼다.

홀로 앉다

獨坐

짙은 단풍잎 우수수 떨어지니	霜葉暗摐摐
문득 사람 발자국 소리인 듯	忽如人響跫
앉아 있을 때는 오직 산과 상대가 되고	坐唯山作對
걸을 때는 홀로 그림자와 짝이 된다네	行獨影成雙
한가한 마음 담담함을 익히 아니	慣識閑情淡
난잡한 세속 언어 듣지 말게	休聞俗語哤
게을러 의관 정제하지 못했는데	衣冠懶未整
아침 해가 창에 가득하구나	朝日滿軒窓

홀로 앉다
獨坐

자월[266]의 절후인데도 따뜻하니 子月候猶暖
현명[267]이 위엄을 떨치지 못하네 玄冥威不揚
칩거하던 벌레는 도리어 문 열고 蟄蟲還啓戶
시든 풀은 애써 담장에 의지하네 病草强依墻
잔뜩 눈 오려 하다가 비 내리고 雪意濃成雨
어두운 구름 흩어져 햇빛 스며드네[268] 雲陰駁透陽
깨끗한 섬돌의 대를 사랑하여 앉았노라니 坐憐階竹淨
바람 빛이 푸르름을 다투누나 風色戰蒼蒼

266 자월(子月) : 건자월(建子月)로, 북두(北斗) 자루가 자방(子方)을 가리키는 음력 11월을 말한다.

267 현명(玄冥) : 겨울 귀신의 이름이다. 《예기》 〈월령(月令)〉에 "겨울철의 상제(上帝)는 전욱(顓頊)이고, 그 귀신은 현명이다."라고 하였다.

268 어둔……스며드네 : 한유(韓愈)의 〈남해신묘비(南海神廟碑)〉에 "어두운 구름이 흩어져, 햇빛이 뚫고 나와 비춘다.〔雲陰解駁, 日光穿漏.〕"라고 한 데서 온 말이다. 《古文眞寶後集 卷3》

목은의 시[269]에 차운하다

次牧隱韻

나는 쇠약하여 힘쓰기 어려운데	吾衰難着力
대도의 근원을 누가 궁구하랴	道大孰窮源
후생의 모범이 될 수 있는 것은	可作後生範
그래도 옛 성인 말씀 남아 있어서라오	猶存先聖言
세상사 부침은 똑같지 않고	升沈非一致
화복 또한 문이 많다네	禍福亦多門
술에 취한 흥취가 바로 진경이니	醉興是眞境
흥겹게 희헌처럼 지낸다오[270]	陶然羲與軒

269 목은(牧隱)의 시 : 이 시는 《목은시고(牧隱詩藁)》 권19에 〈즉사(卽事)〉라는 제목으로 2수가 실려 있다.

270 흥겹게 희헌(羲軒)처럼 지낸다오 : 평화스러운 태고 시대처럼 아무런 욕심 없이 한가하게 지낸다는 말이다. 희헌은 태호(太昊) 복희씨(伏羲氏)와 황제(黃帝) 헌원씨(軒轅氏)의 합칭으로, 상고 시대의 전설적인 인물이다. 이백(李白)의 시에 "백리 고을만은 태고 시대처럼 순박하여, 흥겹게 희황처럼 누워 지낸다.〔百里獨太古, 陶然臥羲皇.〕"라고 한 데서 온 말이다. 《李太白集 卷10 經亂離後天恩流夜郎憶舊遊書懷贈江夏韋太守良宰》

국화 베개

菊枕

국화 잎 따서 채운 베개 採菊實之枕
머리에 베니 감기가 나았다오 支頭風恙蘇
초경에는 원래 기록이 있고[271] 草經元有譜
편작(扁鵲)의 비결도 거짓 아니네 扁訣亦非虛
정색은 숨었다가 어렵게 드러나고 正色藏難挹
청향은 쌓였다가 다시 흩어지네 淸香貯却疏
동쪽 울타리에 남은 흥취 있으니 東籬餘趣在
새벽 종 처음 울릴 제 자주 깨닫누나[272] 頻警曉鍾初

271 초경(草經)에는……있고 : 초경은 신농씨(神農氏)가 편찬했다는 《신농본초경(神農本草經)》을 말한다. 거기에 국화는 두풍(頭風)으로 눈이 어지러울 때에 효과가 있다고 하였다.

272 동쪽……깨닫누나 : 국화 베개에 국화 향기가 남아 새벽녘에 자신을 깨우친다는 말이다. 동쪽 울타리는 국화를 가리키는 말로, 도잠(陶潛)의 〈음주(飮酒)〉에 "동쪽 울타리 밑에서 국화를 따고, 유연히 남쪽 산을 바라보네.〔採菊東籬下, 悠然見南山.〕"라고 한 데서 온 말이다. 참고로 두보(杜甫)의 〈유용문봉선사(遊龍門奉先寺)〉에 "깨려할 제 새벽 종소리 들으니, 사람으로 하여금 깊은 깨달음 얻게 하네.〔欲覺聞晨鐘, 令人發深省.〕"라고 하였다. 《陶淵明集 卷3》《杜少陵詩集 卷1》

밤에 읊다
夜詠

대화성이 남쪽으로 다 흘러가니[273] 大火南流盡
서늘한 바람 저녁에 많이 이네 涼風夕起多
가을만 되면 느낌이 일어 每逢秋有感
아무 일 없이 술만 마신다오[274] 唯事飮無何
세도가 환영임을 일찍 알았기에 世道曾知幻
이내 생애 홀로 노래한다오 生涯獨自歌
밤 깊어 풀벌레 소리 구슬픈데 夜深蟲語咽
편히 누워 은하수 본다오 高枕看星河

273 대화성(大火星)이……흘러가니 : 더위가 점차로 물러가고 초가을의 서늘한 기운이 느껴지는 음력 7월을 말한다. 《시경》 〈칠월(七月)〉에 "칠월에 대화성이 흘러가면, 구월에는 옷을 만들어 준다.〔七月流火, 九月授衣.〕"라고 한 데서 온 말이다.

274 아무……마신다오 : 술만 마시고 아무 일도 하지 않는다는 말로, 일음무하(日飮亡何)에서 온 말이다. 한 문제(漢文帝) 때 원앙(袁盎)이 오(吳)나라로 가려 할 적에 그의 조카 원종(袁種)이 그의 숙부 원앙에게 "남방은 비습하니 숙부는 날마다 술이나 마시고 다른 일은 묻지 말 것이며 왕을 달래어 배반하지 않게 해야 할 뿐입니다.〔南方卑濕, 絲能日飮亡何, 說王毋反而已.〕"라고 하였다. 《史記 袁盎列傳》

가을 회포

秋懷

이별할 제 제비가 처마에서 우니	別燕語簷角
지지배배 돌아가기를 고하는 듯	喃喃如告歸
한 해 가을이 이미 저물었는데	一年秋已晚
만사가 내 뜻과 많이 어긋나누나	萬事意多違
죽림의 달에 찬 기운이 자리에 스미고	竹月涼侵席
솔바람에 이슬이 옷에 떨어지누나	松風露滴衣
아름다운 꽃들 어느새 사라졌으니	群芳坐銷歇
쉼 없이 운행하는 천기를 느낀다오	衮衮感天機

청음에게 부치다

寄淸陰

서쪽 이웃은 늘 눈에 선한데	西隣長在眼
문밖에는 공연히 버들 드리워졌어라	門外柳空垂
이별의 괴로움 견디지 못하겠는데	不耐別離苦
하물며 낙엽 지는 때를 만남에랴	況逢搖落時
가을바람은 병든 몸에 불고	秋風吹病骨
세상일은 시름 겨운 눈썹에 모이네	世事集愁眉
서글픈 마음 다시 어찌 말하랴	惻惻更何道
오직 마음으로 스스로 알겠지	唯應心自知

청풍[275] 골짝에서 노닐다
遊青楓洞

하룻밤 청풍 골짝에서 지내노라니	一夜青楓洞
첫서리에 모두 단풍이 들었어라	新霜葉盡丹
산 텅 비니 온갖 소리 고요하고	山空萬籟靜
달빛 가득하니 하늘이 차구나	月滿九霄寒
돌 밟으니 이끼가 신발에 붙고	步石苔粘屐
숲 뚫고 가니 이슬이 갓에 떨어지네	穿林露滴冠
높은 누대에 앉아 돌아가길 잊었는데	高臺坐忘返
바람 부는 골짝에 구슬픈 여울 쏟아지네	風壑瀉哀湍

275 청풍(青楓) : 청풍계(青楓溪)를 가리키는 것으로, 인왕산 동쪽 기슭 청운동(淸雲洞) 골짜기를 지칭한다. 김상헌(金尙憲)의 형인 김상용(金尙容)의 별장이 있던 곳이다.

8월 18일 밤에

八月十八日夜

쓸쓸하여 시절이 위태로운 때요　牢落時危際
여유롭게 노는 세모의 하늘이라　優游歲暮天
한적한 거처라 참으로 맛이 있고　閑居眞有味
좋은 밤이라 홀로 잠 못 드누나　良夜獨無眠
찬 기운 생기는 곳에 대 자라고　竹意涼生處
달 떠오르는 가에 산 빛 비치네　山光月出邊
흐뭇하게 홀로 술 마신 뒤에　怡然獨酌罷
좌망편[276]을 한 번 읽는다오　一讀坐忘篇

276 좌망편(坐忘篇) : '좌망'의 개념이 기록된 《장자(莊子)》 〈대종사(大宗師)〉를 가리키는 듯하다. 거기에 "육신을 잊어버리고 총명을 물리치며 형체를 떠나 지각을 버리고 대도와 동화되는 것, 이것을 좌망이라 한다.〔墮肢體, 黜聰明, 離形去知, 同於大通, 此謂坐忘.〕"라고 하였다.

낙직한 뒤에 호서로 가는 신 수사[277]에게 주다

贈申水使落職後往湖西

백벽은 삼월을 슬퍼하고[278]	白壁悲三刖
청련은 백우를 읊네[279]	青蓮賦百憂
예나 지금이나 다르지 않아	古今無異道
재주와 운명이 서로 맞지 않네	才命不相謀
필마 타고 서쪽 고을 가는 길	匹馬西州路
가을 북쪽 산기슭의 외딴 집이라	孤齋北麓秋
세모에 여생을 누워 보내리니	餘生臥歲暮
모두 성은을 후하게 입은 덕분이라	俱荷聖恩優

277 신 수사(申水使) : 전라 좌수사(全羅左水使), 경상 수사(慶尙水使)를 역임한 신경징(申景澄, ?~?)인 듯하다. 신경징은 1614년(광해군6)에 전라 좌수사에, 1616년에 경상 수사에 재직하고 있었다.《光海君日記 6年 8月 19日, 8年 11月 12日》

278 백벽(白璧)은 삼월(三刖)을 슬퍼하고 : 훌륭한 재주를 품고 있으면서도 인정받지 못함을 비유한 말이다. 백벽은 초(楚)나라 변화(卞和)가 형산(荊山)에서 얻은 화씨벽(和氏璧)을 가리킨다. 삼월은 다리를 세 번 잘린다는 뜻으로, 변화가 옥 덩어리 하나를 얻어 여왕(厲王)과 무왕(武王)에게 바쳤으나 거짓말을 하였다고 하여 두 다리를 잘렸다. 문왕(文王)이 즉위하자 변화가 또다시 옥 덩어리를 안고 형산 아래에서 통곡하자, 왕이 사람을 시켜서 그 옥 덩어리를 쪼개 보라고 하였는데, 과연 아름다운 옥이었다고 한다.《韓非子 卷4 和氏》

279 청련(青蓮)은 백우(百憂)를 읊네 : 청련은 청련거사(青蓮居士) 이백(李白)을 가리킨다. 이백이 심양(潯陽)의 옥사(獄舍)에 있을 때 〈상최상백우장(上崔相百憂章)〉이라는 시를 지었다.《李太白文集 卷21》

홀로 읊다

獨吟

처마 끝에 아침 해 떠오르니　簷角上朝旭
작은 집 처마 그림자 옮겨 가네　小軒簷影移
마을 깊숙해도 손님 피하고　村深猶避客
세모에 홀로 시를 읊는다오　歲暮獨吟詩
경칩 가까워 벌레 소리 가늘고　近蟄蛩音細
서리 맞아 잎새 시드누나　經霜葉勢危
동쪽 울에 예쁜 국화 웃으니　東籬佳菊笑
주인과 약속이나 한 듯하구나　似與主人期

이웃 어른께 드리다
贈隣丈

빙 두른 담은 아주 쓸쓸하고[280]	環堵蕭然甚
띳집은 겨우 몸만 가릴 수 있네	茅齋僅庇身
늦가을 중양절에	秋殘重九節
손님 두엇이 찾아 왔네	客到兩三人
녹죽은 원래 속된 것 아니고[281]	綠竹元非俗
국화는 가난을 싫어하지 않네	黃花不厭貧
참으로 망년지교를 맺을 만하니	忘年誠可托
술 마시는 모습 또한 천진하네	杯酒亦天眞

280 빙……쓸쓸하고 : 아주 가난한 집을 형용하는 말이다. 도잠(陶潛)의 〈오류선생전(五柳先生傳)〉에 "빙 두른 담장이 쓸쓸하여 바람과 햇빛도 가리지 못했다.〔環堵蕭然, 不蔽風日.〕"라고 한 데서 온 말이다. 《陶淵明集 卷6》

281 녹죽(綠竹)은……아니고 : 세속적 부귀를 추구하기보다 고아한 삶을 지향한다는 말이다. 소식(蘇軾)의 〈녹균헌(綠筠軒)〉에 "밥에 고기가 없는 것은 괜찮지만, 사는 곳에 대가 없어서는 안 되네. 고기가 없으면 사람을 야위게 할 뿐이지만, 대가 없으면 사람을 속되게 한다오.〔可使食無肉, 不可居無竹. 無肉令人瘦, 無竹令人俗.〕"라고 한 데서 온 말이다. 《蘇東坡詩集 卷9》

또 짓다
又

마을의 노인과 교분 맺으니	托契洞中老
나도 외려 젊은이 아니라오	吾猶非少年
눈이 가득 쌓인 곳을 서로 찾고	相尋雪滿地
달이 흐르는 하늘을 함께 대하네	共對月流天
흥이 나면 시를 또 짓고	得興詩還就
돌아가길 잊고 함께 자려 한다오	忘歸枕欲聯
앉아서 향불 꺼져 감을 보노라니	坐看香燼落
멀리서 물시계 소리 들려오네	遙夜漏聲傳

또 짓다 이웃 어른이 시와 지장[282]을 요구하였기 때문에 말한 것이다.

又 隣丈求詩及紙帳故云

맑은 새벽 정다운 편지 보내와	淸晨枉情札
보답을 어떻게 할지 묻는구나	報謝問如何
지장은 방한 용도로 쓰기 위함이요	帳爲防寒用
내 시는 매우 좋아하기 때문이라네	詩因見愛多
이내 생애 남는 물건 없으니[283]	生涯無長物
세상길에 또 크게 노래한다오	世路且狂歌
술 익고 달 그대로 있으니	酒熟月仍在
내가 재차 들를 수 있게 해 주실지	能容吾再過

282 지장(紙帳) : 겨울에 외풍을 막기 위하여 방 안에 치는 방장(房帳)을 가리킨다.

283 이내……없으니 : 청빈한 삶을 말한다. 원문의 '장물(長物)'은 두 개 이상의 여유 있는 물건을 말한다. 진(晉)나라 왕공(王恭, ?~398)이 아버지를 따라 회계(會稽)에서 서울로 왔을 때 친한 벗 왕침(王忱)이 그를 찾아갔다가 그가 깔고 앉은 6자 너비의 대자리를 보고는 달라고 하였다. 왕공은 그가 떠난 뒤에 즉시 대자리를 거두어 보내주고 자신은 언치를 깔고 앉았다. 뒤에 왕침이 이를 알고 매우 놀라자 왕공이 "나는 평소에 남는 물건이 없네.〔吾平生無長物.〕"라고 하였다. 《晉書 王恭列傳》

한식
寒食

한식날 마을마다 길거리에	寒食村村路
사람들 성묘하고 돌아가네	人人上壟歸
우로로 인하여 감회가 일고[284]	感懷因雨露
천시 따라 좋은 절기 오네	佳節自天時
먼 나무는 바람 빛 머금고	遠樹含風色
가벼운 안개는 들의 모습 희롱하네	輕煙弄野姿
송문[285]에 말 맨지 오래라	松門駐馬久
석양이 가까운 줄도 몰랐네	不覺近斜暉

284 우로(雨露)로……일고 : 계절의 변화를 보면서 돌아가신 부모를 그리워한다는 말이다. 《예기(禮記)》 〈제의(祭義)〉에 "서리와 이슬이 내리거든 군자는 이것을 밟고 반드시 서글픈 마음이 들기 마련이니, 날이 추워져서 그런 것이 아니다. 봄에 비와 이슬이 적셔 주거든 군자는 이것을 밟고 반드시 놀라는 마음이 생겨서 장차 부모를 뵈올 듯이 여긴다.〔霜露旣降, 君子履之, 必有悽愴之心, 非其寒之謂也. 春雨露旣濡, 君子履之, 必有怵惕之心, 如將見之.〕"라고 하였다.

285 송문(松門) : 무덤으로 들어가는 문을 가리킨다.

우연히 읊다

偶吟

이월의 기후가 여전히 차서	二月候猶冷
봄이 정말 돌아왔는지 몰랐네	不知春信回
사랑스러워라 한식 지난 뒤	可憐寒食後
처음으로 작은 복사꽃 핀 걸 보았네	初見小桃開
이웃의 약초는 때에 따라 베어 가고	隣藥隨時斸
동산의 채소는 마음껏 재배한다오	園蔬滿意栽
부슬부슬 내리는 한 줄기 가랑비가	霏微一霎雨
날이 저물도록 짐짓 재촉하누나	向晚故相催

차운하여 심생에게 주다
次韻 贈沈生

서글퍼라 곤궁할 때의 이별　惻惻窮途別
아득해라 한이 끝이 없구나　悠悠恨未涯
본가는 여전히 서울에 있는데　親庭猶在洛
이곳 떠나니 어떻게 가업 보전할까　此去豈全家
가는 길에는 마을마다 비 내리고　行色村村雨
이별의 회포에 나무마다 꽃 피네　離懷樹樹花
사립문 홀로 닫은 곳에서　柴扉獨掩處
적막하게 봄꽃 마주 한다오　寂寞對春華

길에서 한생 성을 만나 함께 배를 타고 건너다
路遇韓生城 同舟而濟

나그네 길 서로 만난 곳에서	客路相逢處
기쁘게 한번 활짝 웃누나	欣然一笑開
잠시 나그네 생활 이야기한 뒤	暫成班馬語
함께 배 타고 돌아가게 되었다오	同作泛船廻
가는 비는 복사꽃 물결에 내리고	細雨桃花浪
봄바람은 죽엽 술잔에 부누나	春風竹葉杯
광산에서 십 년의 자취[286]	匡山十年跡
고개 돌리니 마음이 아득하구나	回首意悠哉

286 광산(匡山)에서 십 년의 자취 : 광산은 중국 성도부(成都府) 창명현(彰明縣) 북쪽에 있는 대광산(大匡山)으로, 당(唐)나라 이백(李白)이 젊었을 때 글을 읽었던 곳이다. 두보(杜甫)가 성도(成都)에 가서 이백을 그리며 지은 〈불견(不見)〉에 "광산의 글 읽던 곳으로, 머리 희었으니 돌아오게.〔匡山讀書處, 頭白好歸來.〕"라고 하였다. 흔히 소년 시절에 글을 읽었던 곳을 가리킨다. 《杜詩詳註 卷10》

버들개지를 읊다

詠楊花

봄 가매 온갖 꽃들 시드니	春去千紅盡
버들개지 또한 가련하구나	楊花亦可憐
바람 부는 주렴에는 가볍게 눈이 스민 듯	風簾輕透雪
비 내린 언덕에는 가늘게 솜이 붙은 듯	雨陌細粘綿
제비가 차니 흩날리다 도로 부서지고	燕蹴飄還碎
아지랑이 날리니 일어났다 함께 끌려가네	絲遊惹共牽
맑은 하늘 아주 광활한데	晴空殊闊遠
나부끼다 어디에 떨어질까	搖蕩落何邊

부여 사군 동저 조박[287]과 작별하다

別扶餘使君趙東渚璞

백제는 삼분한 나라 중 하나요	百濟三分國
반월성[288]은 천년의 사적이라	千年半月城
꽃 날리던 푸른 절벽 예스럽고	花飛蒼壁古
용 떠난 저문 강은 평온하네[289]	龍去暮江平
땅이 다시 사람 때문에 승지(勝地) 되니	地更因人勝
백성들 응당 선정의 은택 입었으리	民應荷政淸
봄 지난 뒤 이별 회포에	離懷春盡後
적막하게 사립문 닫았어라	寂寞掩柴荊

287 조박(趙璞) : 1577～1650. 본관은 풍양(豐壤), 자는 숙온(叔蘊), 호는 석곡(石谷)이다. 1606년(선조39) 식년문과에 갑과로 급제하였고, 1614년(광해군6)에 공조정랑을 거쳐 이듬해 배천 현감(白川縣監)을 지내고, 1616년에 부여 현감(扶餘縣監)을 지냈다. 이 시는 이때 지은 듯하다.

288 반월성(半月城) : 백제(百濟) 최후의 서울이었던 부여(扶餘)의 성(城)을 이른다. 《용재총화(慵齋叢話)》 권1에 "탄현(炭峴)에 반월성(半月城)의 옛터가 지금도 완연하다. 백마강(白馬江)을 참(塹)으로 삼았으나 좁고 얕아 왕자(王者)가 살 만한 곳이 못되어 소정방(蘇定方)에게 멸망 당하였다."라고 하였다.

289 꽃……평온하네 : 부여(扶餘)에 소재한 백제(百濟)의 고적인 낙화암(落花巖)과 조룡대(釣龍臺)를 읊은 것이다. 낙화암은 부소산 기슭 조룡대 남쪽에 있는 깎아지른 듯이 높이 솟은 큰 바위를 말한다. 전설에 의하면, 백제의 의자왕(義慈王)이 당(唐)나라 군대에 패하게 되자, 궁녀들이 모두 몰려나와 이 바위 위에 올라가 강으로 투신하였기 때문에 낙화암이라고 하였다고 한다. 조룡대는 낙화암 근처에 있는 바위섬으로, 당(唐)나라 장수 소정방(蘇定方)이 백마를 미끼로 용을 낚은 곳이라 한다. 《新增東國輿地勝覽 第18卷 扶餘縣》

윤생[290]의 병중 시에 차운하다

次尹生病中詩韻

고요함에 익숙하여 인사 버렸으니	習靜遺人事
안부 인사 더디다 싫어 말게	休嫌記問遲
궁박한 생활 참으로 걱정되나	窮途足憂患
시인은 본래 청빈한 법이라오	騷客本淸羸
죽순이 막 땅을 뚫고 나오고	稚筍纔穿地
남은 꽃 잠시 가지에 붙었네	殘花乍着枝
봄빛이 이미 저물었지만	春光已晼晚
시구 짓기에는 좋은 때라오	詩句當佳期

290 윤생(尹生) : 누구인지 자세하지 않으나, 《죽음집(竹陰集)》의 시 편차 순서로 볼 때, 권6에 실린 〈차윤생견기운(次尹生見寄韻)〉의 '윤생'과 동일 인물로 보인다. 거기에 "대은암 앞은 처사의 집이다.〔大隱巖前處士家.〕"라고 되어 있다.

삼가 빙군[291]의 시에 차운하다

謹次聘君詩韻

성 동쪽 사립문 작은 은거지에서	小隱城東衡
평소 겸손한 태도 배웠네[292]	平生學守雌
손님 오자 낮잠 자다 깨고	客來驚午枕
술잔 이르자 두던 바둑 치웠네	杯到斂殘棊
무성한 국화 막 섬돌 타고 오르고	荒菊初依砌
미련한 버들 겨우 울을 나왔네	癡楊僅出籬
남쪽 산 바라보매 더욱 좋으니	南山看更好
바로 맑게 갠 저녁때여서라오	正屬晩晴時

291 빙군(聘君) : 장인(丈人)을 이르는 말로, 정흠(鄭欽, 1557~1635)을 가리킨다. 본관은 해주(海州), 자는 흠재(欽哉), 호는 송천(松泉)이다. 1604년(선조37)에 대흥 현감(大興縣監)에 제수되었고, 이후 양천 현감(陽川縣監), 문화 현감(文化縣監)을 거쳐 돈령부판관(敦寧府判官)에 올랐다. 호조 판서 겸 동지의금부사(同知義禁府事)에 추증되었으며, 해성군(海城君)에 봉해졌다.

292 평소……배웠네 : 평소 자신을 낮추어 겸손한 태도로 처신하였다는 말이다. 원문의 '수자(守雌)'는 《노자(老子)》 28장에 "수컷의 강함을 알면서도 암컷의 연약함을 지킬 줄 알면 모든 시내가 모여드는 천하의 계곡이 된다.〔知其雄, 守其雌, 爲天下谿.〕"라고 한 데서 온 말이다.

칠석에 비가 내리지 않다[293]

七夕無雨

두 신선이 은하를 건널 제	銀漢雙仙度
맑은 하늘에 조각달 굽었네	瑤空片月彎
천고의 한은 아득하기만 한데	悠悠千古恨
하룻밤의 기쁨은 짧고 짧구나	短短一宵歡
오작은 다리 이룬 뒤 흩어지고	烏鵲成橋散
희화는 해를 몰고 돌아오네[294]	羲和御日還
그리운 마음에 눈물이 다 말라	相思淚已盡
더 이상 줄줄 흐를 눈물 없네	無復可汍瀾

293 칠석(七夕)에……않다 : 이 시는 칠석날 비가 내리지 않는 현상을 견우(牽牛)와 직녀(織女)의 고사와 연관지어 풀이한 것이다. 견우(牽牛)와 직녀(織女) 두 별이 은하를 사이에 두고 떨어져 있다가 해마다 칠석날이 되면 까마귀와 까치가 오작교(烏鵲橋)를 만들어 서로 만나게 해 주는데, 이때 두 별이 눈물을 흘려 비가 내린다고 한다.

294 희화(羲和)는……돌아오네 : 해가 떠서 날이 밝았다는 말이다. 희화는 해를 맡은 관원이다. 장뢰(張耒)의 〈칠석가(七夕歌)〉에 "옥룡을 이미 멍에 매고 희화가 모는 대로 따라가네.〔玉龍已駕隨羲和.〕"라고 하였다. 《古文眞寶前集 卷8》

손님과 마주하여 가볍게 술 마실 적에 마침 김포 현령(金浦縣令)이 찾아오다

對客小酌 適金浦使君來訪

칠월에 비 막 개니	七月雨初霽
가을이라 산의 정취 쓸쓸하네	蕭蕭山意秋
손님 와서 막 잠에서 깨고	客來初破睡
술잔 이르러 다시 시름 씻네	杯到更澆愁
푸른 대나무는 마음 맞는 벗이요	翠竹是心友
푸른 소나무는 세속 부류 아니네	青松非俗流
그윽한 집에 좋은 경치 충분하니	幽軒足佳致
높은 누각에만 있지 않다오	不信有高樓

우거하는 중에 회포가 일어
僑寓有懷

가을 빗소리에 객침에 기대니　旅枕欹秋雨
처량하여 잠을 이루지 못하네　凄凄夢不凝
찬 벌레는 어두운 집 벽에서 울고　寒蟲啼暗壁
주린 쥐는 희미한 등 냄새 맡네　飢鼠嗅殘燈
한 기운이 피고 지게함을 볼 뿐　一氣看榮落
하늘이 어찌 사랑하고 증오하랴　皇天豈愛憎
교외 사립에 벼와 기장 익어가니　郊扉禾黍熟
돌아가 전원에서 늙으리라　歸去老溝塍

서호[295]에서

西湖

구월 서호 가에서	九月西湖上
외로운 배 다른 물굽이에 기댔네	孤舟倚別灣
푸른 물결은 한없이 드넓고	滄波無限闊
흰 새는 여유롭고 한가하네	白鳥有餘閑
젓대 연주하니 찬 매화 떨어지고[296]	笛奏寒梅落
술잔 도니 어여쁜 국화 아롱지네	杯行艶菊斑
고기 잡는 마을에 안개 낀 경치 좋아	漁村煙景好
석양 속에 다시 돌아가길 잊누나	斜日更忘還

295 서호(西湖) : 한강 하류 지역의 옛 이름으로, 현재 마포, 서강, 양화나루 구간을 지칭한다. 조희일의 별업(別業)이 서호 아래에 있었다.

296 젓대……떨어지고 : 젓대 곡조에 〈낙매화곡(落梅花曲)〉이 있어 이렇게 말한 것이다. 진(晉)나라 때 환이(桓伊)가 젓대를 잘 불어 〈낙매화곡〉을 지었다. 이백(李白)의 시에 "황학루 위에서 옥 젓대를 부니 강성 오월에 매화가 떨어지누나.〔黃鶴樓上吹玉笛, 江城五月落梅花.〕"라고 하였다. 《李太白文集 卷20 與史郎中欽聽黃鶴樓上吹笛》

밤에 읊다

夜吟

북쪽 마을 깊은 곳에 누가 찾아올까 北巷深誰訪
남쪽 난간에 쓸쓸히 기댔다오 南軒悄自憑
가벼운 바람에 종소리 은은히 들려오고 風輕鍾暗度
가는 구름 위로 달이 살며시 떠오르네 雲細月微升
나무 가려 외로이 새 깃들고 擇木孤棲鳥
메벼 찧으려 홀로 등불 비추네 舂[297]粳獨照燈
가평[298]에 양기가 생동한 뒤 嘉平陽動後
엄동설한 깨뜨림을 문득 깨달았네 斗覺破嚴凝

297 舂 : 대본에는 '春'으로 되어 있으나 앞뒤 문맥을 살펴 바로잡아 번역하였다.

298 가평(嘉平) : 12월에 지내는 제사인 납제(臘祭)의 별칭(別稱)인데, 12월인 납월(臘月)을 가리키는 말로도 쓰인다.

춘첩[299] 춘궁

春帖 春宮

맑은 기운이 비로소 율관(律管)을 부니[300]	淑氣初吹律
가벼운 추위에 매화가 피려 하네	輕寒欲放梅
천일주[301]를 따라 올리고	却斟千日酒
만년배[302]를 다투어 바치네	爭獻萬年杯
동정에서 춤 춘 뒤 하례하고	舞罷彤庭賀
채승을 머리에 꽂고 온다오[303]	頭簪彩勝來
깊은 궁궐이라 봄 낮이 기니	深宮春晝永
강연 자리 절로 자주 열리네	講席自頻開

299 춘첩(春帖) : 춘첩자(春帖子)라고도 하는데, 입춘(立春)에 대궐 안 기둥에 써 붙이는 주련(柱聯)을 말한다. 제술관에게 명하여 하례(賀禮)하는 시를 지어 올리게 한 다음 종이에 써서 붙였다.

300 맑은……부니 : 봄기운이 불어 대지가 따뜻해졌다는 말이다. 전국시대에 음률에 조예가 깊은 제(齊)나라의 추연(鄒衍)이 양(陽)의 음률을 조정하는 율관(律管)을 불어 대지를 따뜻하게 만들었다는 고사가 있다. 《太平御覽 卷54 谷》

301 천일주(千日酒) : 한 번 마시면 천일 동안 취한다는 좋은 술이다. 중산(中山) 사람인 적희(狄希)가 천일주를 잘 만들었는데, 유현석(劉玄石)이라는 고을 사람이 그 술을 한 번 마시고는 천일 동안 취했다가 무덤 속에서 술이 깨어 일어났다는 '일취천일성(一醉千日醒)'의 고사가 있다. 《博物志 卷10》《搜神記 卷19》

302 만년배(萬年杯) : 만수무강을 기원하며 올리는 술잔을 말한다.

303 채승(彩勝)을……온다오 : 채승은 보통 인일(人日)에 봄이 온 것을 경축하는 의미로 머리에 꽂았던 채색 조화(造花)를 말한다. 옛날 풍속에 대궐에서 여러 조관(朝官)들에게 이것을 하사하였으므로 이렇게 말한 것이다. 《荊楚歲時記》

눈을 읊다

詠雪

눈 내리는 텅 빈 산의 밤에	雪落空山夜
찬 소리 꿈속에서도 들리는 듯	寒聲夢裏疑
어찌 알았으랴 처마 때리며 춤추다	那知拍簷舞
문득 주렴에 들어와 불 줄을	乍覺入簾吹
추위 만나 매화 피는 걸 방해하고	凍逼妨梅信
위세 더해져 대 가지 짓누르네	威加壓竹枝
새벽 오니 남은 몇 조각이	曉來餘幾片
흩날려 아침 햇살에 비치네	散漫映新曦

인일
人日

원일에서 인일에 이르는 동안	元日到人日
동풍 불다 이어 북풍 부누나	東風仍北風
따뜻한 화기가 조금 불지만	陽和少噓煦
매서운 추위는 풀리지 않았네	寒沍未消融
늙어가니 누가 지기인가	老去誰知己
시절 위태하니 이 늙은이뿐	時危獨此翁
작은 동산의 매화 버들 빛이	小園梅柳色
남아서 한가한 중에 짝하누나	留與伴閑中

수세하는 날에 입춘을 만나다

守歲日 逢立春

오늘 밤은 어떤 밤인가	今夕是何夕
천시가 비로소 건인[304]이 되었네	天時初建寅
봄바람이 만물 생성하려 하니	東風欲生物
시든 풀도 스스로 봄을 아누나	病草自知春
문에는 오래된 도부[305]가 바뀌고	門換桃符舊
소반에는 신선한 채소 싹 오르네	盤登菜甲新
청산이 늙은 이내 몸 용납하니	青山容我老
천천히 술 마시며 울적함 보내네	細酌遣沈淪

304 건인(建寅) : 북두성의 자루가 인(寅)의 방향인 동방을 가리키는 때로, 정월(正月)을 가리킨다.

305 도부(桃符) : 옛 풍속에 신년(新年) 원일(元日)이면 복숭아나무 판자 두 개에다 신도(神荼), 울루(鬱壘)라는 두 신명(神名)을 써서 문 양쪽에 걸어 사귀(邪鬼)를 물리쳤는데, 해마다 섣달 그믐날이면 이것을 새것으로 바꾸어 걸었다. 《說郛》

밤에 읊다
夜吟

한밤중 쓸쓸히 베개 기대니	午夜悄欹枕
작은 창에 지는 달이 밝구나	小窓殘月明
세상 인정 너무도 잘 아니	世情諳已慣
심사 울적하여 평온하기 어렵네	心緒鬱難平
호탕한 기운을 다 갈고 닦고	豪氣磨礱盡
새로운 시를 정밀하게 고친다오	新詩點化精
잠 못 이루는 중에도 맛이 있으니	無眠還有味
술 떨어지는 소리 가늘게 들리네	酒滴細聞聲

1월 12일에 비가 내리다

正月十二日雨

봄에 밤비가 내렸는데	春意夜來雨
산 빛이 아침에 구름에서 나오네	山光朝出雲
남은 추위 비록 매섭지만	餘寒雖料峭
따뜻한 기운 이미 가득하네	一氣已氤氳
작은 마을에는 버들눈 틔려하고	小巷將舒柳
푸른 진펄에는 미나리 나려하네	青泥欲吐芹
처마에서 지저귀는 새 소리	喃喃簷鳥語
평온하여 고요해지려 할 때 들리네	穩向靜時聞

우연히 읊다 정사년(1617, 광해군9) 봄에 이산으로 유배가다.[306]

偶吟 丁巳春謫理山

먼 변방에 봄바람이 일어	絶域春風動
외딴 성에 눈 녹은 물이 흘러오네	孤城雪水來
수심 속에 계절 저물어 놀랐는데	愁邊驚節晩
어디에 꽃 피었는지 묻겠는가	何處問花開
쑥대머리에도 빗질하는 것 잊고	蓬鬢還忘櫛
송료에도 잔 수를 기억 못한다오	松醪莫記杯
소릉은 내가 부러워했었는데	少陵吾羨爾
외려 망향대에 올랐구나[307]	猶上望鄕臺

306 이산(理山)으로 유배가다 : 조희일은 1616년(광해군8)에 허균(許筠)의 소행으로 의심되는 투서(投書) 사건에 연루되어, 양사(兩司)의 합계(合啓)로 1617년 평안도 이산에 위리안치(圍籬安置)되었다.《竹陰先生集 附錄 神道碑銘》

307 소릉(少陵)은……올랐구나 : 소릉은 두보(杜甫)를 가리킨다. 저자가 존경하는 두보 같은 분도 고향에 대한 그리움을 참지 못하고 망향대에 올랐다는 말이다. 두보의 〈운산(雲山)〉에 "부를 짓던 객과 정신으로 사귀노라니, 망향대에서 힘이 다하노라.〔神交作賦客, 力盡望鄕臺.〕"라고 하였다.《杜少陵詩集 卷9》

두견새 소리를 듣다
聞鵑

초산에는 두견새가 많아　楚山多杜鵑
시인은 괴로움에 잠 못 든다오　騷客惱無眠
천년토록 피를 몇 점이나 토했나　幾點千年血
지는 봄 오경의 밤이로다　殘春五夜天
차가운 달 속에 그 소리 신산하고　聲酸苦月裏
떨어지는 꽃 앞에 그 시름 깊어라　愁絶落花前
너에게 솟구쳐 날 날개 있는데　爾有翻飛翼
무엇 때문에 구석에 머물러 있나　胡爲滯一邊

나그네의 회포

旅懷

취흥은 근심 때문에 줄고	醉興緣愁短
봄밤은 나그네 되어 기네	春宵爲客長
희미한 등불은 외로이 책 비추고	燈殘孤照卷
가까운 꽃은 은은히 향기 풍기네	花近細聞香
도성 떠나니 형체가 수척하고	去國形骸瘦
어버이 생각하니 침식도 잊었네	思親寢食忘
외딴 성은 땅이 다한 곳에 있으니	孤城地盡處
귀향 계획이 참으로 아득하누나	歸計正茫茫

또 짓다

又

만 리 천애의 길이요	萬里天涯路
봄날 꿈속의 집이라	三春夢裏家
나그네 수심 깊어 취한 듯하고	羈愁濃似醉
고향 소식 멀어 잘못 전해진 것 많네	鄕信遠多訛
어두운 들에는 안개에 나무 잠기고	野黑煙沈樹
밝은 산에는 비가 꽃에 떨어지네	山明雨壓花
앞마을 보니 날이 저물려 하는데	前村看向夕
돌아가는 두어 까마귀 아래 홀로 섰다오	獨立數歸鴉

홀로 읊다

獨吟

청화한 절기에 병석에서 일어나니	病起淸和節
텅 빈 성에 초목이 무성하네	城空草樹深
골짝 구름은 아침에 비를 보내고	峽雲朝送雨
강 기운은 낮에 그늘을 이루네	江氣晝成陰
죽을 목숨 온전히 살려 준 은혜에	萬死全生惠
고신은 일편단심이라	孤臣一寸心
아득하여 감히 곡하지 못하고	冥冥不敢哭
오열하며 홀로 길게 읊조리네	悽咽獨長吟

우거
寓居

적막한 성 서쪽 마을에	寂寞城西巷
작은집 쓸쓸하기도 해라	蕭條八九椽
낮은 처마에는 비가 비껴 들고	矮簷斜入雨
오래된 굴뚝에는 연기가 어지러이 날리네	古突亂浮煙
땅은 봄빛을 적게 차지하고	地占春光少
산은 지는 해를 먼저 머금네	山銜落日先
순리에 따름은 내게 익숙한 일	安排吾已慣
모두 인연 따라 처한다오	無處不隨緣

밤에 읊다
夜吟

한밤중 잠 못 이루니	中夜不成夢
돌아갈 기약 어쩔 수 없구나	歸期無奈何
벗들과의 소식 단절되었고	親朋書斷絶
이내 신세에 줄줄 눈물 흐르네	身事淚滂沱
달빛은 하늘 끝이라 애처롭고	月色天邊苦
여울 소리는 비온 뒤라 크구나	灘聲雨後多
금가[308]가 새벽 헤치고 울리니	金笳犯晨動
먼 변방에 은하수 기우누나	遙塞落星河

308 금가(金笳) : 옛날 중국 북방의 민족들이 불던 관악기로, 호가(胡笳)라고도 한다.

차운하여 유 사군에게 뒤늦게 부치다
次韻追寄柳使君

누가 진천[309] 길 멀다고 하였나	誰謂秦川遠
동서로 길이 통하였는데	東西路脈通
영예와 치욕 사이에 임금의 은혜 있고	君恩寵辱際
가고 머무는 중에 이별의 한이 있네	離恨去留中
일천 봉우리에 뚝뚝 비 떨어지고	淅瀝千峯雨
일만 구멍에 쏴쏴 바람 부누나[310]	調刀萬竅風
꿈속 혼은 그래도 막히지 않았으니	夢魂猶不隔
오도가 완전히 곤궁하지는 않다오	吾道未全窮

309 진천(秦川) : 오늘날의 섬서성(陝西省), 감숙성(甘肅省)의 진령(秦嶺) 이북으로, 춘추시대에 진(秦)나라에 속했던 서북쪽 변방이다. 흔히 변방을 뜻한다.

310 일만……부누나 : 원문의 '조도(調刀)'는 '조조(調刁)'와 같은 말로, 나뭇가지를 흔들며 지나가는 바람 소리를 형용한 것이다. 《장자》 〈제물론(齊物論)〉에 "거센 바람이 일단 지나가면 뭇 구멍이 텅 비게 되는데, 그대는 그때에 살랑거리며 지나가는 바람의 모습을 유독 보지 못하였느냐.〔厲風濟則衆竅爲虛, 而獨不見之調調之刁刁乎?〕"라고 하였다.

나그네의 회포

旅懷

오래 앉았노라니 달이 살짝 뜨는데	坐久月微吐
깊은 밤에 두견새가 또 우누나	夜深鵑又啼
여울 소리 공연히 홀로 울부짖고	灘聲空自咽
이슬 기운 어찌 그리도 차나	露氣一何凄
벗 그리는 마음을 누가 기억할까	故舊情誰記
고향 생각하는 꿈 또한 아득하네	鄕關夢亦迷
희미한 외론 등촉 그림자만이	唯殘孤燭影
쓸쓸하게 나를 나지막이 비추네	悄悄向人低

또 짓다
又

천지간에 본래 부끄러움 없으니　　俯仰自無媿
삶과 죽음이 나와 무슨 상관이랴　　死生如我何
홀로 술 따르고 또 홀로 취하고　　獨斟仍獨醉
길게 휘파람 불고 다시 길게 노래하네　　長嘯復長歌
글 짓는 일은 참으로 근심거리이고　　文字眞憂患
높은 벼슬은 바로 구속하는 그물이라　　簪纓是網羅
모래톱 갈매기는 아무 근심 없는 듯　　沙鷗不愁思
만 리 너른 창파를 날아다니누나　　萬里逐滄波

무제

無題

서쪽 변방 가장 궁벽한 곳　西裔最窮處
이내 몸 죽을 날 머지않았네　身將魍魅群
나그네 심사로 지팡이 짚고 서니　羈懷倚杖立
촌가의 말소리 울 너머로 들리네　村語隔籬聞
변새의 물은 푸른 바다로 흘러가고　塞水流滄海
변방의 봉화는 저녁 구름을 비추네　邊烽照暮雲
어떻게 하면 태평한 세상에서　如何聖明代
고향에 돌아가 밭 갈며 늙을까　歸去老耕耘

단옷날에 손님과 마주하다

端午日對客

오늘 밤은 어떤 밤인가	今夕是何夕
슬픔과 기쁨이 잠시 교차하네	悲歡聊暫同
돌아가고픈 마음은 임금께 매여 있고	歸心懸日下
좋은 명절인 단옷날이 가까이 왔네	佳節近天中
초목은 새롭게 비에 젖고	草木新沾雨
창문은 가늘게 바람 이끄네	軒窓細引風
그네뛰기는 구경하지 못하고	秋千不堪賞
아동들의 떠들썩한 소리만 들려오네	但覺鬧兒童

또 짓다
又

오월 오일이 되니	日到五月五
계절이 바뀌어 놀랐다오	堪驚時序徂
소반에는 올라온 각서[311] 없지만	盤無薦角黍
창포[312]로 담근 술은 있어라	酒有點菖蒲
새장 속에 두 날개 꺾인 신세요	籠裏雙摧翮
천애에 쓸모없는 한 유자라오	天涯一腐儒
해당화가 반쯤 떨어지니	海棠花半落
귀향의 꿈이 서호를 맴도네	歸夢繞西湖

311 각서(角黍) : 고엽(菰葉)에 찹쌀을 싸서 찌는 떡으로 편수와 비슷한데, 삼각 모양으로 만들기 때문에 이런 이름이 붙었다. 초(楚)나라 사람들이 멱라수(汨羅水)에 투신한 굴원(屈原)을 애도하여 단오절마다 이 떡을 만들어 먹는 풍속이 생겼다고 한다.

312 창포(菖蒲) : 단오에 사기(邪氣)를 물리치는 의미에서 창포를 담근 술을 마시거나 창포로 작은 인형이나 호리병 모양을 만들어 찼다. 송(宋)나라 신종(神宗) 때 태자소보(太子少保)를 지낸 원강(元絳)이 지은 〈단오첩자(端午帖子)〉에 "창포 꽃을 술에 띄우니 요 임금 술잔이 푸르고, 갈댓잎을 실로 싼 초나라 종자(糉子)가 향긋하네.〔菖華泛酒堯樽綠, 菰葉縈絲楚糉香.〕"라고 하였다. 《古今事文類聚 卷9 菖蒲酒·帶蒲人》

오월 보름에

五月望日

이역에서 누구와 짝할까	異域誰相伴
이내 생애 홀로 가엾구나	吾生獨自憐
내 주변에는 넓은 땅 없지만	身邊無大地
머리 위에는 높은 하늘 있네	頭上有高天
가랑비에 향을 태우며 앉고	細雨燒香坐
선선한 바람에 책 베고 자네	微涼枕卷眠
오늘 밤 달을 어이 할까	那堪今夜月
다시 보름달을 대하였네	更對十分圓

아이가 문안 온다는 소식을 듣고 읊다
詠兒來省

새벽에 일어나 한낮이 되었는데	天明起及午
어제 저녁에 이미 소식이 왔었네	昨夕已傳音
다행히 이내 몸 죽지 않았는데	幸免身爲鬼
어찌 소매에 가득 눈물 흘리나	何煩涕滿襟
아이의 아비 뵈러 오는 마음 때문에	緣渠省父意
나의 부모 그리는 마음 커지누나	重我戀親心
장성한 아들 먼 길에 올랐다니	壯子登長道
나그네 마음 벌써부터 위안되네	羈懷慰自今

오월에 비가 내리다

五月雨

문득 보았네 천애의 비가	忽見天涯雨
골짝 속 구름 따라 오는 걸	來從峽裏雲
부슬부슬 내릴 제 멀어 분별 못하다가	霏微遙不辨
처절하게 내릴 제 가까워 소리 크누나	凄切近多聞
호가 소리를 은은하게 적시고	暗濕胡笳響
향 연기를 맑게 더하누나	清添小篆熏
점차 알리라 오이 열매 크니	漸知瓜實大
황폐한 밭 스스로 김매야 하리란 걸	荒圃自能耘

벗이 술을 가지고 찾아오다 부르는 대로 압운하다.

友人佩酒來訪 押口呼

초산 골짝에 별빛이 일렁이고	楚峽星光動
강가 성에 밤기운이 차구나	江城夜氣寒
정의가 두터운 걸 잘 아니	深知情意重
오고가는 어려움 말하지 않네	不道往來難
주성은 작은 술잔 싫어하고	酒聖杯嫌窄
시광은 평이한 글자 바란다오[313]	詩狂字要安
촛불 살라 타기를 보고 있으니[314]	待看燒燭短
흡족하게 깊은 밤이 되었네	爛熳到更闌

313 주성(酒聖)은……바란다네 : 벗이 호탕하게 술을 마시고 시의 격률에 구속받지 않고 시를 짓는다는 말이다. 주성은 술을 잘 마시는 사람을 일컫고, 시광은 방달하여 얽매임이 없는 시인을 말한다.

314 촛불……있으니 : 두보(杜甫)의 〈야연좌씨장(夜宴左氏莊)〉에 "서책 점검하느라 촛불 살라 태우고, 칼을 보느라 술잔 당겨 길게 마시네.〔檢書燒燭短, 看劍引杯長.〕"라고 한 데서 온 말이다. 《杜少陵詩集 卷1》

자신을 위로하다

自遣

적막해라 서글픈 이내 생애	寂寞悲生事
나지막이 읊조리며 석양 대하네	沈吟對夕暉
그저 몸은 그래도 건강하나	秖憑身尙健
계획과 많이 어긋남을 어이하랴	爭奈計多違
만리 풍운 속에 날 저무니	萬里風雲暮
숲속으로 참새 돌아오누나	千林鳥雀歸
초승달 나오기를 기다리는데	待看新月出
산비가 또 부슬부슬 내리네	山雨更霏霏

6월 15일에

六月十五日

오늘은 유두절	今日流頭節
타향이라 일마다 서글프네	殊方觸事悲
일 년이 이미 저물었는데	一年行已晚
외로운 객은 돌아갈 날 어이 더딘가	孤客返何遲
맑은 물 그릇에 띄운 둥근 떡	團餠淸水碗
붉은 옥 같은 속살의 수박[315]	圓瓜赤玉肌
고향 집의 옛 풍미 그리워	家鄕舊風味
고개 돌려 홀로 시 읊네	回首獨吟詩

315 맑은……수박 : 모두 유두절에 먹는 음식이다.

무더위
苦熱

저물녘에 뜨거운 구름 모이고	日暮熱雲集
비온 뒤에 더운 기운 찌누나	雨餘炎氣敲
샘물 자주 기르느라 계집종 짜증내고	婢嗔泉屢汲
부채 오래 흔드느라 사내종 지쳤다오	奴倦扇長搖
백악 기슭에는 원림이 시원하고	岳麓園林爽
도성 북쪽에는 꿈이 아득하구나	城陰夢想遙
남은 생애에 추위와 더위 보내니	餘生度寒暑
이마저도 성명한 조정 덕분이라	亦荷聖明朝

말복

末伏

홀로 마음 부쳐 누구에게 호소할까	獨寄情誰訴
흐르는 세월에 늙음을 막지 못하네	流光老不禁
하늘에서 큰비가 내리니	天時施大雨
화기가 남은 금기(金氣)에 엎드리네	火氣伏餘金
자새에는 남관이 묶여 있지만[316]	紫塞南冠縶
단심을 북두성이 비춰주누나[317]	丹心北斗臨
이웃 등불이 보리방아 비추니	隣燈照舂麥
사람들 말소리 밤 깊도록 들리네	人語到更深

316 자새(紫塞)에는……있지만 : 변방 이산(理山)에 위리안치되어 있는 저자 자신의 신세를 말한다. 자새는 북쪽 변경을 칭하는 말로, 진(秦)나라가 만리장성을 쌓을 때 그 흙이 모두 자색(紫色)이었고 한(漢)나라 변방의 성도 그 흙이 자색이었기 때문에 생긴 단어이다. 남관(南冠)은 남쪽 초(楚)나라 사람의 관이란 뜻으로, 춘추시대 초나라의 악관(樂官)인 종의(鍾儀)가 진(晉)나라에 포로로 잡혀있을 때 남관을 쓰고 있었다는 고사에서 유래한 단어이다. 흔히 죄수의 신세를 비유할 때 쓰는 말이다.《春秋左氏傳 成公 9年》

317 단심(丹心)을 북두성이 비춰주누나 : 임금을 향한 저자의 충심을 말한다. 북두성은 《논어》〈위정(爲政)〉에 "정치를 덕으로써 함은 비유하자면 북두성이 제자리를 지키고 있으면 뭇별이 북두성을 향하고 있는 것과 같다.〔爲政以德, 譬如北辰, 居其所, 而衆星共之.〕"라고 하여, 임금을 상징하는 말로 쓰인다.

밤에 읊다
夜詠

초산(楚山) 언덕의 청풍에 해 저무니	楚岸青楓暮
초문[318]의 화각소리 구슬프네	譙門畫角悲
별은 구름 터진 곳에서 일렁이고	星搖雲缺處
가을은 밤 서늘한 때에 드네	秋動夜涼時
옛 집에는 지금 누가 주인일까	舊宅今誰主
오랜 인연 아마 여기에 있겠지	前緣或在玆
비 내린 뒤 서쪽 산의 빛	西山雨後色
그 절경을 홀로 마음으로 안다오	佳絶獨心知

318 초문(譙門) : 성문(城門) 위에 세운 망루(望樓)의 문이다.

7월 8일에

七月八日

나그네의 한 스스로 풀기 어려운데　旅恨自難遣
가을이 되니 마음이 어떻겠나　逢秋當若何
빈 책상에는 벌레 소리 가깝고　床空蟲語近
찢어진 창에는 서늘한 밤기운 짙네　窓破夜涼多
우로는 푸른 단풍에 떨어지고　雨露青楓落
관산에는 흰 기러기 지나가네　關山白雁過
두 개의 별이 어제 헤어졌으니　雙星昨日別
은하에 눈물 보태질 줄 잘 알겠네[319]　剩覺淚添河

319 두……알겠네 : 견우(牽牛)와 직녀(織女) 두 별이 은하를 사이에 두고 떨어져 있는데, 해마다 7월 7일이 되면 서로 만났다가 헤어질 때 눈물을 흘린다는 칠석날의 고사를 원용한 것이다.

우연히 읊다

偶吟

골짜기의 비는 우수수 떨어지고	峽雨蕭蕭急
강가의 구름은 아득하게 자욱하네	江雲漠漠深
근심 생기면 늘 스스로 풀었는데	愁來常自遣
가을 되니 더욱 금하기 어렵구나	秋至更難禁
절역에서는 집에 돌아가는 꿈꾸고	絶域還家夢
평소에는 보국의 마음 가졌네	平生報國心
옥 거문고 연주하지 말게	瑤琴且莫奏
더는 남음[320]을 듣지 못하겠네	無復賞南音

320 남음(南音) : 남방의 음악이라는 뜻으로, 고향 생각에 젖는 것을 비유하는 말이다. 춘추시대 초(楚)나라 악관(樂官) 종의(鍾儀)가 포로가 되어 진(晉)나라에 갇혔을 때, 진나라 임금이 그에게 거문고를 주게 했더니 남방의 초나라 음악을 연주했다는 고사에서 유래한 것이다. 《春秋左氏傳 成公 9年》

띠풀을 베다

刈茅

예전 살던 집을 생각할 수 없어 舊宅不可念
우거를 그런대로 잠시 수리했네 僑居聊暫修
신상 외의 일은 겨를이 없고 未遑身外事
눈앞에 닥친 일만 급히 한다오 唯急眼前謀
종은 어려 힘쓰기 어렵지만 僕弱難容力
이웃은 순박해 자주 소 빌려주네 隣淳數借牛
푸른 띠풀 가을볕에 말렸다가 青茅晒秋日
엮어서 좋게 지붕 이으리라 編緝好綢繆

서울로 가는 순변사(巡邊使)를 전송하다

送邊使赴京中

순변사가 오늘 아침 출발하기에　　邊使今朝發
그 편에 어머님께 안부 편지 보내네　　親庭問凊溫
한 글자도 완성 못한 채　　未完書一字
먼저 두 줄기 눈물 닦누나　　先拭淚雙痕
식사 잘하시라 말할 뿐　　但道能加飯
무슨 말로 의문[321]을 위로하겠나　　何辭慰倚門
살아 돌아가 무탈하신 어머님 뵙기를　　生還拜無恙
밤낮으로 천지신명께 빈다오　　日夜禱乾坤

321 의문(倚門) : 부모가 자식을 기다리는 마음을 표현하는 말이다. 전국시대 왕손가(王孫賈)의 어머니가 왕손가에게 "네가 아침에 나가서 저녁에 돌아올 때는 나는 집 문에 기대어 기다리고, 네가 저물녘에 나가 돌아오지 않을 때는 나는 동구 문에 기대어 기다린다.〔女朝出而晚來, 則吾倚門而望, 女暮出而不還, 則吾倚閭而望.〕"라고 한 말에서 유래하였다. 《戰國策 齊策6》

반딧불이

螢

골짜기 안의 어지러운 반딧불이　　峽裏亂螢火
앞 다투어 날아오르누나　　悠揚爭後先
저녁바람 불어도 꺼지지 않고　　夕風吹不滅
가을비에 씻겨도 도로 타오르네　　秋雨洗還燃
마음대로 수풀을 뚫고 나와서　　恣意穿林莽
다정하게 서책을 비춰주누나[322]　　多情照簡編
멀리서도 그립구나 고향의 밤　　遙憐故園夜
대 창 앞에서 그림자 희롱하던 반딧불이가　　弄影竹窓前

322 서책을 비춰주누나 : 진(晉)나라 차윤(車胤)이 가난한 탓에 기름을 살 수 없어 여름이면 반딧불을 주머니에 넣어서 그 빛으로 책을 보았다는 고사를 원용한 것이다. 《晉書 車胤列傳》

취하여 벗에게 주다

醉贈友人

흠뻑 취함은 오도를 방해하니	熟醉妨吾道
곤궁한 그대 재주 아깝네	窮途惜爾才
촌 늙은이는 계속 술 가져오고	村翁仍佩酒
아이는 술 따를 줄 아누나	童子解斟杯
우거진 숲에는 가을 소리 일고	亂樹秋聲起
외딴 성에는 어둠이 밀려오네	孤城暝色來
곤드레 취하는 것 군이 사양 말게	不須辭酩酊
그 밖의 일은 모두가 우스우니	餘事摠堪咍

아이가 가는 길에 아우에게 부치다
兒行寄舍弟

아우 생각에 정다운 편지 부치려니	憶弟寄情札
편지 쓰려다 도리어 쓰지 못하네	臨書還未能
내 마음을 어찌 쉬이 다 쓰랴	余懷豈易悉
네가 말로 전해주기를 바랄 뿐	爾口只堪憑
대낮에는 꿈속에서 구름을 보고[323]	白日看雲夢
맑은 가을에는 등불 켜고 빗소리 듣네[324]	淸秋聽雨燈
형제간에 급난을 구원하는 뜻[325]에	鶺原急難意
고개 돌리니 눈물이 가슴 적시네	回首淚沾膺

323 대낮에는……보고 : 아우를 그리워하는 마음을 뜻한다. 두보(杜甫)의 〈한별(恨別)〉에 "집을 생각하여 달 아래 거닐며 맑은 밤에 서 있고, 아우를 생각하여 구름을 보며 밝은 날에 조노라.〔思家步月淸宵立, 憶弟看雲白日眠.〕"라고 한 데서 온 말이다. 《杜少陵詩集 卷9》

324 맑은……듣네 : 밤이 깊도록 정담을 나눈다는 뜻이다. 당(唐)나라 이상은(李商隱)의 〈비 내리는 밤에 북쪽에 시를 부치다〔夜雨寄北〕〉에 "언제나 함께 서창 아래 촛불 심지 자르면서, 파산의 밤비 내리던 때를 얘기해 볼까.〔何當共剪西窓燭, 却話巴山夜雨時?〕"라고 한 데서 온 말이다. 《全唐詩 卷539》

325 형제간에……뜻 : 형제간에 우애하며 위급할 때 서로 돕는 것을 뜻하는 말이다. 《시경》〈상체(常棣)〉에 "할미새가 언덕에 있으니, 형제가 서로 급난을 구원하도다.〔鶺鴒在原, 兄弟急難.〕"라고 한 데서 온 말이다.

아이를 보내다

送兒

홀로 누운 것은 졸려서가 아니요 獨臥非關睡
크게 읊은 것은 시 짓기 위함 아니네 高吟不爲詩
정 잊으려 두 눈 감은 뒤요 忘情交睫後
울분 풀려 소리 내는 때라 舒憤發聲時
푸른 물 서덜에는 모래 쌓이고 綠水黃沙磧
푸른 단풍 가지에는 이슬 맺혔네 青楓白露枝
네가 쌍령 넘어 떠났으니 爾踰雙嶺去
오늘 밤 누구와 함께 잘까 今夜宿依誰

7월 29일에 느낌이 일어 또 칠언율시 한 수가 있다.[326]

七月念九有感 又有七言一首

칠월 그믐 전날 저녁	七月晦前夕
자친께서 생신을 맞으셨네	慈親初度辰
남은 생애 기쁘기도 두렵기도 하나[327]	餘年當喜懼
이날은 배로 괴롭구나	此日倍酸辛
아우와 누이 함께 와서 문안하고	弟妹俱來省
음식은 고루고루 차려졌겠지	盤餐錯列陳
술잔 앞에 한 분 없어	尊前一人少
두 곳에서 각각 수건 적시리	兩處各霑巾

326 칠언율시……있다 : 이와 같은 제목의 시가 《죽음집》 권6에 실려 있다.

327 남은……하나 : 모친이 장수한 것이 한편으로 기쁘지만 노쇠한 것이 한편으로 두렵다는 말이다. 《논어》 〈이인(里仁)〉에 "부모의 나이는 기억하지 않아서는 안 되니, 한편으로는 기쁘고 한편으로는 두렵기 때문이다.〔父母之年, 不可不知也, 一則以喜, 一則以懼.〕"라고 하였다.

취하여 일어나다

醉起

취한 뒤 우두커니 일어나니	醉後兀然起
이내 몸 누구인지 알겠네	自知身是誰
술잔에는 다 마시지 못한 술 있고	尊餘不盡酒
글귀에는 반쯤 완성한 시 있다오	句有半成詩
정다운 벗들 떠나서 슬프지만	悵失情朋去
옛 집에 있을 때의 마음 같네	如存舊宅時
변방 봉화가 문득 눈에 들어오니	邊烽忽入眼
천애에 있음을 비로소 깨닫누나	方覺在天涯

비 온 뒤에

雨後

대막[328]의 깊은 가을 기운에	大漠深秋氣
엷은 그늘 사이로 햇빛 새어 나오네	輕陰漏日華
밝은 내에는 무지개가 비를 가르고	川明虹截雨
붉은 산에는 새가 노을에 번뜩이네	山赤鳥翻霞
오래된 나뭇잎은 나부껴 흩날리고	古木飄騷葉
성긴 오이꽃은 차갑게 떨어지네	疏苽冷落花
객지살이에 사물의 변화 보니	羈棲看物變
편히 누워 이내 생애 웃는다오	高枕笑生涯

328 대막(大漠) : 몽고 고원(蒙古高原)의 큰 사막으로, 흔히 북쪽 변경 지역을 뜻하는 말로 쓰인다.

8월 4일에 큰비가 내리다

八月初四日大雨

변방 골짝에 음기가 성하여	塞峽群陰鬱
가을볕이 많이 보이지 않네	秋陽見未多
한 소리 우레는 비를 보내고	一聲雷送雨
천 곡의 물은 강하를 뒤집네	千斛水翻河
안개 자욱하니 빛이 더욱 어둡고	霧束光逾暗
바람 몰아치니 기세가 더욱 세네	風驅勢轉加
큰 골짝에 임한 외딴 성이	孤城臨大壑
물살에 휩쓸릴까 참으로 두렵네	正恐逐流波

8월 5일에 느낌이 일어
八月五日有感

형제 잃은 아픔을 스스로 갖고 있어	自抱鴒原痛
8월이 되면 자주 놀란다오	頻驚八月來
사람 중에 누가 일락[329]이 없을까	人誰無一樂
나만 홀로 슬픔이 남아 있다오	吾獨有餘哀
고향은 가을이라 언덕이 황량할 테고	故國秋荒壟
변방 성은 달빛이 누대에 가득하누나	邊城月滿臺
집에 연로하신 모친 계신데	高堂垂鶴髮
생사가 아득하여 한스럽구나	生死恨悠哉

329 일락(一樂) : 부모가 모두 살아계시고 형제가 무고한 즐거움이다. 맹자가 "부모가 다 생존하고 형제가 무고한 것이 첫 번째 즐거움이요, 위로는 하늘에 부끄럽지 않고 아래로는 사람에게 부끄럽지 않은 것이 두 번째 즐거움이요, 천하의 영재를 얻어서 교육시키는 것이 세 번째 즐거움이다.〔父母俱存, 兄弟無故, 一樂也. 仰不愧於天, 俯不怍於人, 二樂也. 得天下英才而敎育之, 三樂也.〕"라고 한 데서 온 말이다. 《孟子 盡心上》

비가 개다

晴

비온 뒤에 어느덧 날이 차가워지니	雨後颯寒事
남은 더위가 얼마 남지 않았어라	餘炎無半存
미련한 파리는 드물게 벽에 모이고	癡蠅稀聚壁
찬 나비는 잠시 햇볕을 쬐네	凍蝶乍依暾
청풍 골짝에는 수위가 낮아지고	水落青楓峽
자새의 문에는 하늘이 높구나	天高紫塞門
지지배배 둥지 떠나는 제비	呢喃別巢燕
주인과 말하는 듯하네	似與主人言

아들의 여정이 비로 지체되어 추석에도 집에 도착하지 못할까 하는 생각에 느낌이 일어

兒行滯雨 想秋夕未達 有懷

네가 부계에 도착한 날	爾到鳧溪日
장맛비가 동이를 엎은 듯하였다	淫霖似覆盆
냇물이 하룻밤 사이에 불어났으니	川渠漲一夜
여정이 어느 마을에서 지체되었느냐	行李滯何村
보호하고 있는 관아의 종은 건장하고	護有官僮健
많은 세월 함께한 옛 우정은 돈독하리	經多舊意敦
다만 걱정은 추석이 가까운데	秪愁秋夕近
제때 성묘하지 못할까 하는 것이라	未及拜松門

중추 보름에 달을 감상하다
中秋望日 賞月

술잔 잡고 기쁜 흥취 없으니	把酒無懽興
노래하매 눈물이 흐를 듯하구나	當歌恐淚流
오늘 밤은 초산에서 달 보지만	楚山今夜月
작년에는 진곽[330]에서 가을 보냈지	秦郭去年秋
외로운 달그림자 만 리에 있으니	萬里孤輪影
두 곳의 근심이 함께 걸렸네	同懸兩地愁
어이 감당하랴 객들 떠난 뒤에	那堪客散後
홀로 마주하며 밤 시간 헤아림을	獨對數更籌

330 진곽(秦郭) : 진(秦)나라 성곽으로, 당(唐)나라의 수도가 옛날 진나라 지역인 장안(長安)에 있었기 때문에 도성을 가리키는 말로 사용되었다.

앞 시에 차운하다

次韻

좋은 시절 다 저무는데	晼晩韶華盡
유수 같은 세월만 흘려보냈네[331]	蹉跎急景流
풍광은 고향이 아닌데	風光非故國
달빛은 절로 늦가을이라	月色自深秋
영험한 약은 천년 동안 찧고	靈藥千年擣
잠자리 과부는 홀로 밤에 근심하네[332]	孀眠獨夜愁
선가 세계도 괴로우니	仙家亦勞苦
잔뜩 취하는 것이 좋은 계책이라	大醉是良籌

331 유수(流水)……흘려보냈네 : 뜻하는 바를 이루지 못하고 덧없이 세월만 보냈다는 말이다. 이백(李白)의 〈전유준주행(前有樽酒行)〉에 "흐르는 세월이 사람을 속여 홀연 지나가도다.〔流光欺人忽蹉跎.〕"라고 하였다. 《全唐詩 卷24》

332 영험한……근심하네 : 달의 정기가 된 항아(姮娥)의 고사를 원용한 것이다. 항아는 상고 시대 유궁후(有窮后) 예(羿)의 아내인데, 예가 일찍이 선녀인 서왕모(西王母)에게서 불사약을 얻어 놓았더니, 항아가 이를 훔쳐 먹고 신선이 되어 달 속으로 도망쳐 들어가 과부로 외롭게 살았다는 전설이 있다. 《淮南子 覽冥訓》

나그네의 회포

客懷

오랜 계획은 아주 어긋나고	宿計乖張甚
헛된 명성은 전부 나를 얽매네	浮名摠累余
삼척검[333]으로 몸을 지키고	防身三尺劍
오거서[334]로 뱃속을 채웠네	拄腹五車書
잎 지니 가을 소리 급하고	葉隕秋聲緊
창 비니 지는 달빛 남았네	窓虛落月餘
아득하게 안개 낀 숲속에서	蒼茫煙樹裏
종 울려 꿈에서 막 깨었네	鍾動夢回初

333 삼척검(三尺劍) : 자신이 지니고 있는 학식을 무사의 검에 비유한 것이다. 옛날에는 검의 길이가 거의 대부분 석 자였기 때문에 붙여진 이름이다. 한 고조(漢高祖) 유방(劉邦)이 천하를 통일한 뒤에 "나는 포의의 신분으로 일어나서 석 자의 검을 손에 쥐고 천하를 취했으니, 이것이 천명이 아니겠는가.〔吾以布衣, 提三尺劍取天下, 此非天命乎?〕"라고 한 데서 온 말이다. 《史記 高祖本紀》

334 오거서(五車書) : 많은 양의 서적을 뜻한다. 《장자》 〈천하(天下)〉에 "혜시의 학술은 다방면에 걸쳐 있으며, 읽은 책이 다섯 수레나 된다.〔惠施多方, 其書五車.〕"라고 한 데서 온 말이다.

집에서 보낸 편지를 받다

得家信

천리 고향의 편지　　千里家鄉信
격월로 드물게 오니 어이할거나　　那堪隔月稀
열어 보매 마음이 두려웠는데　　開來心可畏
다 보니 눈물이 막 떨어지누나　　閱盡淚方垂
절서는 모자 불어 날리는 때에 다다랐고[335]　　節序臨吹帽
풍상은 겨울 옷 주는 때에 가까웠네[336]　　風霜逼授衣
황량한 동산에 손수 심은 국화　　荒園手種菊
응당 작년 가지에 피었으리　　應發去年枝

335 절서(節序)는……다다랐고 : 계절이 중양절에 가까워졌다는 말이다. 진(晉) 나라 때 환온(桓溫)이 9월 9일에 용산(龍山)에서 베푼 잔치에 맹가(孟嘉)가 참여하였는데, 이때 마침 바람이 불어 맹가의 모자를 날려 버렸으나, 맹가는 그것도 알아차리지 못하고 풍류(風流)를 발휘했던 고사가 있다. 《世說新語 識鑑》

336 풍상(風霜)은……가까웠네 : 서리가 내려 추워지기 시작하므로 두꺼운 옷을 만들어 주는 9월이 되었다는 말이다. 《시경》 〈칠월(七月)〉에 "7월에는 대화심성이 서쪽으로 내려가거든, 9월에 두꺼운 만들어 주느니라.〔七月流火, 九月授衣.〕"라고 하였다.

늦가을 감회를 토로하다. 앞 시에 차운하다
秋晩寫懷 次前韻

제비는 작별하고 이미 다 떠나버렸고	別燕去已盡
칩거하는 벌레 소리는 점점 드물어졌네	蟄蟲聲漸稀
밭에서 자라는 시든 채소는 조그맣고	荒蔬棲圃短
울을 두른 마른 넝쿨은 드리워져 있네	枯蔓帶籬垂
병들어도 지난봄 먹던 약 없고	病乏前春藥
추워도 지난여름 입던 옷 그대로네	寒仍過夏衣
수심 속에 서리 맞은 잎을 보니	愁看抱霜葉
하나하나 마른 가지에서 떨어지누나	一一墮危枝

이 상사가 술을 들고 찾아온 데 대해 사례하다
謝李上舍持酒來訪

변방 언덕에서 차조 조금 수확하여 塞壟微收秫
첫 추위에 노춘[337]을 거른 뒤 初寒釀老春
동병상련의 의리 생각하여 却思同病義
홀로 깬 사람[338]에게 와서 권하네 來勸獨醒人
구름 뚫을 날개 아직 떨치지 못했는데 未刷沖雲翮
후말의 물고기에 공연히 부끄럽네[339] 空慙呴沫鱗
작은 질병 있어 큰 술잔 꺼려지니 深杯嫌小疾
천천히 술 따라도 정이 친하다오 細酌亦情親

337 노춘(老春) : 좋은 술을 말한다.

338 홀로 깬 사람 : 굴원(屈原)을 가리키는 것으로, 유배 온 자신을 비유한 말이다. 전국시대 초 회왕(楚懷王)의 충신 굴원이 소인들의 참소를 입어 조정에서 쫓겨나 택반(澤畔)을 읊조리며 다니면서 지은 〈어부사(漁父辭)〉에 "세상 사람들은 모두 흐린데 나만 홀로 맑고 뭇사람들은 모두 취했는데 나만 홀로 깨어 있다.〔世人皆濁, 我獨清, 衆人皆醉, 我獨醒.〕"라고 하였다. 《古文眞寶後集 卷1》

339 후말(呴沫)의……부끄럽네 : 후말은 물고기들이 서로 습기를 불어 주고 거품으로 적셔 주곤 하는 것을 이르는 말로, 곤경에 빠졌을 때 서로 도와주는 것을 의미한다. 《장자(莊子)》 〈대종사(大宗師)〉에 "샘물이 마르면 물고기들이 뭍에 있으면서 입 안의 습기로써 서로 불어 주고 거품으로써 서로 적셔 주는 것이 강호에서 서로 잊고 사는 것만 못하다.〔泉涸魚相與處於陸, 相呴以濕, 相濡以沫, 不如相忘於江湖.〕"라고 한 데서 온 말이다. 여기서는 상대가 곤궁에 처한 자신에게 술을 들고 찾아와 호의를 베풀었는데 자신은 아무런 보답을 하지 못한 것이 부끄럽다는 말이다.

차운하다

次韻

생각건대 옛날 서울에 있을 때	憶昔在京國
세상 길 험난할 줄 어이 알았으랴	那知行路難
읊을 때는 달빛 난간에 기대고	吟時憑月檻
취한 뒤에는 바람 여울 사랑하네	醉後愛風湍
하늘 밖 집은 어디에 있는가	天外家何在
울 가운데 한 해가 또 저무누나	籬中歲又殘
젊은 시절의 뜻 꺾이어	凋傷少年志
적막하게 술상을 대하였네	寂寞對杯盤

우후가 유자를 보내오다

虞候送柚

이 과일은 남방에서 나는데	此物產南土
무슨 이유로 북방에 왔는가	緣何來北方
꾸러미 여니 문득 웃음 나는데	開苞忽發笑
문 밖에서 이미 향기 맡았지	隔戶已聞香
금경의 이슬[340]에 상쾌하게 젖고	爽浥金莖露
벽해의 서리[341]에 맑게 젖었네	清霑碧海霜
추운 날에 정색[342] 보니	天寒見正色
사랑스러워 맛보지 못하겠어라	可愛不堪嘗

340 금경(金莖)의 이슬 : 한 무제(漢武帝)가 불로장생을 위해 건장궁(建章宮)에 동주(銅柱)를 세워서 감로(甘露)를 받도록 만든 승로반(承露盤)의 이슬을 가리킨다. 여기서는 맑은 이슬을 말한다.

341 벽해(碧海)의 서리 : 유자는 보통 바닷가 근처에서 생산되며 서리를 세 번 정도 맞혀야 향이 좋으므로 이렇게 말한 것이다.

342 정색(正色) : 순색(純色)과 같은 뜻으로, 청(靑), 황(黃), 적(赤), 백(白), 흑(黑)의 원색(原色)을 말한다. 유자의 색깔이 정색인 황색과 같기 때문에 이렇게 말한 것이다.

정조 무오년(1618, 광해군10)

正朝 戊午年

북두 자루는 봄이라 북쪽을 떠나고　斗柄春違北
나그네 마음은 날로 동쪽 향하네　羈心日向東
봄 햇살은 변방에서 생동하나　靑陽動塞外
옥 같은 모습은 위리(圍籬) 중에 있다오　玉貌在圍中
초송하며 선배들 뵙고　椒頌看前輩
도부하며 노옹께 문안하네[343]　桃符問老翁
처마 끝에 아침 해 따뜻하니　簷端朝旭暖
조금씩 녹는 눈을 사랑하여 앉았네　坐愛雪微融

343 초송(椒頌)하며……문안하네 : 초송과 도부는 모두 정월 초하루에 하는 세시 풍속이다. 초송은 〈초화송(椒花頌)〉으로, 신년 축사를 의미한다. 옛날에 정월 초하루가 되면 초주(椒酒)를 가장(家長)에게 헌수(獻壽)하던 풍속이 있었다. 도부는 옛날에 액막이를 하기 위하여 복숭아나무로 판(板)을 만든 다음, 울루(鬱壘)와 신다(神荼) 두 신(神)의 형상을 그려 대문의 양쪽에 붙이는 것을 말한다.

밤에 술을 따라 마시다

夜酌

화각 소리 서리 뚫고 들리니	畫角吹霜徹
찬 집에 밤 깊도록 앉았네	寒齋坐夜深
천고의 일 모두 잊고	都忘千古事
오현금[344]을 타려 하네	欲奏五弦琴
귀향의 꿈은 지난 봄 길처럼 아득하고	歸夢前春路
희미한 등불은 고향의 마음 자아내네	殘燈故國心
나 잠들어도 그대 가지 말게	我眠君莫去
술잔에 남은 술이 있으니	杯酒有餘斟

344 오현금(五弦琴) : 순(舜) 임금이 연주했다는 악기로, 순 임금이 오현금을 타며 부른 〈남풍가(南風歌)〉에 "남풍의 훈훈함이여, 우리 백성들의 불평을 풀어 주리로다.〔南風之薰兮, 可以解吾民之慍兮.〕"라고 하였다. 《禮記 樂記》

인일에 입춘이 11일이기 때문에 끝 구절에서 말한 것이다.

人日 立春十一日 故末句云

이내 몸 이미 귀신 됨을 면하여	已免身爲鬼
또다시 인일을 만났구나	還逢日又人
세상길은 비록 험난하나	世途雖險澁
천심은 본래 인자하다네	天意本慈仁
눈 살짝 내리니 산 모습 바뀌고	雪薄山容改
바람 좋으니 새 소리 새롭구나	風姸鳥語新
원정이 채소 싹을 기르니	園丁養菜甲
초순 지나 또 봄을 맞이하리	旬後別迎春

입춘에

立春

객지에서 봄이 온 데 놀라 客裏驚春至
근심스레 남쪽 처마에 기댔네 南榮倚悄然
처마 고드름이 점점 짧아짐을 보고 簷氷看漸短
아침 해가 비로소 어여쁨을 깨닫네 朝旭覺初姸
소반에 오른 여뀌 싹은 붉고 蓼甲登盤紫
술에 넣은 여린 쑥은 신선하네 蒿芽點酒鮮
시인의 옛 시첩을 詞臣舊詩帖
일찍이 궁궐에 걸었었지[345] 曾向禁闈懸

345 시인의……걸었었지 : 시첩(詩帖)은 입춘첩(立春帖)을 가리킨다. 조희일이 유배 오기 전인 1617년(광해군9)에 입춘첩을 써서 동궁(東宮)에 건 글이 《죽음집(竹陰集)》 권4에 〈춘첩(春帖)〉이라는 제목으로 실려 있다.

상원에 회포가 일어

上元有懷

문득 좋은 절기 만났건만	忽忽逢佳節
해마다 세상 일 잘못되었어라	年年世事非
기쁨은 억지로 만들기 어렵고	歡娛難自强
근력은 점점 쇠해짐을 알겠네	筋力漸知衰
고향 동산에는 막 매화 피었으련만	故國梅初發
변방 산에는 한창 눈발 날린다오	邊山雪正飛
치롱주(治聾酒)[346] 한잔을	治聾一杯酒
홀로 따를 뿐 누구에게 권하랴	獨酌勸伊誰

346 치롱주(治聾酒) : 귀가 먹는 것을 막아 준다는 귀밝이술로, 정월 대보름 아침에 온 가족이 마신다. 이명주(耳明酒), 명이주(明耳酒), 총이주(聰耳酒)라고도 한다.

권 우후에게 주어 작별하다

贈別權虞候

절제는 원수(元帥)에 버금가고[347]	節制元戎亞
풍류는 당대에 추앙 받았네	風流一代推
비록 처음 본 얼굴이지만	雖然新面目
본래부터 예전 친구인 듯	自是舊襟期
날 저무니 외로운 구름 떠나고	日暮孤雲去
봄 차니 병든 기러기 더디 나네	春寒病雁遲
이별 노래 부르지 말게	離歌且莫奏
떨어지는 눈물 금치 못하겠네	有淚不禁垂

347 절제(節制)는 원수에 버금가고 : 절제는 지휘하거나 통솔한다는 뜻으로, 우후(虞候)가 병마절도사(兵馬節度使)의 막료로서 아장(亞將)이기 때문에 이렇게 말한 것이다.

청명절

清明

변방에서 맞는 청명절	塞上淸明節
타향이라 이 늙은이뿐	他鄕獨此翁
봄빛은 막 버들에 엉기고	春光初着柳
새 불씨는 단풍나무로 바뀌었네[348]	新火改鑽楓
세상일은 해마다 다르지만	世故年年異
좋은 때는 곳곳마다 같구나	佳辰處處同
흰떡과 행죽[349]을 보니	白餻兼杏粥
공연히 다시 서울이 생각나네	空復憶秦中

348 새……바뀌었네 : 계절이 바뀌었다는 말이다. 옛날에 계절이 바뀔 때마다 그 계절의 나무를 비벼 새로 불씨를 얻었다. 《논어》〈양화(陽貨)〉에 "불씨 만드는 나무도 바꾼다.〔鑽燧改火.〕"라고 하였고, 《수례(周禮)》〈하관(夏官)〉에도 불을 사용하는 정령(政令)을 맡은 사관(司爟)은 "계절에 따라 나라의 불을 바꾼다.〔四時變國火.〕"라고 하였다.

349 행죽(杏粥) : 살구씨의 속살을 빻아서 끓인 죽으로 한식(寒食)에 먹는 음식인데, 청명과 한식은 흔히 같은 날이 되기 때문에 뒤섞이는 경우가 많다.

이웃 사람이 술을 들고 찾아오다

隣人佩酒來訪

희미한 달은 누대에 가득하고	殘月當樓滿
구슬픈 샘물은 밤에 울어 대네	悲泉向夜鳴
서울에서는 소식 한 통 없고	洛中無一字
하늘가에는 외딴 성 있다오	天畔有孤城
호기는 붓에 의지하고	筆翰憑豪興
인정은 술병에서 보네	壺觴見俗情
푸른 봄이 저물려 하기에	青春看欲暮
적막하게 청명을 보낸다오	寂寞送清明

비가 내리다
雨

봄 깊은 초산(楚山) 골짝에 비 내리고	楚峽春深雨
날 저문 양대에 구름이 끼었네[350]	陽臺日暮雲
안개 피자 비로소 어두워지고	煙交初黯淡
바람 불자 잠시 어지러워졌네	風送乍紛紜
신선 옷이 젖는 줄은 몰랐지만	未覺仙衣濕
풀빛이 선명해짐은 잘 알겠네	全知草色分
찬 빗소리 변방 다 지나는 동안	寒聲過塞盡
외로운 객은 밤에 많이 듣는다오	孤客夜多聞

350 봄……끼었네 : 운우지정(雲雨之情)의 시상을 차용한 것이다. 초(楚)나라 회왕(懷王)이 고당에 노닐다가 꿈속에 신녀(神女)를 만나 동침을 하였는데, 신녀가 떠나면서 "첩은 무산(巫山) 남쪽 높은 봉우리에 사는데, 아침에는 구름이 되고 저녁에는 비가 되어 매일 아침저녁 양대(陽臺) 아래에 있습니다."라고 하였다 한다. 《文選 卷10 高唐賦》

벗을 통하여 이 박사와 이 상사에게 부치다

因友人寄李博士李上舍

객지에서 좋은 절기 만나	客裏逢佳節
수심 속에 애써 이렇게 노니네	愁來强此遊
풀은 밟을 만한 푸른 빛 없지만	草無靑可踏
술통에는 마음껏 마실 술 있다오[351]	尊有白堪浮
가랑비에 텅 빈 산길이요	細雨空山道
사립문 앞에 작은 개울이라	柴扉小澗流
제군이 만약 나의 소식 묻거든	諸君如問我
외로이 앉아 쓸쓸히 고개 돌린다 하게	孤坐悄回頭

351 술통에는……있다오 : 원문의 '유백감부(有白堪浮)'는 벌주를 먹일 술이 있다는 말로, 전국시대 위 문후(魏文侯)가 일찍이 대부(大夫)들과 술을 마실 적에 공승불인(公乘不仁)으로 하여금 주법(酒法)을 시행하게 하면서 이르기를 "술잔의 술을 다 다 마시지 않은 사람에게는 큰 술잔으로 벌주를 내리라.〔飮不嚼者, 浮以大白.〕"라고 한 데서 온 말이다. 뒤에는 질탕하게 마시는 것을 뜻하게 되었다. 《說苑 善說》

산불

山火

초산에 들불 타오르니	楚山經野火
무성한 벌판에서 불길 번졌네	延燒自平蕪
햇볕 내리쬐어 불꽃 위엄 부채질하고	日曝炎威煽
바람 거세어 맹렬한 기세로 모는구나	風狂猛勢驅
무성한 풀은 높은 깃발처럼 펄럭이고	高旌翻茂草
마른 나무는 열 지은 횃불처럼 타오르네	列炬爇枯株
호리[352] 타는 것이야 아까울 것 없지만	不惜狐貍盡
옥석이 모두 타는 것[353]이 크게 근심스럽네	深憂玉石俱

352 호리(狐貍) : 여우와 살쾡이로, 간사한 소인(小人)을 뜻한다. 소식(蘇軾)의 〈제구양문충공문(祭歐陽公文)〉에 "비유하자면 깊은 산과 큰 못에 용이 사라지고 범이 떠나가면, 온갖 변괴가 발생하여 미꾸라지와 두렁허리가 춤을 추고 여우와 살쾡이가 부르짖는 것과 같다.〔譬如深山大澤, 龍亡而虎逝, 則變怪百出, 舞鰌鱔而號狐狸.〕"라고 하였다.

353 옥석(玉石)……것 : 옥과 돌이 모두 불탄다는 뜻으로, 선인(善人)과 악인(惡人), 군자와 소인이 모두 함께 재앙 당하는 것을 비유하는 말이다. 《서경》〈윤정(胤征)〉에 "불이 곤륜산을 태우면 옥과 돌이 모두 불탄다.〔火炎崑岡, 玉石俱焚.〕"라고 한 데서 온 말이다.

우중에 회포가 일어

雨中有懷

남쪽 고을에는 꽃이 막 떨어지고	南國花初落
서쪽 변방에는 풀이 돋으려 하네	西關草欲生
봄날이 며칠이나 남았나	三春餘幾日
만리 돌아가는 여정 아득하네	萬里渺歸程
나무 빽빽하니 변방에 구름 자욱하고	樹密雲荒塞
하늘 어두우니 성에 비 쏟아지네	天昏雨壓城
산비둘기 또한 일이 많은데도	山鳩亦多事
날개 떨치며 신청을 부르네[354]	拂羽喚新晴

354 산비둘기……부르네 : 신청(新晴)은 하늘이 막 갠 날씨를 말한다. 비가 개면 비둘기가 기뻐한다는 말이 있다. 남송(南宋) 심여구(沈與求)의 〈청명일에 저물녘 날이 개다〔清明日晩晴〕〉에 "우는 비둘기 있어 갠 날씨 불러올 줄 안다.〔自有鳴鳩解喚晴.〕"라고 하였다. 《宋詩鈔 卷40》

남촌을 기다려도 오지 않아 이웃 벗에게 부치다
待南村不來 寄隣友

남촌과 약속한 지 오래라	有約南村久
북쪽 성곽에 새로 시름 더해지네	愁連北郭新
거리는 진창이라 나막신 빠지고	街頭泥沒屐
산 밖은 비 내려 사람을 막겠지	山外雨關人
술 익어 향기로운 항아리 봉하고	酒熟封香瓮
바둑판 제쳐두어 뽀얀 먼지 덮네	棊抛掩素塵
갠 창 앞에서 낮잠을 충분히 자고	晴窓午睡足
홀로 앉아 오건을 뒤로 젖혔다오	獨坐岸烏巾

남촌이 술을 들고 찾아오다. 앞 시에 차운하다
南村持酒來訪 次前韻

가까운 형제들과 떨어져[355]	戚戚離兄弟
외롭게 벗을 의지한다오	涼涼傍友生
그대 올 적에 위험 무릅썼을 테지만	君來應冒險
정 있어 그 여정 말하지 않네	情在不論程
북두성은 변방에 임해 있고	星斗臨邊塞
내 낀 꽃은 도성에 가득하겠지	煙花滿洛城
골짜기 속에서 세월을 보내니	峽中淹日月
취하여 흐린지 맑은지 기억 못하겠네	醉不記陰晴

355 가까운 형제들과 떨어져 : 원문의 '척척(戚戚)'은 '가깝다'는 뜻이다. 《시경》〈행위(行葦)〉에 "가깝고 가까운 형제들을 멀리하지 않고 모두 가까이한다.〔戚戚兄弟, 莫遠具爾.〕"라고 하였는데, 주희(朱熹)의 주석에 "'척척(戚戚)'은 '친(親)'의 뜻이다."라고 하였다.

단오

端午

무슨 일로 여아들 떠들썩하며	何事女兒鬧
높은 나무 앞으로 다투어 달려가는가	爭趨高樹前
세월 흘러 여름 오월이 되니	流光當夏五
좋은 명절에 문득 그네뛰기 하네	佳節忽秋千
세상살이 슬피 읊는 중에	世路悲吟裏
고향 생각나 눈가에 눈물 맺히네	鄉山淚眼邊
창포주[356] 한 잔을	菖蒲一杯酒
홀로 마시니 더욱 처량하누나	獨酌更凄然

356 창포주(菖蒲酒) : 옛날 풍속에 음력 5월 5일 단오절이 되면 창포탕(菖蒲湯)으로 머리를 감고 창포주를 마셔 역질 등 불상(不祥)한 것들을 벽제(辟除)하였다.

입추 다음날에 느낌이 일어
立秋翌日 有感

초산의 객은 귀양 온 지 일 년 넘었는데	楚客經年謫
가을바람은 어젯밤에 불어 왔다오	秋風昨夜來
벌레 소리 애달픈 줄은 이미 알았지만	已知蟲語苦
나무 소리 구슬픈 줄은 새삼 깨닫누나	更覺樹聲哀
청춘이 바뀌어 오래된 모습 되었고	古貌青春改
소나기 재촉해 서늘한 기운 들었네	新涼白雨催
좋은 계절이라 하늘 가까우니	佳期天上近
은하수 빛이 도는 것[357]을 바라본다오	河漢望昭回

357 은하수……것 : 날이 맑아 은하수가 환히 보인다는 말이다. 《시경》〈운한(雲漢)〉에 "밝은 저 은하수여, 빛이 하늘을 따라 도누나.〔倬彼雲漢, 昭回于天.〕"라고 한 데서 온 말이다.

변경의 경보[358]

邊報

요동에 오랑캐 먼지 일어	遼右胡塵起
하늘 동쪽에서 급보가 들어왔네	天東羽檄通
나라의 존망은 오직 대의에 달렸고	存亡唯大義
나라의 득실은 또 하늘에 맡겼다오	得失且高穹
황제의 힘이 생성하는 때요	帝力生成際
전쟁의 기미가 나타나는 중이라	兵機去就中
근심 속에 서글퍼 말없이	憂來默惆悵
고개 돌려 가을바람 앞에 섰네	回首立秋風

358 변경의 경보 : 청(淸)나라 태조 누르하치가 명(明)나라 말기에 혼하(渾河) 일대를 경략하여 건주(建州) 일대를 통일한 다음 점차 세력을 확장하여 만주 중앙부를 장악하였다. 그러고는 1616년(광해군8)에 황제의 자리에 올라 국호를 후금(後金)이라 하고, 1618년에 명나라에 대하여 7대한(七大恨)을 선포하고 공격을 개시하여 요동 지방의 무순(撫順)을 함락하고, 이어 7월에는 요동의 중요 요새인 청하보(淸河堡)를 공격하여 함락하였다. 이 일을 가리킨다.

7월 보름에 제군과 모여 정담을 나누다

孟秋望 與諸君會晤

큰 술잔만 많이 권하시게	大杓唯多勸
슬픈 노래는 듣고 싶지 않구려	悲歌莫願聽
벗 맞이하려 어린 종 번거롭게 하고	邀朋煩小僕
달 기다리며 뜰 가운데에 앉았어라	待月坐中庭
변경 나무는 가을에 앞서 잎 떨어지고	塞樹先秋墮
변방 성은 밤 되기 전에 문 닫네	邊城不夜扃
지난 십 년의 일 회고하면서	關心十年事
마음 가는 대로 반딧불이 잡네	隨意捉流螢

또 짓다 입에서 나오는 대로 읊다.

又 口呼

산중에는 하룻밤 비 내리는데	一夜山中雨
꿈속에는 해 넘도록 집 생각이라네	經年夢裏家
어떤 사람이 고향을 지키고 있나	何人保鄉曲
우리들은 천애에 함께 있는데	吾輩共天涯
술 취하면 남은 밤 보낼 수 있지만	醉可消殘蝎
돌아갈 때는 새벽 까마귀 따르겠지	歸應趁曉鴉
먼 하늘에 달이 있는 줄 알지만	遙空知有月
어이하랴 엷은 구름이 막고 있으니	爭奈薄雲遮

앞 시에 차운하다
次

어느 고을이 살기 좋은 땅이랴	何邦是樂土
발길 닿는 곳이 바로 내 집이지	隨地卽吾家
세상 변고 어찌 다함 없으랴	世故那無盡
부질없는 삶도 끝이 있는네	浮生亦有涯
띳집 처마에는 가을에 제비가 떠나고	茅簷秋謝燕
단풍 골짝에는 저물녘 까마귀 번드치네	楓峽暮翻鴉
남쪽 고을은 돌아가는 여정이 먼데	南國歸程遠
수많은 산들이 시야를 다시 가리누나	千山眼更遮

위원[359]으로 향하는 벗을 전송하다
送友向渭原

객이 상유[360]를 향해 떠나니　客向上游去

그 먼 곳은 가을빛이 선명해지리라　遙將秋色分

옷은 위성의 비에 젖고[361]　衣沾渭城雨

길은 초산의 구름과 다르리라[362]　路異楚山雲

이슬은 청풍 골짜기에 내리고　白露青楓峽

모래는 자새의 문에 자욱하리　黃沙紫塞門

갑작스러운 이별을 어이 감당하랴　那堪一日別

술 마시며 외로운 신세[363] 한탄하네　對酒恨離群

359 위원(渭原) : 평안도 압록강 가에 위치한 고을이다.

360 상유(上游) : 상류(上流)와 같은 말로, 국가의 중요한 지역을 뜻한다. 《사기(史記)》 〈항우본기(項羽本紀)〉에 "옛날의 제왕은 땅이 사방 천리인데 반드시 상유에 거주하였다.〔古之帝者地方千里, 必居上游.〕"라고 한 데서 온 말이다.

361 옷은……젖고 : 벗이 향하는 위원(渭源)이 중국 위성(渭城)의 지명과 비슷하므로, 왕유(王維)가 지은 〈안서로 사신가는 원이를 전송하다〔送元二使安西〕〉라는 시의 "위성의 아침 비가 가벼운 먼지를 적시니, 객사는 푸르고 푸르러 버들 빛이 새롭구나.〔渭城朝雨浥輕塵, 客舍青青柳色新.〕"라고 한 구절을 차용한 것이다. 《全唐詩 卷128》

362 길은……다르리라 : 조희일이 초산(楚山)에 있으므로, 이백(李白)이 지은 〈백운가 산으로 돌아가는 유십육을 전송하다〔白雲歌送劉十六歸山〕〉라는 시의 "초산과 진산에는 모두 흰 구름 떠있는데, 흰 구름은 어디든 늘 그대를 따르구나.〔楚山秦山皆白雲, 白雲處處長隨君.〕"라고 한 구절을 차용한 것이다.

363 외로운 신세 : 원문의 '이군(離群)'은 이군삭거(離群索居)의 준말로, 벗들을 떠나 쓸쓸히 홀로 지내는 것을 뜻한다. 《예기(禮記)》 〈단궁 상(檀弓上)〉에 자하(子夏)가 "내

가 벗을 떠나 쓸쓸히 지낸 지가 오래이다.〔吾離群而索居, 亦已久矣.〕"라고 한 데서 온 말이다.

8월 초에 귀양 온 사람이 양남으로 이배된다는 말을 듣다[364]

八月初 聞謫人移兩南

노년이라 병란 일어남이 겁나던 차에	老怯兵塵起
반포하신 성상의 조서 공손히 받들었네	恭承聖詔頒
석방되는가 하고 잠시 의심이 들었는데	乍疑如見釋
집으로 돌아가는 것 아니라고 누가 말하나	誰道此非還
고향 서울 길로 곧 향하리니	便向故京路
자애로운 모친의 얼굴 다시 보겠네	重瞻慈母顏
내와 벌판이 말 앞에 광활하니	川原馬前闊
길게 휘파람 불며 남관[365] 나서리	長嘯出南關

364 8월……듣다 : 누르하치가 요동 지방을 공격하여 함락하자, 조정에서는 서북(西北)에 귀양 보낸 사람들의 신변을 염려하여 양남과 영동 지역에 약 200명의 죄수를 이배(移配)하였다. 《光海君日記 10年 8月 10日, 14日》

365 남관(南關) : 함경남도를 말한다. 함경도를 군사상 구분하여 마천령을 경계로 그 북쪽은 북관(北關), 그 남쪽은 남관이라 하였다

아이[366] 도중에 쉬다 9월 5일에 초산을 출발하다.

憩阿耳途中 九月初五 發楚山

말을 두고 높은 잔도에 오르니	舍馬登危棧
높다란 바위너설이 험하여라	崄崎石角頑
언덕 무너져 비탈길 끊어지고	崖崩斜逕斷
골짜기 터져 큰 강 서렸어라	峽坼大江盤
높이 나는 새들 부러워한 들 어이하랴	矯翼那堪羨
등라 넝쿨 한번 부여잡고 오른다오	垂藤試一攀
평생 위험한 길 경계하였지만	平生畏途戒
오늘은 험한 길에 내맡겼네	今日任間關

366 아이(阿耳) : 초산(楚山) 서쪽에 위치한 진영(鎭營)이다.

또 짓다 나루를 건너는 작은 배로는 말을 실을 수 없어 속칭 마상[367]이라는 것을 이에 끌어와서 건너다.

又 津渡小船 不容載馬 俗稱馬尙乃牽而浮渡之

말 멈추고 강어귀에서 쉬노라니 駐策憩江口
구름 기운 걷혀 강물 맑구나 江澄雲物虛
말은 배 옆으로 강을 건너고 傍航浮渡馬
물고기는 언덕에 부딪치며 뛰어노네[368] 衝岸躍游魚
붉은 열매는 둥글게 익었고 絳實團圓熟
찬 꽃은 쓸쓸하게 성글다오 寒花寂歷疏
2년 동안 남북으로 귀양 가는 길 二年南北路
서글퍼 옷깃이 젖는구나 惆悵一沾裾

367 마상(馬尙) : 함경도, 평안도, 만수 일대의 하천과 연해에서 인마를 수송하거나 곡물을 운반하는 등에 쓰인 배로, 그 크기와 종류가 다양하였다. 마상선(亇尙船), 마상주(亇尙舟), 마상이 등으로 불렸다.

368 물고기는……뛰어노네 : 두보(杜甫)의 시에 "붉은 비늘은 언덕에 부딪치며 뛰놀고, 푸른 매는 둥지를 보호하러 돌아온다.〔紫鱗衝岸躍, 蒼隼護巢歸.〕"라고 하였다. 《杜少陵詩集 卷1 重題鄭氏東亭》

성을 쌓다

築城

요새 설치함은 이것이 가장 좋으니　設險斯爲最
오랑캐 방어를 거의 의지할 수 있네　防胡庶可憑
물은 삼면에서 뒤섞여 흐르고　交流水三面
절벽은 천 층으로 우뚝 섰네　削立壁千層
하늘 위로 마초와 군량 운반하고　天上芻糧轉
구름 가에 성가퀴와 보루 증축하네　雲邊堞壘增
인화를 누가 다시 알리오　人和誰復識
적막하여 두 눈에 눈물 어리네　寂寞淚雙凝

아이(阿耳)는 매우 험난한 지역이어서 이산군(理山郡)의 병력을 철수하여 이곳으로 옮기려고 하였다. 그래서 성에 들어와 지키는 공역이 한창 일어나고 있어 민생이 피폐하였다.

벽성[369] 사군과 헤어지고 뱃길로 벽단[370]에 도착하다

別碧城使君 舟行到碧團

짐짓 모래 가에 말을 세우고	故立沙頭馬
여울 따라 내려가는 배 더디 타네	遲開下瀨船
풍진 속에 호랑이 굴에서 놀라고	風塵驚虎穴
이내 신세 교룡의 못에서 시험하였지	身世試蛟淵
산봉우리 바뀐 것을 문득 깨닫고는	倏覺峯巒換
갈 길 먼 것을 까맣게 잊었네	偏忘道里綿
가을 지나 북방 산의 나뭇잎이	胡山秋後葉
하나하나 술잔 앞에 떨어지네	一一墮尊前

369 벽성(碧城) : 황해도 중남부 해안에 있는 군(郡)이다.

370 벽단(碧團) : 평안도 벽동군(碧潼郡)에 있는 진(鎭)으로, 병마첨절제사영(兵馬僉節制使營)이 있다. 《新增東國輿地勝覽 卷55 平安道 碧潼郡》

벽단에서 배를 타고 가는 길에 험난한 여울을 만나 위태로울 뻔하다 중구일

碧團舟行 經險灘幾危 重九日

깊은 골짝으로 배가 급히 돌아가니	絶壑歸舟急
세찬 여울이 돌에 부딪쳐 부르짖네	驚湍觸石號
잠시 죽을 뻔한 경험을 하였으니	斯須經死地
이내 목숨 추호처럼 가볍구나	性命付秋毫
무성한 잎은 모래 언덕에 빛나고	殷葉明沙岸
누런 국화는 흰 머리털을 비웃네	黃花笑鬢毛
앞길에 험준한 고개 많으니	前途多峻嶺
어느 곳인들 높이 오르지 않으랴	何處不登高

삭주[371] 아이에서 압록강을 따라온 지 수 일 만에 이곳에 이르러 길이 갈라졌다.

朔州 自阿耳沿鴨江數日 到此分路

사람과 압록강이 길이 갈려 人與鴨江別
사람은 동쪽으로 돌아가고 강은 서쪽으로 흘러가네 東歸西向流
먼 변경 벗어난 줄 이미 알았고 已知離絶塞
평평한 들판 보니 점점 기뻐지네 漸喜見平疇
연평령[372]에는 나뭇잎 떨어지고 落木延平嶺
소삭주[373]에는 석양이 지네 斜陽小朔州
초문의 풍광은 그림 같은데 譙門似圖畫
찬 성에 뿔피리 소리 구슬프네 寒堞角聲愁

371 삭주(朔州) : 평안도 압록강 변에 위치한 지명이다.

372 연평령(延平嶺) : 삭주(朔州)에 속한 고개로, 군사적으로 중요한 요해지이다.

373 소삭주(小朔州) : 삭주(朔州)의 읍치(邑治)이다.

삭주 이 사군에게 주다

贈朔州李使君

예전 만상[374] 객지 생활 중에	疇昔客灣上
좋은 술을 보내와 자주 맛보았지	頻嘗佳醞來
기쁘게도 예전 풍미 만났는데	欣逢舊風味
하물며 이 정든 술잔 잡음에랴	況把此情杯
나라의 울타리인 서쪽 관문 굳게 닫고	保障西關重
명성과 위엄으로 북쪽 적을 꺾었네	聲威北敵摧
반생처럼 만후가 될 상이니[375]	班生萬侯相
인대에 그려지도록 노력하게[376]	努力畫麟臺

374 만상(灣上) : 평안도 의주(義州)의 별칭으로, 만부(灣府)라고도 한다.

375 반생(班生)처럼……상(相)이니 : 반생은 후한(後漢)의 반초(班超)를 말한다. 반초가 소싯적에 집이 가난하여 문서를 서사(書寫)하는 품을 팔아 모친을 봉양하고 살았는데, 관상쟁이가 그를 보고 "비의 턱에 범의 목을 하고 있어서, 멀리 날아가 고기를 먹을 수 있으니, 이는 만리후에 봉해질 상(相)이다.〔燕頷虎頸, 飛而食肉, 此萬里侯相也.〕"라고 하였다. 뒤에 반초는 서역 50개국을 평정하여 그 공으로 서역 도호(西域都護)가 되고 정원후(定遠侯)에 봉해졌다.《後漢書 班超列傳》 만후(萬侯)는 만리후로, 만 리 먼 변방에서 공을 세워 제후에 봉해짐을 말한다.

376 인대(麟臺)에 그려지도록 노력하게 : 큰 전공(戰功)을 세우도록 노력하라는 말이다. 인대(麟臺)는 기린각(麒麟閣)으로, 공신각(功臣閣)을 일컫는다. 한 선제(漢宣帝) 때 곽광(霍光)·소무(蘇武) 등 공신 11인의 초상화를 기린각에 봉안했던 고사에서 유래하였다.《漢書 蘇武傳》

여동생의 무덤에 곡하다
哭女弟墳

변방으로 자모의 서찰이 전해져	塞上傳慈札
너의 위중한 병세를 깊이 근심하였다	深憂汝病危
어이 알았으랴 끝내 일어나지 못해	那知竟不起
귀근하여 위로할 말이 없게 될 줄	歸覲慰無辭
품속의 딸을 차마 버리고 떠났고	忍舍懷中女
뱃속의 아이를 함께 잃었구나	偕亡腹裏兒
통곡하며 외로운 무덤 작별하니	孤墳痛哭別
천리 길에 남은 슬픔 있어라	千里有餘悲

단성[377]으로 향하다

向丹城

새벽에 산음현[378]을 출발하여	曉發山陰縣
시내 따라 말 가는 대로 맡겼네	沿溪信馬蹄
물 불은 흔적은 쓰러진 나무에 남았고	漲痕留臥樹
서리 빛은 그윽한 오솔길에 엉겼네	霜色着幽蹊
영해에 내쳐진 신세요	嶺海投身世
관산에 진동하는 고비[379] 소리라	關山動鼓鼙
석양에 남쪽으로 가는 기러기	斜陽南去雁
홀로 저문 구름 향해 우누나	獨向暮雲嘶

377 단성(丹城) : 경상남도 산청(山淸) 일대에 속하는 옛 고을 이름으로, 단계현(丹溪縣)과 강성현(江城縣) 두 현이 합하여 이루어진 이름이다.

378 산음현(山陰縣) : 경상남도 중서부에 있는 고을 이름으로, 동쪽으로는 단성(丹城), 서쪽으로는 함양(咸陽), 북쪽으로는 거창(居昌)과 접해 있다. 지금은 경상남도 산청(山淸)에 속한다.

379 고비(鼓鼙) : 고대에 군중(軍中)에서 쓰던 악기로, 큰북과 작은북을 가리킨다.

하동[380]에서

河東

십실[381]의 하동현	十室河東縣
바닷가의 외딴 성이라	孤城海上頭
푸른 안개는 염정에서 피어오르고	靑煙起鹽井
흰 물결은 고깃배를 때리누나	白浪打漁舟
고향은 언제나 돌아갈까	故國何時返
귀양길[382] 마치고 오늘 저녁 쉬네	嚴程此夕休
임금의 은혜 가는 곳마다 있어	君恩隨處在
울타리가 좋게 엮어졌네	籬障好綢繆

380 하동(河東) : 현재 경상남도 하동군으로, 조희일이 이배(移配)된 곳이다.

381 십실(十室) : 아주 작은 고장을 가리킨다. 공자가 "열 집이 안 되는 작은 읍에도 반드시 나처럼 진실하고 신의 있는 사람이 있지만, 나처럼 배우기를 좋아하지는 못할 것이다.〔十室之邑, 必有忠信如丘者焉, 不如丘之好學也.〕"라고 한 데서 온 말이다. 《論語 公冶長》

382 귀양길 : 원문의 '엄정(嚴程)'은 기간이 엄격한 여정을 말하는 것으로, 조희일이 하동(河東)으로 이배(移配)되는 여정을 말한다.

이 금오와 작별하다

別李金吾

신하의 죄 엄한 견책 받음이 마땅하나	臣罪當嚴譴
성상의 은혜로 양이되었네	君恩及量移
지난 인연으로 이렇게 함께 왔는데	前緣同此役
훗날의 만남은 다시 어느 때일런가	後會更何時
그대는 구름 속의 구중궁궐로 가고	九闕雲霄裏
나는 장기 서린 해변의 외딴성에 남네	孤城瘴海涯
〈조주사상표〉[383]를	潮洲謝上表
대궐에 아뢸 방법 없구나	無計奏彤墀

383 조주사상표(潮洲謝上表) : 당(唐)나라 한유(韓愈)가 〈논불골표(論佛骨表)〉를 올렸다가 헌종(憲宗)의 노여움을 사서 조주 자사(潮州刺史)로 좌천된 뒤에, 헌종의 공덕을 찬양하는 한편 자신의 잘못을 반성(反省)하면서 서울로 돌아갈 수 있게 해주기를 청한 〈조주자사사상표(潮州刺史謝上表)〉를 가리킨다. 《韓昌黎集 卷39》 여기서는 자신의 죄를 용서해달라는 글을 말한다.

권사임[384]과 심덕용이 관청에 갔는데 오래도록 기다려도 오지 않다

權士任沈德容往公廨 久待不來

오늘밤 관청에서 술 마신다기에	今夜公堂飮
자리 피하라고 얼마나 옷을 당겼나	逃筵幾挽衣
형체 잊어 참으로 즐거울 터	忘形眞可樂
취하지 않으면 또한 돌아오지 않겠지	不醉也無歸
대 집에는 서리가 가득하고	竹屋霜華滿
매화 창에는 촛불 그림자 희미하네	梅窓燭影微
간곡하게 동복에게 말하였네	丁寧語童僕
사립문에 자주 가서 기다리라고	數去候柴扉

384 권사임(權士任) : 권극량(權克亮, 1584~1631)으로, 사임은 그의 자이다. 본관은 안동(安東), 호는 동산(東山)이다. 별시(別試)에 나아가 초시에 1등으로 합격하였으나, 벼슬에 뜻이 없어 복시(覆試)에 응시하지 않았다. 이후에 하동(河東)에 향약을 만들어 풍속교화에 힘썼다. 저서에 《동산문집(東山文集)》이 있다.

덕현의 시[385]에 차운하다

次德顯韻

죄가 있는지 죄가 없는지　　有罪與無罪
하늘은 아는가 모르는가　　蒼天知不知
2년간 북쪽에 내쳐진 날이요　　二年投北日
천리 남쪽으로 귀양 온 때라　　千里謫南時
의리 합하여 우환을 함께 하였고　　義合同憂患
정이 친하여 꿈속에 들어왔네　　情親入夢思
서로 만날 곳이 있으련만　　相逢會有地
귀밑머리 센 것을 어이하랴　　其奈鬢如絲

385 덕현(德顯)의 시 : 덕현은 심광세(沈光世, 1577~1624)의 자로, 본관은 청송(靑松), 호는 휴옹(休翁)이다. 심광세는 계축옥사(癸丑獄事)에 연루되어 1613년(광해군5) 8월부터 1623년(인조1) 3월까지 10여 년간 경상남도 고성(固城)에 정배되었다가 인조반정 이후에 해배되어 교리가 되었다. 이 시는 그가 유배 중에 쓴 시로, 《휴옹집(休翁集)》권1에 〈몽조이숙(夢趙怡叔)〉이라는 제목으로 실린 글 중에 첫째 수이다.

차운하다[386]
次

성은으로 가까운 곳에 옮겨지니　　聖恩移近地
꿈속의 혼이 절로 서로 따르누나　　魂夢自相從
새장 속에 날개 꺾인 새요　　摧折籠中翮
택반 거니는 처량한 몰골이라[387]　　凄涼澤畔容
저녁 조수는 먼 포구로 돌아가고　　晩潮歸遠浦
찬 해는 외로운 봉우리에 숨누나　　寒日隱孤峯
곤궁한 수심이 인 까닭에　　賴有窮愁作
때때로 시 한 편 부친다오　　時時寄一封

386 차운하다 : 이 시는 《휴옹집(休翁集)》 권1에 〈몽조이숙(夢趙怡叔)〉이라는 제목으로 실린 글 중에 둘째 수에 차운한 것이다.

387 택반(澤畔)……몰골이라 : 《초사(楚辭)》 〈어부사(漁父辭)〉에 "굴원이 쫓겨나서는 강가에서 노닐면서 택반을 거닐며 읊조릴 적에 안색은 초췌하고 형용은 야위었다.〔屈原旣放, 游於江潭, 行吟澤畔, 顏色憔悴, 形容枯槁.〕"라고 한 데서 온 말로, 유배된 자신의 처지를 굴원에 빗댄 것이다.

취하여 이웃 사람에게 주다

醉贈隣人

촌 늙은이 와서 문안하니	村老來相問
불 지핀 둥근 화로 함께 둘러쌌네	團爐擁火烘
바람 거세니 창에서 소리 나고	風驚窓有響
밤기운 차니 술이 취하지 않네	夜冷酒無功
두병은 자방(子方)로 옮기려 하고[388]	斗柄將移子
고운 얼굴은 이미 늙은이 되었어라	容華已作翁
이웃이라 가는 길 익숙하리니	隣比行路慣
바삐 돌아가지 마시게	歸去莫悤悤

388 두병(斗柄)은……하고 : 북두 자루가 자방(子方)을 가리키는 건자월(建子月)이 되려고 한다는 말이다. 건자월은 음력 11월이다.

소지[389]

小至

소지인데도 추위가 미약하여	小至寒猶薄
바람 좋고 날씨도 화창하네	風妍日氣舒
강산은 양남의 경계 나누고	江山兩南界
천지에는 일양이 막 생겼네[390]	天地一陽初
수놓는 옷감에는 붉은 실 늘어가지만[391]	刺繡添紅線
반열에 달려가는 마음은 옥제에 막혔네[392]	趨班限玉除
주방 사람이 팥죽을 대접하니	廚人供豆粥
문득 고향에 있던 때 생각나네	忽憶在鄕閭

389 소지(小至) : 동지(冬至) 하루 전날을 말한다.

390 천지에는……생겼네 : 동지(冬至)를 가리켜서 한 말이다. 동짓달은 양효(陽爻)가 하나인 일양(一陽)이 맨 아래에 생긴 복괘(復卦)에 해당하는 것으로 만물이 태동하기 시작하는 것을 의미한다. 두보(杜甫)의 〈소지(小至)〉에 "천시와 인사가 날마다 서로 재촉하니, 동지에 양이 생겨 봄이 다시 오네.〔天時人事日相催, 冬至陽生春又來.〕"라고 하였다. 《杜少陵詩集 卷18》

391 수놓는……늘어가지만 : 동지 이후로 낮 시간이 길어져서 수를 놓는 여인들의 하루 일거리가 조금씩 늘어나기 시작한다는 말이다. 두보(杜甫)의 〈소지(小至)〉에 "수놓는 오색 무늬 옷감에는 가는 실이 더해지고, 갈대의 재 채운 여섯 관에는 날리는 재가 들썩이네.〔刺繡五紋添弱線, 吹葭六琯動飛灰.〕"라고 하였다. 《杜少陵詩集 卷18》

392 반열에……막혔네 : 조정에 나아갈 수 없다는 말이다. 원문의 '옥제(玉除)'는 옥으로 꾸민 계단으로, 대궐을 가리킨다. 두보(杜甫)가 남쪽 기주(夔州)의 운안(雲安)에 머물 때 벗 잠삼(岑參)에게 부친 시에 "청풍 아래 누워 있어 옥제를 못 가네.〔伏枕青楓限玉除.〕"라고 하였다. 《杜少陵詩集 卷14 寄岑嘉州》

밤에 읊다

夜吟

먼 나그네 긴긴 밤을 근심하여	遠客愁長夜
닭 우는 소리를 또렷이 알겠네	鷄聲歷歷知
별은 희미한 달을 따라 돌고	星隨殘月轉
뿔피리는 새벽 서리 속에 부누나	角帶曉霜吹
변방 영남에는 친한 이들 적은데	嶺徼情親少
고향에서는 소식이 더디네	家鄉信使遲
시 완성한들 누구에게 보내 화답하게 할까	詩成誰遣和
적막하게 수염만 비비 꼰다오[393]	寂寞撚吟髭

393 적막하게……꼰다오 : 좋은 시구를 짓기 위해 고심하나 쓸데가 없다는 말이다. 당(唐)나라 노연양(盧延讓)의 〈고음(苦吟)〉에 "시 읊어 한 글자 안배하느라, 두어 가닥 수염을 꼬아 끊었네.〔吟安一個字, 撚斷數莖鬚.〕"라고 한 데서 온 말이다. 《全唐詩 卷715》

벗이 은혜롭게 도원에서 재배하는 쌀을 준 데 대해 사례하다
謝友人惠桃源米

속세 밖 복숭아 재배하는 곳　物外栽桃處
어느 곳이 벼를 파종하는 논인가　何邊種稻田
봄에는 감추어져 꽃을 얻지 못하였더니　春藏花不得
가을에 수확한 종자는 누가 전해주었나　秋穫子誰傳
입에 가까이 대니 향내가 코를 찌르고　近口香侵鼻
입술 적시니 부드럽게 목구멍으로 넘어가네　霑唇滑入咽
그대 따라 선경 찾으러　隨君訪仙境
무릉 가는 배를 함께 띄우리[394]　同泛武陵船

394 그대……띄우리 : 무릉도원(武陵桃源) 같은 선경에 가고 싶다는 말로, 도잠(陶潛)의 〈도화원기(桃花源記)〉 고사를 차용한 것이다. 진(晉)나라 때 무릉(武陵)의 어부가 복사꽃이 흘러 내려오는 물길을 따라 거슬러 올라갔다가 진(秦)나라의 난리를 피해 들어온 사람들을 만났는데, 그곳이 워낙 선경(仙境)이라서 바깥세상의 변천과 세월의 흐름도 잊고 살았다고 한다.

북풍 동짓달 17일에 비로소 추워졌다.

北風 至月十七日 始寒

납월이 가까운데도 날이 따뜻하다가	臘近日猶暖
아침 되자 바람이 매우 쌀쌀해졌네	朝來風正寒
기운은 남은 장기 밀어내 숨게 하고	氣排餘瘴蟄
바람은 살얼음 얼려 단단하게 하였네	吹結薄氷頑
차가운 참새는 처마에 의지하고	凍雀依簷栱
미련한 파리는 소반에 떨어지네	癡蠅落案盤
작은 동산에 매화 꽃술 터지는데	小園梅蕊破
옥 같은 살결 쇠해져 근심스럽네	愁殺玉肌殘

입춘 12월 21일

立春 十二月二十一日

축월이 봄 절서에 들어오니[395]	丑月入春序
현명이 한 해의 공을 마치네[396]	玄冥終歲功
어떻게 북쪽 땅의 기운 품고서	如何懷北土
홀로 이렇게 동쪽 바람 의지하였나	獨此倚東風
만물의 물색이 새롭게 바뀐 것에 놀라고	物色驚新態
꽃다운 모습이 늙은이가 되었음을 깨닫네	容華覺老翁
여린 쑥과 무를	蒿芽與蘆菔
애오라지 다시 소반에 담는다오	聊復飣盤中

395 축월(丑月)이……들어오니 : 축월은 음력 12월로, 입춘이 12월에 있기 때문에 이렇게 말한 것이다.

396 현명(玄冥)이……마치네 : 겨울이 되어 수확한 곡물을 갈무리한다는 말이다. 현명은 겨울을 맡은 신이다.

서 상사[397]에게 주다 용갑으로, 호는 소호이다.

贈徐上舍 龍甲號蘇湖

소호옹은 오래전부터 초산(楚山)에 유배되어 있었고 나는 정사년(1617, 광해군9) 봄에 조정에서 쫓겨나 같은 고을에서 함께 거처하였는데, 그 기간이 모두 18개월이었다. 무오년(1618) 가을에 성상의 은명에 뽑혀 남쪽 지방으로 이배될 적에, 나는 하동(河東)에 정해지고 소호옹은 진양(晉陽)[398]에 정해졌다. 선대 때부터 옛 정분이 있는데다 예전부터 잘 아는 사이인데 우연히 변방에서 서로 어울렸으니 참으로 다행이었다. 남쪽 지방으로 옮길 때에, 내가 먼저 출발하자 소호옹이 중도에서 송별하였는데 눈물을 훔치며 헤어졌다. 내가 하동에 도착한 때는 그해 10월이었고 그 다음해 1월에야 소호옹이 비로소 뒤따라 나보다 뒤에 진양으로 유배되어 왔다. 그런데 묵을 곳이 정해지지 않아 곧바로 남해(南海)로 가서 죄에 연루되어 있던 골육을 본 뒤에 나를 찾아와 이틀을 묵었다. 아, 인생 만사가 모두 미리 정해져있지만 내가 옹과 그동안 만난 것은 참으로 특별하다. 이후로 부평초처럼 떠다니다 우연히 만나 술 한 잔 따르면서 이 일을 말한다면 오랜 인연을 이룰 수 있을 것이다. 그러므로 우선 시를 써서 준다.

397 서 상사(徐上舍) : 서용갑(徐龍甲)이다. 서익(徐益, 1542~1587)의 서자로, 선조(宣祖) 때 영양 현감(英陽縣監)과 덕천 군수(德川郡守)를 지냈다. 그 뒤 광해군(光海君) 때 계축옥사(癸丑獄事)에 연루되어 넷째 아우인 서양갑(徐羊甲)과 함께 화를 입었다. 후에 이조 참판에 추증되었다.

398 진양(晉陽) : 경상남도 진주(晉州)의 옛 이름이다.

생각건대 지난번 갈림길에 임했을 때	憶昨臨岐別
함께 잘 줄을 어찌 기약했으랴	那期共枕眠
동쪽과 서쪽은 모두 이역이요	東西俱異域
다시 만남은 어느덧 해가 넘었네	離合倏經年
외딴 마을길에는 풀빛 어렸고	草色孤村路
가랑비 내리는 하늘에는 매화 피었네	梅花細雨天
어느 때나 고향에 돌아가	何時返鄉國
술잔 잡고 오랜 인연 이야기할까	把酒說前緣

곤양[399]으로 가는 횡당을 전송하다

送橫塘往昆陽

외로이 앉아 짝 없어 쓸쓸한데	孤坐悄無伴
그대 지금 어디로 가는가	君今何處之
마음껏 마셔 취하지도 못한 채	未拚浮白醉
답청하는 때[400]를 헛되이 보냈네	虛送踏靑時
가는 풀은 모래 언덕에 고르고	細草平沙岸
지는 햇살은 물가에 어지럽네	斜陽亂水湄
젊은 시절 행락했던 일 생각에	少年行樂事
고개 돌려 홀로 시를 읊네	回首獨吟詩

399 곤양(昆陽) : 지금의 경상남도 사천시(泗川市) 곤양면 일원에 있었던 고을 이름이다.

400 답청(踏靑)하는 때 : 답청은 봄날 파릇파릇 돋아난 풀을 밟으며 산책하는 것으로, 삼월삼짇날을 답청절(踏靑節)이라고 하여 이날 야외에 나가 놀이하던 풍속이 있었다.

청명절

淸明

적막하여라 청명절에	寂寞淸明節
늙고 병든 늙은이 처량하네	凄涼老病翁
몇 줄기 눈물에 봄 저물고	春殘數行淚
오경의 바람에 꽃 떨어지네	花落五更風
가랑비는 띳집을 적시고	小雨茅齋濕
네모진 연못은 대 홈통과 통하였네	方塘竹溜通
날 새로 갤 제 새소리 들으니	新晴聞鳥語
석양이 숲을 스쳐 붉구나	斜照抹林紅

또 짓다
又

청명절에 한바탕 비가	一雯淸明雨
오락가락 일정치 않게 적시네	參差點不齊
가는 풀은 산길에 이어지고	草連山徑細
낮게 핀 꽃은 대 울을 누르네	花壓竹籬低
나그네 설움에 새 제비 만나고	客恨逢新燕
외로운 잠을 낮닭이 깨우누나	孤眠破午鷄
고향에서 오늘 한 일	家鄕今日事
깊은 우물에서 흙 치웠지[401]	深井憶淘泥

401 깊은……치웠지 : 청명일(淸明日)에 우물을 치는 옛 풍속이 있었기 때문에 이렇게 말한 것이다.

소옹 조위한 에게 부치다[402]

寄素翁 趙緯韓

날마다 요천[403]의 물이 日日蓼川水
동쪽 푸른 바닷가로 흐르네 東流滄海潯
꿈에서 청초구를 찾고[404] 夢尋青草句
슬피 백두음을 외리라[405] 悲誦白頭吟
세상의 변고가 살리고 죽이기도 하나 世變能生殺
사귀는 정이 어찌 얕으랴 交情豈淺深

402 소옹(素翁)에게 부치다 : 소옹은 조위한(趙緯韓, 1567~1649)의 호로, 본관은 한양(漢陽), 자는 지세(持世), 또 다른 호는 현곡(玄谷)이다. 유한(維韓)의 아우이며 찬한(纘韓)의 형이다. 1592년(선조25) 임진왜란 때 김덕령(金德齡)을 따라 종군하였다. 1613년 계축옥사(癸丑獄事) 때 파직되었고, 1618년(광해군10) 2월에 가솔(家率)을 이끌고 남원(南原)으로 돌아왔다. 이 시는 이때 지어진 듯하다. 저서에 《현곡집(玄谷集)》 등이 있다. 이 시에 대해 조위한이 차운한 시는 《현곡집》 권3에 〈차죽음조이숙기시운(次竹陰趙怡叔寄示韻)〉이라는 제목으로 실려 있다.

403 요천(蓼川) : 전라북도 남원(南原) 일대를 흐르는 하천이다.

404 꿈에서 청초구(青草句)를 찾고 : 아우를 그리워하는 것을 뜻한다. 남조(南朝) 송(宋)의 시인 사영운(謝靈運)이 시상이 떠오르지 않아 고민하다가 꿈에서 족제(族弟)인 사혜련(謝惠連)을 만나 보고 '지당생청초(池塘生青草)'라는 명구를 지었다는 고사가 있는데, 대부분 '지당생춘초(池塘生春草)'로 되어 있다. 《南史 謝惠連列傳》

405 슬피 백두음(白頭吟)을 외리라 : 두터운 교분을 가까이에서 계속 이어 갈 수 없게 됨을 슬퍼한다는 말이다. 〈백두음〉은 본디 전한(前漢) 사마상여(司馬相如)의 처 탁문군(卓文君)이 지은 오언시로, 사마상여가 무릉(茂陵)의 여인을 집으로 데려오려고 하자, 탁문군이 사마상여와는 백발이 되도록 사랑을 이어 갈 수 없다는 내용으로 지은 시이다. 《漢書 司馬相如傳》

천금을 잘 보존하면 그뿐[406]	千金但自保
선인의 명성 꼭 이을 것 없으리	不必嗣徽音

406 천금(千金)을……그뿐 : 천금은 육체를 말한다. 두보(杜甫)의 〈애왕손(愛王孫)〉에 "시랑은 도읍에 있고 용은 들에 있으니, 왕손은 천금 같이 귀한 몸 잘 보전하소서.〔豺狼在邑龍在野, 王孫善保千金軀.〕"라고 하였다. 《杜少陵詩集 卷4》

하동에서 출발하여 이 판관의 장사에 들르다 기미년(1619, 광해군11) 6월에 사면을 받다.

發河東 過李判官莊舍 己未六月 蒙赦

더위 먹어 강 빛을 사랑하는데	病暍愛江色
가는 길가에 긴 강이 흐르네	長江征路邊
살아 돌아가니 그나마 다행이요	生還聊自幸
죽었다면 또 누가 가엾게 여길까	死去且誰憐
골짝이 안고 있어 땅이 없는 듯하고	谷抱疑無地
마을이 감추고 있어 별세계라네	村藏別有天
내 삶은 어찌 그리도 졸렬하였나	謀生何太拙
흰 머리로 신선 보기 부끄럽네	衰白愧神仙

화개현[407]에서 어떤 사람에게 주다

花開縣贈人

궁벽한 곳의 풍속 얼마나 순박한가	僻俗何淳古
거처하는 집을 나무껍질로 덮었어라	廬居覆木皮
맑은 못은 깊어 넘실대고	澄潭深瀲瀲
푸른 대는 다투듯 무성하네[408]	綠竹戰猗猗
꽃 핀 고을[409]에서 한 번 헤어졌다가	一別花開縣
낙엽 질 제 다시 돌아왔네	重歸葉落時
강산도 저버리지 않는데	江山猶不負
하물며 주인과의 약속이랴	況與主人期

407 화개현(花開縣) : 경상남도 진주(晉州)의 속현이다.

408 푸른……무성하네 : 《시경》 〈기욱(淇奧)〉에 "저 기수의 모퉁이를 보니, 푸른 대나무가 무성하도다.〔瞻彼淇奧, 綠竹猗猗.〕"라고 한 데서 온 말이다.

409 꽃 핀 고을 : 화개현(花開縣)의 이름을 풀이한 것으로, 중의적 표현을 사용하였다.

용두암에서 임실 현감(任實縣監) 이중진[410]에게 부치고 겸하여 말을 빌려 준 데 대해 사례하다

龍頭巖 寄李任實仲珍 兼謝借馬

더위 먹어 술 취한 것 겁나지만　　冒熱怯中酒
주연에서 감히 사양하겠는가　　當筵詎敢辭
이별한 뒤라 마음 가누기 어려워　　不堪分手後
술잔 잡았을 때가 도리어 그립구나　　還憶把杯時
말발굽은 바람 타고 시원하게 내딛고　　馬足乘風快
용머리는 시내에 꽂혀 있어 위태롭네　　龍頭挿澗危
그리운 마음에 근심스레 고개 돌려　　相思悄回首
진중하게 새로 지은 시 부친다오　　珍重寄新詩

410 이중진(李仲珍) : 한음(漢陰) 이덕형(李德馨, 1561~1613)의 둘째 아들인 이여벽(李如璧, 1585~?)으로, 중진은 그의 자이다. 목대흠(睦大欽, 1575~1638)의 《다산집(茶山集)》 권1에도 〈임실 현감으로 부임하는 이중진 여벽을 전송하다〔送李仲珍如璧赴任實〕〉라는 제목의 시가 있다.

동악의 시[411]에 차운하다

次東岳贈韻

2년 동안 천리 귀양 감은	二年千里謫
죽을 목숨 다시 살려 준 은혜라	萬死再生恩
보답하려니 횡초에 부끄럽고[412]	圖報慙橫草
근심 잊으려 수훤을 대한다네[413]	忘憂對樹萱
바다로 돌아가는 돛배를 홀로 보고	獨看歸海帆
강으로 향하는 문을 외로이 닫았네	孤掩向江門
짧은 노 젓고 찾아와 준다면	短棹如相訪
가난해도 술자리 마련하리라	貧猶辦一尊

411 동악(東岳)의 시 : 이 시는 《동악집(東岳集)》 권12에 〈봉기조이숙정랑(奉寄趙怡叔正郎)〉이라는 제목으로 실려 있다.

412 보답하려니 횡초(橫草)에 부끄럽고 : 아주 작은 공도 못 세워 성상의 은혜를 갚을 수 없다는 말이다. 횡초는 군대가 초야를 행군하다 보면 저절로 풀이 밟혀서 옆으로 눕게 된다는 뜻으로, 보잘것없이 미미한 공로를 나타내는 말이다. 《漢書 終軍傳》

413 근심……대한다네 : 수훤(樹萱)은 심어 놓은 원추리라는 뜻으로, 원추리를 먹으면 근심을 잊을 수 있기 때문에 망우초(忘憂草)라 부르기도 한다. 《시경》 〈백혜(伯兮)〉에 "어떻게 하면 원추리를 얻어서, 북당에 심을 수 있을까.〔焉得萱草, 言樹之背?〕"라고 하였다.

앞의 시에 차운하고 겸하여 시를 주고 술을 보내온 것에 대해 사례하다

次韻 兼謝贈詩送酒

남쪽 떠나 북쪽 땅으로 돌아오니　　違南返北土
모자간에 임금의 은혜에 감동했네　　子母感君恩
사는 곳에 대 없어 안타깝지만[414]　　可歎居無竹
북당에 원추리 있어 사랑스럽네[415]　　唯憐背有萱
참소 피하려 굳게 손님 거절하고　　避讒牢謝客
문안 편지 받으려 잠시 문을 여네　　承問暫開門
참으로 소중하게 정성으로 준 선물　　心貺何珍重
청아한 시와 좋은 술이라네　　清詩竝淥尊

414 사는……안타깝지만 : 소식(蘇軾)의 〈녹균헌(綠筠軒)〉에 "밥에 고기가 없을 수는 있지만, 사는 곳에 대나무가 없어서는 안 되네.〔可使食無肉, 不可居無竹.〕"라고 한 구절을 차용하였다. 《蘇東坡詩集 卷9》

415 북당에……사랑스럽네 : 고아(高雅)한 삶을 살지는 못하지만 모친은 살아계시므로 좋다는 말이다. 대나무는 세속적인 삶과 반대되는 말로, 소식(蘇軾)의 〈녹균헌(綠筠軒)〉에 "밥에 고기가 없을 수는 있지만, 사는 곳에 대나무가 없어서는 안 되네.〔可使食無肉, 不可居無竹.〕"라고 하였다. 《蘇東坡詩集 卷9》 또 원추리는 고인(古人)이 북당(北堂)에 많이 심었는데 북당은 주부(主婦)가 거처하는 곳이므로, 전하여 모친(母親)을 가리킨다.

동지사 홍경망[416]에게 주어 작별하다

贈別冬至使洪景望

읍혈한 지 3년[417] 뒤	泣血三年後
죽을 뻔하다가 온전히 살았네	全生萬死餘
정이 많아 다시 시구 찾고	多情還索句
이별 슬퍼해 그저 소매 붙잡네	愴別限攀裾
대궐의 일천 문이 열리고	紫闕千門闢
황종의 한 기운이 부누나[418]	黃鍾一氣噓
경신년 새해의 책력으로	庚申新歲曆
태평의 처음을 다시 세리라[419]	更數太平初

416 홍경망(洪景望) : 홍방(洪雱, 1573~1638)으로, 경망은 그의 자이다. 본관은 풍산(豊山), 호는 지계공(芝溪公)이다. 1619년(광해군11)에 동지사로, 1628년(인조6)에는 희종(熹宗)의 죽음에 대한 진향사 겸 진하사로 두 차례 중국을 다녀왔다. 대사간, 도승지, 부제학 등을 역임하였다. 저서에 《지계문집(芝溪文集)》 등이 있다.

417 읍혈(泣血)한 지 3년 : 부친의 상(喪)에 통곡하였다는 말인 듯하다. 홍방의 부친은 홍이상(洪履祥)으로, 1615년(광해군7)에 사망하였다.

418 황종(黃鍾)의……부누나 : 동짓달이 되었다는 말이다. 황종은 12율의 첫 번째 율로 11월에 해당한다. 양기(陽氣)가 처음 생기는 동지의 절후가 되면 황종관(黃鍾管)의 재가 풀썩 날아간다고 한다. 《後漢書 律曆志》

419 경신년……세리라 : 동지사가 중국을 다녀온 뒤로 다시 태평시대가 열릴 것이라는 말이다. 경신년은 1620년(광해군12)으로, 조희일이 이 시를 지은 다음 해이다.

은산역[420] 도중에

殷山驛途中

9월이라 남쪽으로 가는 길	九月南征路
외로운 구름 아래 북쪽 대궐 바라보네	孤雲北望時
오늘 생각은 신혼[421]하는 것이요	晨昏今日念
이내 생애는 유랑하는 것이라	漂轉此生涯
나무는 맑은 서리에 일찍 물들고	樹染淸霜早
숲은 짙은 안개에 더디 열리누나	林開宿霧遲
은산의 옛 역이 머니	殷山古驛遠
지친 노복에게 아침밥을 묻네	倦僕問朝炊

420 은산역(殷山驛) : 은산은 평안남도 순천(順天)의 옛 지명인데, 《죽음집》 시의 편차로 봤을 때 충청남도 부여군(扶餘郡)에 소재한 은산역(恩山驛)인 듯하다. 조희일이 착각한 듯하다.

421 신혼(晨昏) : 혼정신성(昏定晨省)의 약칭으로, 밤에는 부모의 잠자리를 보아 드리고 이른 아침에는 부모의 안부를 묻는다는 뜻이다. 부모를 잘 섬기고 효성을 다하는 것을 말한다.

도천사[422]에서

道泉寺

나그네 도천사에 들어오니	客入道泉寺
절에 보관된 풍경 소리 들리네	寺藏淸磬聞
다리 무너져 오솔길 굽었고	橋崩微逕曲
가지 닿아 가는 물길 갈라졌네	査擁細流分
숲을 뚫는 아침 해는 불상 비추고	照佛穿林旭
골짝 지나는 구름은 침상에 스미네	侵床度壑雲
중이 홍시를 올리니	居僧薦霜柹
누린내[423]를 씻을 풍미로다	風味滌羶葷

422 도천사(道泉寺) : 백제 때 의자왕의 아우 도천군(道泉君)이 창건한 사찰로, 현재 충청남도 부여군(扶餘郡) 은산면(恩山面)에 있다.

423 누린내 : 원문의 '전훈(羶葷)'은 누린내 나는 고기와 맵고 독한 냄새가 나는 마늘이나 파 따위를 이르는 말로, 여기서는 세속적인 맛을 의미한다.

소옹의 시[424]에 차운하여 조 상사에게 주다

次素翁韻 贈趙上舍

높은 벼슬로 초심을 그르쳤지만	軒冕初心悞
교외 사립에 만년의 계획 있네	郊扉晩計存
촌부에게 밭가는 일을 묻고	耕田問傖父
호손이 푸대에 들어감을 비웃네[425]	入袋笑胡孫
화려한 옷을 연잎 옷처럼 여기고	華袞同荷製
금 술잔을 옹기 독과 같이 여기리[426]	金罍當瓦盆
어떻게 하면 팽택령처럼	何如彭澤令
아이의 손 잡고 동이 가득한 술 마시랴[427]	携幼對盈尊

424 소옹(素翁)의 시 : 소옹은 조위한(趙緯韓)의 호로, 이 시는 《현곡집(玄谷集)》 권3에 〈차사제운증전질(次舍弟韻贈典姪)〉이라는 제목으로 실려 있다.

425 호손(胡孫)이……비웃네 : 벼슬살이에 구속됨을 비웃는다는 말이다. 호손은 원숭이의 별명이다. 송(宋)나라 매요신(梅堯臣)이 시로 이름을 날렸는데도 30년 동안 관직을 얻지 못하다가 만년에 《당서(唐書)》를 편수하게 되었을 때, 그 아내에게 말하기를 "내가 책을 편수하게 된 것은 자유롭던 호손이 푸대 속에 들어가 구속당하는 것과 같은 일이오."라고 말한 고사가 있다. 《歸田錄 卷2》

426 화려한……여기리 : 부귀와 공명을 귀하게 여기지 않는다는 말이다. 연잎 옷은 초야의 은자가 입는 연잎으로 만든 옷으로, 《초사(楚辭)》 〈이소(離騷)〉에 "마름과 연잎으로 저고리를 만들고, 부용을 모아 바지를 만든다.〔製芰荷以爲衣兮, 集芙蓉以爲裳.〕"라고 하였고, 옹기 독은 농가에서 쓰는 질박한 그릇으로, 두보(杜甫)의 〈소년행(少年行)〉에 "농가의 낡은 옹기 독을 비웃지 말라. 술 담아 먹으면서 자손을 길러냈다오.〔莫笑田家老瓦盆, 自從盛酒長兒孫.〕"라고 하였다. 《杜少陵詩集 卷10》

427 어떻게……마시랴 : 도잠(陶潛)처럼 은거하면서 편안하게 지내고 싶다는 말이다.

팽택령(彭澤令)은 진(晉) 나라 도잠을 가리키는 말로, 그가 일찍이 팽택령을 지냈으므로 한 말이다. 그의 〈귀거래사(歸去來辭)〉에 "어린 아이 손을 잡고 방에 들어가니, 항아리에 술이 가득하구나.〔携幼入室, 有酒盈樽.〕"라고 하였다.《古文眞寶後集 卷1》

임실 이 사군[428]에게 주다

贈任實李使君

한 번 이별한 때가 늦여름이었는데	一別當殘夏
다시 오니 문득 늦가을이 되었네	重來奄抄秋
석양 속에 말을 매어둔 곳	斜陽駐馬處
외딴 바위 용두암인 줄 안다오	孤石認龍頭
온 가족들은 그대로 먼 곳에 두고	盡室仍殊俗
부생은 짐짓 멀리 유람하네	浮生故遠遊
궁벽한 처지에 마음을 다 토로함은	窮途傾瀉意
사군의 넓은 아량 덕분이라오	賴有使君優

428 임실(任實) 이사군(李使君) : 이여벽(李如璧, 1585~?)을 가리킨다.

최유장[429] 연 의 시에 차운하다

次崔孺長韻 葕

작은 시내는 돌아 흐르고 小澗流廻複
깊은 숲은 빽빽하게 닫혔네 重林鎖密蒙
반석은 자리를 펼친 듯 기대 있고 石磐欹展席
바윗길은 발을 내딛기 어렵구나 巖逕澁行蹤
낙엽은 바람에 쓸리는 대로 두고 落葉從風掃
향긋한 벼는 물레방아에 맡기네[430] 香粳任水舂
서리 맞은 단풍이 취객 대하여 霜楓對醉客
쇠한 용모 비춰줌을 사랑하여 앉았네 坐愛映衰容

429 최유장(崔孺長) : 최연(崔葕, 1576~1651)으로, 유장은 그의 자이다. 본관은 삭녕(朔寧), 호는 성만(星灣)·성연(星淵)이다. 광해군 때 예조 좌랑이 되었으나 이이첨(李爾瞻) 등의 모의에 반대, 대북파에 의하여 파직당한 뒤 고향에 돌아가 12년 동안 은거하였다. 인조반정 후 장령에 임명되고 이후에 예조 참의, 한성부 좌윤을 역임하였다.

430 낙엽은……찧는다오 : 방간(方干)의 〈한거(閒居)〉에 "낙엽은 바람에 쓸리는 대로 두고, 가을 벼는 물레방아에 맡긴다오.〔落葉憑風掃, 秋粳任水舂.〕"라고 한 구절을 인용한 것이다. 《古今事文類聚前集 卷33》

또 짓다

又

굽은 언덕에는 늘어진 버들 휘늘어졌고	曲岸垂楊嚲
높은 벼랑에는 빽빽한 대나무 덮었네	顚崖密竹蒙
세상 피하는 뜻에 게을러	懶將逃世意
사람 피한 자취 찾아 왔네[431]	來訪避人蹤
가파른 벼랑은 산을 따라 돌고	危磴緣山轉
세찬 여울은 돌을 건드려 치네	驚湍觸石舂
임천은 어딜 가든 좋으니	林泉隨地好
어딘들 나를 받아주지 않으랴	何處不相容

431 세상 …… 왔네 : 세상은 피해 은거하지 못하고 사람을 피하는 그대를 찾아왔다는 말이다. 초(楚)나라 은자인 장저(長沮)와 걸익(桀溺)이 함께 밭을 갈고 있을 때 공자가 지나가다가 자로(子路)를 시켜 나루를 묻게 하였는데, 걸익이 "또 그대는 사람을 피하는 선비를 따르기보다는 세상을 피하는 선비를 따르는 것이 낫지 않겠는가?〔且而與其從辟人之士也, 豈若從辟世之士哉?〕"라고 한 데서 온 말이다. 《論語 微子》

9월 10일에 청하 현감[432] 권사임과 성의 서쪽에 올라 술자리를 베풀다

九月十日 與淸河使君權士任登城西 設酌

중구일은 이미 어제 지났지만	九日已昨日
높은 곳에 올라 근심 푼다오	登高聊寫憂
골짝 모퉁이에 푸른 솔 꺾였고	靑松絶硤角
성 위에 붉은 잎 시들었네	赤葉廢城頭
지세는 푸른 바다에 닿아 있고	地勢窮滄海
마을은 들의 물줄기 안고 있네	村居抱野流
다정하게도 고향의 국화는	多情故園菊
멀리 유람하는 사람 기다리겠지	應待遠人遊

432 청하 현감(淸河縣監) : 청하는 경상북도 영일군(迎日郡) 청하면(淸河面) 지역에 있었던 현(縣)이다.

고성 도중에

固城途中

적막한 외딴 마을길	寂寞孤村路
망망한 큰 바닷가에 있네	蒼茫大海潯
가을 소리는 만학에 구슬프고	秋聲哀萬壑
지는 해는 천산을 지나가네	落日度千岑
잠깐 만난들 끝내 무슨 유익 있으랴	乍見終何益
이별의 회포 더 이상 못 견디겠어라	離懷更不任
남아의 일 마치기 전에는	男兒事未了
부질없이 옷깃 적시지 않으리	莫作浪沾襟

정생 외[433]와 중도에서 만나기로 약속하였으나 부로 두 사람과 함께 술을 마시다가 약간 취기가 올라 이에 남강을 건넌다

鄭生頠約待於中路 父老二人亦與俱酌 至微醉 仍渡南江

약속했으면 응당 기다려야 하는데	有約應相待
무단히 또한 이렇게 노니네	無端亦此遊
저녁 해는 큰 나무 너머로 지고	夕陽喬木外
가을 풀은 작은 시냇가에 자라네	秋草小溪頭
입으로 읊으니 시흥이 도도하고	口占詩陶興
술잔 잡으니 잎으로 산가지 만드네	杯將葉作籌
호리병 차고 달빛 타고 가니	佩壺乘月去
강 위에 또 외로운 배로다	江上且孤舟

433 정생 외(鄭生頠) : 1598~1656. 본관은 영일(迎日), 자는 자의(子儀), 호는 추담(秋潭)으로, 정몽주(鄭夢周)의 후손이다. 저서에 《추담집》이 있다.

배 위에서

船上

노 저으니 물속의 달 출렁이는데 棹漾波心月
거울 속 하늘에 술잔이 도는구나 杯行鏡裏天
장쾌한 유람에 운수 있는 줄 아는데 壯遊知有數
승경 감상에 어찌 인연 없겠는가 勝賞豈無緣
황금 불똥은 붉은 초를 태우고 金燼摧紅蠟
방울 달린 칼로 옥 같은 생선 자르네 鑾刀斫玉鮮
내년 봄에 복사 물결이 불면 明春桃浪漲
무릉 가는 배를 함께 띄우세[434] 共泛武陵船

434 내년……띄우세 : 내년 복사꽃이 만발할 때에 경치 좋은 곳에 배 타고 놀러가자는 말이다. 복사 물결은 복사꽃이 만발한 중춘(仲春)에 얼음이 녹아 흘러 불어난 강물로 '도화랑(桃花浪)'이라고도 한다. 도잠(陶潛)의 〈도화원기(桃花源記)〉 고사를 차용한 것이다.

앞 시에 차운하여 서유자에게 주다

次韻 贈徐孺子

적막한 성 서쪽 마을에서	寂寞城西巷
세모의 하늘에 외로이 읊조리네	孤吟歲暮天
영락한 신세는 예전과 같지만	沈淪如昨日
해후함은 또한 오랜 인연이라	邂逅亦前緣
옛 성에는 대숲이 무성하고	古堞叢篁密
성긴 울에는 들국화가 곱네	疏籬野菊鮮
오늘 밤 달이 예쁠 것이니	今宵月應好
강 거슬러 오르는 배 함께 타세	同載遡江船

한식

寒食

2월이라 높은 언덕길에는	二月高丘路
봄날 추워 꽃이 보이지 않네	春寒未見花
빈 마을에는 모두 익힌 음식이요	空村皆熟食
오래된 나무에는 까마귀만 울 뿐	古樹秖啼鴉
들불 번져 언덕에 타오르고	野火延燒岸
강의 조수 밀려와 사초가 잠기네	江潮逆浸莎
천애의 늙은이 눈에는	天涯遲暮眼
오늘 저녁이 다시 봄빛이라오	今夕復年華

서곤의 운[435]을 사용하다

用西崑韻

베개에서 자던 낮잠을 깨고	一枕罷午眠
일어나니 마음이 서글프네	起來心悄然
골짝 구름은 짙어 해 가리고	峽雲濃翳日
시내 비는 가늘어 안개와 섞이네	溪雨細和煙
고요한 중에 서적을 보는데	靜裏親書籍
어디에서 음악소리 시끄럽나	何邊鬧管弦
남아의 비동하던 뜻[436]이	男兒飛動意
적막한 채 반백이 되었네	寂寞二毛年

435 서곤(西崑)의 운 : 서곤은 당(唐)나라 이상은(李商隱)의 시체(詩體)를 말한 것으로, 송(宋)나라 초기의 시인 양억(楊億), 유균(劉筠), 전유연(錢惟演) 등이, 당나라 때 시인으로 특히 궁벽한 전고(典故)와 화려한 말로 꾸미기를 좋아했던 온정균(溫庭筠), 이상은의 시체를 모방하여 서로 창화(唱和)한 시를 한 책으로 만들어 《서곤창화집(西崑唱和集)》이라 명명함으로써 이 시체가 처음 생기게 되었다.

436 비동하던 뜻 : 분발하고 진작하는 뜻이다. 두보(杜甫)의 〈증고식안(贈高式顔)〉에 "평생에 비동하던 뜻이, 그대를 보니 일어나지 않을 수 없구려.〔平生飛動意, 見爾不能無.〕"라고 한 데서 온 말이다. 《杜少陵詩集 卷6》

홀로 읊다
獨吟

멀리 떠난 나그네 3년간 병 앓아	遠客三年病
깊은 집에서 한 권의 책을 읽네	深齋一卷經
두견새는 피를 토하며 울고	杜鵑啼有血
홍안은 무정하게 날아가 버렸네	鴻雁去無情
산기슭에는 무성한 꽃이 겹쳐 있고	山際穠花重
마을 가에는 작은 보리가 푸르네	村邊小麥青
뜰 가득 외로이 달이 비추니	滿庭孤照月
머물러 남은 밤을 대한다오	留與對殘更

이전 시의 운을 다시 사용하여 어떤 사람에게 주다
再用前韻 贈人

병중에는 약만 이야기할 뿐	抱病唯論藥
사람 만나도 꽃 묻지 않았더니	逢人不問花
야윈 말을 타고 다정하게	多情騎瘦馬
날 저물 제 누차 찾아왔네	屢訪到昏鴉
놀 어린 골짝에는 솔이 길 감추고	霞洞松藏逕
시내 다리에는 물에 사초가 잠기네	溪橋水沒莎
언제나 흥을 타고 가서	何當乘興去
흡족하게 봄꽃에 취해 볼까	爛熳醉春華

박 상사 령[437]에게 주다

贈朴上舍苓

홀로 지내 시름 달랠 길 없었는데	獨處愁無賴
서로 만나서 뜻을 잠시 폈다오	相逢意暫舒
교외 언덕에는 봄비가 지나가고	郊原春雨過
마을길에는 석양빛이 남아 있네	村逕夕陽餘
그대 그리워 마음이 항상 가니	戀嫪心長往
머무른 채 떠가기를 짐짓 더디 하네	留連去故徐
나라의 안위는 조정 계획에 달려 있는데	安危廟算在
하필 눈물을 줄줄 흘린단 말인가	何必涕漣如

437 박 상사 령(朴上舍苓) : 1570~?. 본관은 죽산(竹山)이다. 1605년(선조38) 진사시에 합격하였다.

한시[438]에 차운하다

次韓詩韻

비바람이 남쪽 창에 스미니　風雨侵南牖
띠 엮어 짧은 처마 기웠네　編茅補短簷
파종한 벼는 술 담그는 데 제공하고　種禾供把盞
익은 보리는 허리춤의 낫으로 벤다오　登麥待腰鎌
도의 맛은 참으로 물리기 어렵고　道味誠難飫
촌의 음식도 싫어하지 않는다오　村羞亦不厭
팔봉산[439]이 저버리지 않는다면　八峯山不負
애오라지 다시 수 년간 머무르리　聊復數年淹

438 한시(韓詩) : 한유(韓愈)의 〈저물녘 장십팔 조교 주랑 박사에게 부치다〔晩寄張十八助教周郎博士〕〉를 말한다. 《全唐詩 卷342》

439 팔봉산(八峯山) : 충청남도 덕산현(德山縣)에 소재한 산 이름이다. 당시 조희일은 덕산에 우거하고 있었다.

다음날 비가 와서 꽃이 남아 있지 않다
翌日雨 花無存

밤에 바람이 아주 거셌는데	風力夜殊壯
아침에 구름이 다시 가렸네	雲陰朝更遮
우르릉하고 우레가 비를 보내니	一聲雷送雨
많은 촌락에는 나무에 꽃 날리네	萬落樹飛花
병중에 봄철이 지나가고	病裏靑春度
호숫가에 고향이 멀구나	湖邊故國賒
가련하여라 초췌한 몰골	可憐憔悴色
어디에서 봄빛을 대할까	何處對韶華

김회여[440]가 술을 들고 찾아오다

金晦汝佩酒來訪

궁벽한 마을에 누가 찾아올까	窮巷人誰過
사립문을 낮에도 닫았다오	柴扉晝不開
병이 많아 늘 침상에 누워 있지만	病多常伏枕
정에 못 이겨 한번 술잔 집어 드네	情倒試拈杯
들 밖에는 남은 꽃 떨어지고	野外殘花落
등불 앞에는 가랑비 내리네	燈前細雨來
밤 깊어 달을 따라 나갔다가	更闌隨月出
돌아가는 길 또 머뭇거리네	歸路且遲徊

440 김회여(金晦汝) : 김광현(金光炫, 1584~1647)으로, 회여는 그의 자이다. 본관은 안동(安東), 호는 수북(水北)이다. 김상헌(金尙憲)의 형인 우의정 김상용(金尙容)의 아들이다. 1612년(광해군 4) 생원·진사 양과에 모두 합격했으나, 광해군의 어지러운 정치를 비판하며 관직에 나아가지 않았다. 이 시는 이 기간에 지었다. 저서에 《수북유고(水北遺稿)》가 있다.

비온 뒤
雨後

갠 날에 벌이 언덕에서 시끄럽고	晴日蜂喧塢
미풍에 제비가 규방으로 들어오네	微風燕入閨
높은 아지랑이 걷히지 않았다면	不緣高靄捲
먼 봉우리 가지런함을 어찌 보랴	那見遠峯齊
밤이슬에 여전히 풀 젖었지만	宿露猶沾草
얕은 진탕에 신발 빠지지 않네	輕泥未沒鞋
봄에 시내 길을 찾아서	會尋春澗路
녹음 속에 취한 몸 붙들고 서쪽으로 가리	扶醉綠陰西

또 짓다

又

어둑어둑 청명절에 비가	漠漠淸明雨
부슬부슬 갑자일 아침에 내리네	霏霏甲子朝
진탕은 아직 무릎까지 차지 않았는데	未成泥沒膝
보리는 이미 허리까지 자랐구나	已覺麥齊腰
조세 거두어 가니 민생이 곤궁하고	賦斂民生困
이리저리 떠도니 생업이 피폐하네	流離世業凋
풍년은 단비의 은택에 달렸다고 하니	年登在甘澤
장차 늙은 농부의 노래 믿게 되리	且信老農謠

누산의 옛집[441]에 들르다 모란과 철쭉이 만발하였는데 지난날에 상심하여 느낌이 일다.

過樓山舊宅 牡丹躑躅盛開 傷逝有感

예전 타향살이 했던 곳　疇昔羈棲地
때때로 홀로 들렀었지　時來獨自過
지난 십 년의 일 회고하니　關心十年事
온 숲의 꽃이 눈을 비추네　照眼一林花
푸른 봄은 홀연 빨리 지나가고　忽忽靑春短
흰 태양은 뉘엿뉘엿 기우누나　依依白日斜
외딴 마을로 돌아가는 길　孤村歸去路
고개 돌려 다시 탄식하네　回首更含嗟

441 누산(樓山)의 옛집 : 누산은 충청남도 덕산현(德山縣)에 소재한 산 이름으로, 조희일이 우거했던 곳이다.

운을 부르는 대로 붓을 달려 쓰다

呼韻走題

발 걷고 항상 들판 굽어볼 뿐	鉤簾常俯野
지팡이 짚고 언덕 오르기 겁나네	扶杖怯登皐
늙으니 술잔 재촉 싫지만	老厭杯行促
근심 덕분에 필력 호방하다오	愁憑筆勢豪
농가에는 열 섬의 보리요	田家十斛麥
산 주막에는 몇 사람의 도기라	山店幾人陶
오랑캐가 한창 전란 많이 일으키는데	胡羯方多亂
요성은 부질없이 임조(臨洮)까지 이어졌어라[442]	遼城謾接洮

442 오랑캐가……이어졌어라 : 청(淸)나라 태조 누르하치가 요동(遼東)을 침략하였는데, 이를 지키지 못한 것을 안타까워해서 한 말이다. 요성(遼城)은 요동의 성을 말하고, 임조(臨洮)는 지금의 감숙성(甘肅省)에 있는 현 이름으로 만리장성이 시작되는 서쪽 기점이다. 진 시황(秦始皇)이 장군 몽염(蒙恬)을 시켜 임조에서 요동까지 성을 쌓게 하였는데, 길이가 만여 리에 달하였다는 내용이 《사기(史記)》 〈몽염열전(蒙恬列傳)〉에 보인다.

또 짓다
又

뱃길로 삼천리에 鷁路三千里
구오의 효처럼 용이 나네[443] 龍飛九五爻
중신은 다시 월을 쥐니[444] 重臣還仗鉞
전쟁은 이미 선포되었네 先報已鳴髇
추악한 무리는 봉관을 드리우고[445] 醜類垂封觀
푸른 바다는 요당(坳堂)을 뒤집은 듯[446] 滄溟視覆坳

443 구오(九五)의……나네 : 천자가 등극하였다는 말로, 《주역》 〈건괘(乾卦) 구오〉의 효사(爻辭)에 "나는 용이 하늘에 있으니 대인을 만나 봄이 이롭다.〔飛龍在天, 利見大人.〕" 라고 한 데서 온 말이다.

444 중신(重臣)은……쥐니 : 중신은 강홍립(姜弘立)을 가리키고 월(鉞)은 군대를 통솔하는 장수의 상징으로 의장용 도끼이다. 1618년(광해군10)에 후금의 누르하치가 명나라의 무순(撫順)·청하(淸河) 등의 보(堡)를 침입하자 명나라는 요동에 군대를 파견하고 조선에 원병을 요청하였다. 이에 조선에서는 강홍립을 오도 도원수(五道都元帥)로 삼아 군사 2만 명을 파견하고 이듬해에 명나라 연합군과 합류하였으나 후금의 군대에 대패하였다.

445 추악한……드리우고 : 후금(後金)이 전쟁에서 패해 무덤을 이룰 것이라는 말이다. 봉관(封觀)은 전승자(勝戰者)가 무공(武功)을 과시하기 위해 적군의 시체를 묻어 봉분(封墳)을 만들고서 그 위에 표목(表木)을 세우는 것을 말한다.

446 푸른……듯 : 바다가 작게 보인다는 말이다. 요당(坳堂)은 마루 위의 움푹 파인 곳이다. 《장자》 〈소요유(逍遙遊)〉에 "요당 위에 한 잔의 물을 엎어 놓으면 지푸라기가 배가 되고 잔을 놓으면 움직이지 않게 되니, 이는 물은 얕고 배는 크기 때문이다.〔覆杯水於坳堂之上, 則芥爲之舟, 置杯焉則膠, 水淺而舟大也.〕"라고 하였다.

치우는 굳이 말할 것 없으니 蚩尤不足道

하늘의 뜻이 헌포를 도우리라[447] 天意佑軒庖

447 치우(蚩尤)는……도우리라 : 하늘이 명(明)나라를 도와 후금과의 전쟁을 승리로 이끌 것이라는 말이다. 치우는 황제(黃帝) 시대의 제후이고, 헌포는 황제 헌원씨(軒轅氏)와 복희씨인데 여기에서는 헌원씨만을 가리킨다. 치우가 병란(兵亂)을 일으키기 좋아하여 천하를 어지럽히자, 헌원씨가 탁록(涿鹿)에서 전투를 벌여 치우를 죽였다. 《史記 五帝本紀》

단지포[448]에서

丹池浦

집들은 기운 언덕에 임해 있고　　有屋臨欹岸
참호에는 물긷는 샘이 없네　　無泉汲塹壕
비는 구름 잎을 두터이 품고　　雨胎雲葉厚
조수는 물결 꽃을 높이 뿜네　　潮噴浪花高
갯벌 묻은 게는 옆으로 걷고　　橫步沾泥蟹
돌에 포개진 굴은 서로 달라붙었네　　相粘累石蠔
고기잡이로 먹고 사는데　　採魚衣食業
생계가 처량하기만 하네　　生計覺蕭條

448 단지포(丹池浦) : 충청남도 아산군(牙山郡) 신창현(新昌縣)에 있었던 포구이다.

요로원[449]에 들르다

過要路院

높은 돌길은 층층 절벽에 서렸고	危磴盤層壁
외딴 봉우리는 푸른 창공에 솟았네	孤峯聳碧空
모르겠어라 요로원이	不知要路院
어찌하여 궁벽한 산중에 있는가[450]	何在僻山中
푸른 부들 언덕에 해오라기 졸고	睡鷺青蒲岸
초록 버들 바람에 꾀꼬리 우누나	流鶯綠柳風
바쁘고 바쁜 호서의 객들	悤悤湖右客
여기에서 동서로 얼마나 가나	於此幾西東

449 요로원(要路院) : 충청남도 아산군(牙山郡) 음봉면(陰峯面)에 있었던 역원(驛院)이다.

450 요로원(要路院)이……있는가 : 요로는 중요한 도로의 뜻을 가지고 있기 때문에 이렇게 말한 것이다.

농사를 그만두다

廢農

다병하여 몰골이 초췌하고	多病形骸悴
만년이라 지기가 쇠하다네	殘年志氣衰
배우고도 때때로 익히지 못하고[451]	學而時不習
경작해도 굶주림이 외려 따르네[452]	耕也餒還隨
우북하게 자라는 기장 심지만	縱藝芃芃黍
무성한 찔레 가시 제거 어렵네[453]	難抽楚楚茨
부생은 분수가 이미 정해졌으니	浮生分已定
한 번 웃고서 다시 술잔 머금네	一笑更銜巵

451 배우고도……못하고 : 《논어》 〈학이(學而)〉 첫 장에 "배우고 때때로 익히다.〔學而時習之.〕"라고 한 구절을 뒤집어 말한 것이다.

452 경작해도……따르네 : 《논어》 〈위령공(衛靈公)〉에 "경작해도 굶주림이 그 가운데 있다.〔耕也餒在其中矣.〕"라고 한 구절을 인용한 것이다.

453 우북하게……어렵네 : 《시경》 〈하천(下泉)〉에 "우북하게 자라는 기장 싹을 상맛비가 적셔 주도다.〔芃芃黍苗, 陰雨膏之.〕"라고 한 구절과 《시경》 〈초자(楚茨)〉에 "무성한 찔레꽃 밭에 그 가시 제거함은, 예로부터 무엇 때문이었는가, 우리 서직을 심으려고 해서였네.〔楚楚者茨, 言抽其棘. 自昔何爲, 我藝黍稷.〕"라고 한 구절을 인용한 표현이다.

무제
無題

거처할 집도 나그네	無室無家客
수심 일면 애써 스스로 달랜다오	愁來强自寬
밥하라고 다그치니 계집종 더욱 성내고	勑飡增婢怒
김매라고 재촉하니 사내종 더욱 고집피네	催耨益奴頑
딸은 어려서 옷 꿰매는 일 더디고	女弱縫衣倦
아들은 수척해 일 처리하기 어렵네	兒羸幹事難
행년이 지천명에 가까우니	行年知命近
환경에 순응해 또 편안하네[454]	隨遇且安安

454 환경에……편안하네 : 어떠한 환경을 만나더라도 편안하게 여긴다는 말이다. 《맹자》〈진심 하(盡心下)〉에, 순(舜) 임금이 예전에 "그대로 몸을 마칠 듯이 하였다.〔若將終身焉.〕"라고 하였는데, 주희(朱熹)가 해설하기를 "성인(聖人)의 마음은 빈천(貧賤)하다고 하여 밖으로 사모하지 않고, 부귀(富貴)하다고 하여 마음에 동요하지 않아, 환경에 순응하여 편안하고 자신에게 어떤 영향도 끼치지 않는다.〔聖人之心, 不以貧賤而有慕於外, 不以富貴而有動於中, 隨遇而安, 無預於己.〕"라고 하였다. 《孟子集註》

한가한 중에 입에서 나오는 대로 읊다

閑中口呼

해 져서 바람이 막 잠잠해지더니 日沒風初定
산 어두워져 비가 오려 하네 山昏雨欲來
가련해라 술병 비우지 않았는데 可憐甁未臥
객이 먼저 돌아간다고 말하네 已報客先廻
원로가 나란히 줄지어 있는 곳[455] 鵷鷺聯行地
기린의 화상이 붙어 있는 누대[456] 麒麟畫象臺
꿈속의 혼이라도 어찌 감히 이르랴마는 夢魂安敢到
편히 누운 것 또한 성은이로다 高臥亦恩哉

455 원로(鵷鷺)가……곳 : 원로는 원추새와 해오라기로, 모습이 한아(閑雅)하고 질서가 있다 하여 조정 반열에 늘어선 백관을 비유한다. 여기에서는 백관이 늘어선 조정을 가리킨다.

456 기린(麒麟)의……누대 : 한 선제(漢宣帝) 때 곽광(霍光) 등 공신(功臣) 11명의 초상을 그려 벽에 걸어 두었던 전각인 기린각(麒麟閣)을 말한다. 한 무제(漢武帝)가 기린을 얻었을 때 궁전이 완성되어 기린의 화상을 그려 붙이고 '기린각'이라 이름을 붙였다고 전한다. 《漢書 李廣蘇建傳》 여기서는 공신각(功臣閣)을 가리킨다.

술 없이 곽삭[457]을 마주하다

無酒對郭索

별자리는 삼진이 모인 곳에 있고[458]	象應三辰次
명성은 헛되어 큰 다리가 많네	名浮巨足多
찬 부들에서 막 포박이 풀리자	寒蒲初解縛
성난 눈으로 오히려 창을 비껴 들었네	怒目尙橫戈
동리의 흥취 끌어들이지만[459]	縱引東籬興
오른 손이 빈 것을 어이하랴	其虛右手何
평소 기자에 어두워	平生昧奇字
술 싣고 찾아오는 사람 없구나[460]	載酒沒人過

457 곽삭(郭索) : 게의 별칭이다.

458 자리는……있고 : 별자리 가운데 게자리는 해, 달, 별 삼진(三辰)이 모인 곳에 위치하고 있다는 말이다. 황정견(黃庭堅)의 게를 읊은 시에 "비록 천상에서는 삼진이 모인 곳에 있지만 인간 세상에서는 오정에 삶겨짐을 면치 못하네.〔雖爲天上三辰次, 未免人間五鼎烹.〕"라고 한 데서 온 말이다. 《山谷集 卷11 秋冬之間鄂渚絶市無蟹今日偶得數枚吐沫相濡乃可憫笑戲成小詩三首》

459 동리(東籬)의 흥취 끌어들이지만 : 도잠(陶潛)이 일찍이 중양일(重陽日)에 술이 없어 집 가의 동쪽 울타리 밑의 국화(菊花) 떨기 가운데서 국화를 한 움큼 딴 고사를 가리킨다.

460 평소……없구나 : 한(漢)나라 때 문장가인 양웅(揚雄)이 고문(古文), 기자(奇字) 등을 많이 알았으므로 사람들이 술통을 싣고 와서 기자를 물었다는 고사가 있는데, 자신은 그렇지 못함을 한탄한 것이다. 《漢書 揚雄傳》

회포가 일어

有懷

시절이 위태로운 날 홀로 서서	獨立時危日
세모의 하늘에 조용히 읊조리네	沈吟歲暮天
더위 식어 막 갈옷을 교체하고	暑殘初遞葛
서늘함 스미어 솜을 넣으려 하네	涼透欲裝綿
병색은 푸른 거울 속에 비치고	病色靑銅裏
향수는 흰 기러기 앞에 가누나	鄕愁白雁前
어이 견디랴 아우 누이와의 이별	那堪弟妹別
모두 반백의 나이로다	俱是二毛年

물이 불어남을 보다

看漲

8월이라 밤새 내리는 비	八月連宵雨
동이 엎은 듯 기세 멈추지 않네	翻盆勢未休
외딴 마을에서 큰 들판 굽어보니	孤村俯大野
두 시내가 합해져 세차게 흐르네	雙澗合奔流
걸상에서 내려올 제 막 언덕까지 찼다가	下榻初齊岸
계단 임할 제 이미 모래사장을 삼켰네	臨階已沒洲
동쪽 이웃에서 새로 수확한 벼가	東隣新穫稻
서글프게도 떠내려가 거두기 어렵네	漂失悵難收

체에 대해 읊다 입에서 나오는 대로 부르다.

詠篩 口呼

헌원씨(軒轅氏)가 부엌을 만들고[461] 軒創庖廚遠
이어 작은 물건 만들 것을 생각하였네 仍思制作微
온갖 구상을 하여 그물을 짜고 織羅勞意匠
천기를 써서 펴고 휘었네 矯揉費天機
체로 거르니 노을이 빛에 엉긴 듯 사랑스럽고 漉愛霞凝色
체질하니 눈이 햇빛에 반짝인 듯 아름답네 篵憐雪映輝
가난한 탓에 술과 밀가루 없어 家貧無酒麪
빌려오는 일 드묾을 문득 깨닫네 斗覺借來稀

461 헌원씨(軒轅氏)가 부엌을 만들고 : 헌원씨는 고대의 황제(黃帝) 이름으로, 천문(天文)을 살펴 달력을 만들고, 산수(算數)와 음악(音樂)을 만들었으며 배와 수레를 만들어 인문을 발달시켰는데, 여기서는 이와 비슷한 부엌도 만들었다는 뜻인 듯하다.《十八史略 卷1》 그리고 원문의 '포주원(庖廚遠)'은 《맹자》 〈양혜왕 상(梁惠王上)〉에 "군자는 푸줏간을 멀리한다.〔君子遠庖廚.〕"라고 한 데서 온 말로, '멀리하는 푸줏간(부엌)' 즉 '부엌'을 뜻한다.

눈 온 뒤

雪後

새벽에 일어날 제 눈이 한 자 쌓였더니	曉起雪盈尺
아침 되자 흩어져 뜰에 가득하네	朝來流滿庭
바람 부니 사라져 점점 얼룩지고	風吹消漸駁
비가 씻으니 흘러내리기를 멈추지 않네	雨洗蕩無停
진흙 우물에서 푸른 미나리 캐고	泥井挑芹碧
양지바른 언덕에서 푸른 쑥 뜯네	陽坡擷艾青
상머리에 새로 거른 술이	床頭新壓酒
두병 가득 넘친다고 알려주네	報道溢雙瓶

충원[462]에서 인척 안덕봉[463]에게 주다

忠原 贈安戚德鳳

죽을 고비 넘기고 다시 만났는데	萬死重逢處
어떻게 갑자기 돌아간다고 하나	如何遽告廻
말 재촉해 들 밖으로 갔다가	催鞭野外去
술병 들고 달빛 속에 왔었네	携酒月中來
세상일에 나는 헛되이 늙고	世故虛吾老
하늘은 너의 재주 꺾었어라	蒼天屈爾才
애환의 감정 다 말할 수 없어	悲懽不盡意
모두 이 깊은 술잔에 담았네	都在此深杯

462 충원(忠原) : 충청북도 충주(忠州)의 옛 이름이다.

463 안덕봉(安德鳳) : 1567~?. 본관은 순흥(順興)이고, 충주(忠州)에 거주하였다. 1603년(선조37) 진사시에 합격하였다.

평균

平均

절서는 삼춘의 절반이니　　節序三春半
평균은 이월의 중순이라　　平均二月中
흐림과 갬 또 아침과 저녁 사이　　陰晴朝又暮
추위와 더위 또 비와 바람 사이　　寒暖雨兼風
우왕좌왕 둥지 트는 참새　　擾擾營巢雀
꿈틀꿈틀 잠을 깨는 벌레　　蠕蠕振蟄蟲
한 기운이 만물을 에워싸　　群生囿一氣
나도 절로 늙은이 되었네　　吾亦自成翁

손님이 찾아오다

客至

사는 곳 궁벽해 늘 문을 닫고　地僻常關戶
사람 드물어 뜰을 쓸지 않았는데　人稀不掃庭
그대 만나 한바탕 술에 취하고　逢君拚一醉
흥에 겨워 술 두 병을 비웠지　乘興臥雙甁
부질없이 용 잡는 기술[464] 가졌고　謾抱屠龍技
공연히 여윈 학의 모습[465] 남았네　空餘瘦鶴形
손님 떠난 뒤에 등불 밝히니　燈懸客去後
띳집이 봄 별빛에 휘감겨 있네[466]　茅屋帶春星

464 용 잡는 기술 : 특별한 기예를 뜻하는 말이다. 《장자(莊子)》 〈열어구(列禦寇)〉에 "주평만이 지리익에게서 용 잡는 기술을 배웠는데, 천금의 가산(家産)을 다 쏟으면서 3년 만에 그 기예를 완전히 익혔지만, 그 기교를 발휘해 볼 곳이 없었다.〔朱泙漫學屠龍於支離益, 單千金之家, 三年技成 而無所用其巧.〕"라는 말에서 나온 것이다.

465 여윈 학의 모습 : 청수(淸瘦)한 자태를 형용하는 말이다. 소식(蘇軾)의 〈요둔전만시(姚屯田挽詩)〉"칠 년 간의 이별 진실로 꿈만 같으니 아직도 깨끗한 여윈 학의 모습 기억나구나.〔七年一別眞如夢, 猶記蕭然瘦鶴姿.〕"라고 하였다. 《東坡全集 卷3》

466 띳집이……있네 : 두보(杜甫)의 〈야연좌씨장(夜宴左氏莊)〉에 "어둠 속의 물은 꽃핀 길에 흘러가고, 봄날의 별빛은 초당을 휘감고 있네.〔暗水流花徑, 春星帶草堂.〕"라는 구절이 있다. 《全唐詩 卷224》

우연히 읊다
偶吟

계절 바뀌니 양쪽 귀밑털 세고 時序霎凋鬢
천지 속에 하나의 허름한 집이라 乾坤一弊廬
병풍 두른 향 연기는 가늘고 繞屛香縷細
문에 스민 달 물결은 펴지누나 侵戶月波舒
가난해도 잔 속의 물건[467] 생각하고 貧憶杯中物
수심에도 서가의 책을 궁구하네 愁窮架上書
가련하도다 초췌한 몰골이여 自憐憔悴色
어부는 삼려를 알려나[468] 漁父認三閭

467 잔 속의 물건 : 술을 말한다. 도잠(陶潛)의 〈책자(責子)〉에 "천운이 참으로 이와 같으니, 우선 잔 속의 물건이나 마시리라.〔天運苟如此, 且進盃中物.〕"라고 하였다. 《陶淵明集 卷3》

468 초췌한……알려나 : 은거하고 있는 자신을 굴원(屈原)에 빗대어 말한 것이다. 삼려(三閭)는 삼려대부를 지낸 굴원을 가리킨다. 굴원이 소인의 참소로 조정에서 쫓겨나 강가를 거닐면서 시를 읊조릴 때, 어부가 그의 초췌한 몰골을 보고 묻기를 "그대는 삼려대부가 아닌가, 어찌하여 이 지경에 이르렀는가?〔子非三閭大夫與? 何故至於斯?〕"라고 하였다. 《楚辭 卷7 漁父辭》

나그네

遊子

먼 곳에서 사는 슬픈 나그네여	遠寄悲遊子
늙은 선비로 세월을 보냈구나	流光送老儒
심장은 환난을 가볍게 여기고	心腸輕患難
일상 속에서 공부가 익숙하였네	眠食熟工夫
득실은 모름지기 새옹지마를 볼 것이요	得失須看馬
시비는 까마귀의 자웅을 가리지 말라[469]	雌雄莫辨烏
푸른 등불이 밤마다 짝이 되어	青燈夜夜伴
촌심을 비추어 주지 않으랴	能照寸忱無

469 득실은……말라 : 세상의 득실에 대해서는 새옹지마(塞翁之馬)의 고사를 보아 연연해하지 말고, 세상의 시비에 대해서는 분별하지 말라는 뜻이다. 새옹지마의 고사는 옛날 변방 가까이에 살던 한 노인이 말을 잃어버려도 복(福)이 될 수가 있고, 말을 얻어도 화(禍)가 될 수가 있다고 했다는 것이고, 까마귀의 자웅은 《시경》에 "모두 자기들이 잘났다고 하지만, 누가 까마귀의 자웅을 알 수 있을까.〔具曰予聖, 誰知烏之雌雄.〕"라고 한 말을 인용한 것이다. 《淮南子 人間世》《詩經 正月》

봄비가 내리다

春雨

저문 빛은 구름과 이어져 검고	暮色連雲黑
짙은 그늘은 밝은 달 가렸네	濃陰掩月明
봄날은 약속 지켜 찾아오고	靑春來有信
가랑비는 소리 없이 지나가네	微雨過無聲
은근히 적시니 천화가 생동하고	暗濕千花動
가볍게 적시니 백초가 자라나네	輕沾百草生
아침빛이 아마 아름다우리니	朝光想應媚
말끔히 새로 갤 날을 기다리네	爛熳待新晴

귀근하는 이양백[470]에게 주다 계해년(1623, 인조1)

贈李養伯歸覲 癸亥年

깨끗한 풍운제회의 때[471]에	洒落風雲際
어머니께 효도하는 자식의 정이라	晨昏母子情
이번 걸음이 뜻을 얻은 것은 아니나	玆行非得意
한 번 귀근함이 잠시 영화가 되누나	一覲乍爲榮
군주가 훌륭하면 신하의 말은 곧고[472]	主聖臣言直
근심이 깊으면 이별의 한은 가벼운 법	憂深別恨輕
숲의 까마귀와 마주하는 곳에서	林烏相對處
다시 신경[473]을 바라보리라	也復望神京

470 이양백(李養伯) : 이배원(李培元, 1575~1653)으로, 양백은 그의 자이다. 본관은 함평(咸平), 호는 귀휴당(歸休堂)이다. 1613년(광해군5) 증광문과에 병과로 급제하여 승문원에 소속되었다가 평안도 평사가 되었으나, 광해군의 어지러운 정치를 보고 벼슬을 단념하고 고향에 은거하였다가, 1623년(인조1) 인조반정 이후에 정언이 되었다. 이 시는 이때 지은 듯하다. 저서에 《귀휴당집》이 있다.

471 깨끗한 풍운제회(風雲際會)의 때 : 인조반정 이후의 조정을 가리킨다. 풍운제회는 밝은 임금과 어진 신하가 만나는 것을 말한다. 《주역》 〈건괘(乾卦) 문언(文言)〉에 "구름은 용을 따르고 바람은 범을 따른다.〔雲從龍, 風從虎.〕"라고 한 데서 온 말이다.

472 군주가……곧고 : 당 태종(唐太宗)이 어느 날 조회를 파하고는 위징(魏徵)이 매번 조정에서 자신에게 모욕을 준다고 화를 내며 죽여 버리겠다고 하였는데, 장손황후(長孫皇后)가 "군주가 밝으면 신하가 곧다.〔主明臣直〕"라고 말하여 화를 풀었다고 한다. 《資治通鑑綱目 貞觀 6年》 이배원이 정언이기 때문에 이 말을 한 것이다.

473 신경(神京) : 황제가 거처하는 도읍지를 뜻하는데, 여기서는 조선의 수도인 한양(漢陽)을 가리킨다.

청탁한 죄로 충군된 이구완[474] 춘원 에게 주다

贈李九畹以關節充軍 春元

이번 이별에 생과 사가 나뉘니	此別判生死
혹독한 추위를 어찌 굳이 말하랴	衝寒何足言
간서는 진실로 두렵지만[475]	簡書眞可畏
적수[476]가 어찌 성은이 아니랴	謫戍豈非恩
홀연히 도성을 떠나	忽忽離京輦
유유히 변방으로 가네	悠悠赴塞門
이제부터 편지 사절하고	從今謝毫牘
정신으로만 교제하세	相接秖神魂

474 이구완(李九畹) : 이춘원(李春元, 1571~1634)으로, 구완은 그의 호이다. 본관은 함평(咸平), 초명은 신원(信元), 자는 원길(元吉)이다. 박순(朴淳)에게 학문을 배웠다. 1617년(광해군9)에 충청도 관찰사로 있던 중 인목대비(仁穆大妃)를 폐하려는 것에 대해 극력 반대하다가 파직되었다. 1623년(인조1) 윤(閏) 10월에 의주 별장(義州別將)을 회피하려는 이숙명(李俶命)을 위하여 병조 판서 김류(金瑬)에게 청탁 편지를 보낸 사람으로 지목되어 의주에 충군(充軍)되는 조처를 받았다. 《仁祖實錄 1年 閏10月 17日》

475 간서(簡書)는 진실로 두렵지만 : 간서는 조정에서 벼슬아치를 발령할 때 내리는 공문이다. 《시경》 〈출거(出車)〉에 "어찌 돌아가고 싶지 않으랴마는, 이 간서가 두렵구나.〔豈不懷歸, 畏此簡書.〕"라고 한 데서 온 말이다.

476 적수(謫戍) : 귀양 가서 수자리하는 것으로, '적수(適戍)'라고도 한다.

사람들의 말에 '사인[477]은 관직 생활 중에 납제[478]를 맛보는 것 외에 또 한 수레의 땔나무를 하사받는다.'라고 하였다. 땔나무는 손에 넣었으나 납월이 되기 전에 전한[479]으로 체직되었다. 전날 정공과 숙직할 때 선생과 연회를 베풀기로 약속하였는데, 못의 얼음이 풀리기를 잠시 기다리며 이에 장난삼아 주다

人言舍人有宦味臘劑外 又有車薪 薪則入手 未及臘 經遞典翰 前日與鄭公直 有先生宴會之約 稍待池泮 仍戲贈

중서성[480]에서 체직되었다고 하는데 聞遞中書省
누가 우사인에 제수되었을까 誰除右舍人
만금의 약제 헛되이 포기하고 虛抛萬金劑
한 수레의 땔나무만 얻었다오 但得一車薪
지망은 연당[481]이 최고이고 地望蓮堂最
용안은 옥서[482]가 친밀하네 天顏玉署親

477 사인(舍人) : 의정부에 속한 정4품 벼슬이다. 조희일은 1623년(인조1)에 의정부 사인을 거쳐 전한(典翰)이 되었다. 《竹陰集 附錄 神道碑銘》

478 납제(臘劑) : 임금이 납일(臘日)에 근신(近臣)들에게 하사하는 약으로, 내의원(內醫院)에서 해마다 섣달에 지어 바치는 소합원(蘇合元), 안신원(安神元), 청심원(淸心元) 등을 말한다.

479 전한(典翰) : 홍문관에 속한 종3품 벼슬이다.

480 중서성(中書省) : 조선 시대의 의정부(議政府)를 가리키는 말이다.

481 연당(蓮堂) : 의정부를 가리킨다.

482 옥서(玉署) : 홍문관을 가리킨다.

선생과 고상한 연회 베푸는 날은	先生高會日
봉지[483]에 얼음 풀리는 봄이리라	氷泮鳳池春

483 봉지(鳳池) : 봉황지(鳳凰池)의 준말로, 대궐 안에 있는 못을 가리킨다.

차운하여 부윤 김수오[484]와 고성 고선행[485]에게 주다 김존경과 고용후이다.

次韻 贈金府尹守吾 高高城善行 金存敬高用厚

죽을 고비에도 살아남은 우리들	萬死猶吾輩
남은 생애에 또 이 술잔 드누나	餘生又此杯
작은 정자는 천고의 승경이라	小亭千古勝
저녁 내내 여덟 개의 창을 열었네	終夕八窓開
대 늘어지니 찬 기운 섬돌에 생기고	竹亞涼生砌
솔 그늘지니 달빛 누대에 가득하네	松陰月滿臺
견고한 성에 화각 소리 들릴 제	重城聞畫角
취한 몸 부축하고 함께 돌아오네	扶醉共歸來

484 김수오(金守吾) : 김존경(金存敬, 1569~1631)으로, 수오는 그의 자이다. 본관은 광산(光山), 호는 죽계(竹溪)이다. 1599년(선조32) 별시 문과에 병과로 급제하였고, 1618년(광해군10)에 강원도 감사가 되었으나 시정을 잘 처리하지 못해 사헌부의 탄핵을 받았고, 이어서 지중추부사를 거쳐 경주부윤이 되었다. 인조반정 이후에는 대북의 몰락과 함께 주요관직으로부터 밀려났다.

485 고선행(高善行) : 고용후(高用厚, 1577~?)로 선행은 그의 자이다. 본관은 장흥(長興), 호는 청사(晴沙)이다. 아버지는 의병장 고경명(高敬命)이다. 1605년(선조38)에 진사시에 합격하였고, 1606년 증광문과에 을과로 급제하였다. 1616년(광해군8)에 남원부사(南原府使)가 되었으며, 1624년(인조2)에 고성 군수(高城郡守)를 역임하였다. 1631년에는 동지사로 명(明)나라에 다녀왔다.

의춘의 임소로 돌아가는 사제[486]와 작별하다

別舍弟還宜春任所

오래도록 머물 곳은 아니니	不是久留地
가는 행차 어찌 다시 멈추랴	行旌那復停
형제끼리 서로 따르지 못하고[487]	未成聯序雁
공연히 언덕에 있는 할미새 읊네[488]	空賦在原鴒
길은 궁벽해 온 산에 날 저물고	路僻千山暮
가을하늘 높아 나뭇잎 하나 떨어지리	秋高一葉零
등불 앞에 소슬한 빗소리	燈前蕭瑟雨
밤 깊어갈 제 홀로 듣는다오	獨向夜深聽

486 의춘(宜春)의……사제(舍弟) : 사제는 조희일의 아우인 조희진(趙希進, 1579~1644)을 가리킨다. 의춘은 경상남도 의령(宜寧)의 옛 이름으로, 조희진은 1625년 2월 4일 의령 현감에 제수되었다. 《承政院日記 仁祖 3年 2月 4日》

487 형제끼리……못하고 : 형제끼리 함께 하는 것을 질서정연하게 줄지어 날아가는 기러기에 비유한 것이다.

488 공연히……읊네 : 원문의 '재원령(在原鴒)'은 '척령재원(脊令在原)'으로, 형제간에 우애하며 위급할 때 서로 돕는 것을 읊은 《시경》 〈상체(常棣)〉를 말한다. 거기에 "할미새가 언덕에 있으니, 형제가 위급함을 구원하도다.〔脊令在原, 兄弟急難.〕"라고 하였다.

영남 방백 김사정[489]에게 주다

贈嶺南方伯金士精

어렸을 적 옷 걷어잡은 날[490]	小少摳衣日
나란히 책을 끼고 다녔지	聯翩挾卷行
중년에는 늘 격조하였으니	中年常阻面
이번 이별 더욱 마음에 걸리네	此別更關情
조도는 녹운의 형세요[491]	鳥道綠雲勢
용추는 땅 울리는 소리라[492]	龍湫殷地聲
남쪽 변방은 나라의 문호이니	南藩國門戶
부디 일천 성을 잘 맡게	努力任千城

489 김사정(金士精) : 김치(金緻, 1577～1625)로, 사정은 그의 자이다. 본관은 안동(安東), 호는 남봉(南峰) 또는 심곡(深谷)이다. 1597년(선조30) 알성 문과에 병과로 급제하였고, 1625년(인조3) 3월 22일 경상도 관찰사에 제수되었다. 조희일과는 1608년(광해군 즉위년)에 사가독서(賜暇讀書) 인원에 함께 선발된 인연이 있다.

490 옷 걷어잡은 날 : 스승 밑에서 함께 공부했던 때를 말한다. 원문의 '구의(摳衣)'는 옷의 앞자락을 들어 올려 경의를 나타낸다는 뜻으로, 스승 앞에 나아가 배움을 청하는 것을 이른다. 《예기(禮記)》 〈곡례 상(曲禮上)〉에 "옷자락을 걷어잡고 구석을 향해 종종걸음으로 가고, 반드시 응대를 반드시 삼가서 해야 한다.〔摳衣趨隅, 必愼唯諾.〕"라고 하였다.

491 조도(鳥道)는 녹운(綠雲)의 형세요 : 김치(金緻)가 부임하는 길에 상서로운 구름이 떠 있다는 말이다. 조도는 새가 아니면 통과할 수 없을 만큼 험한 길로, 조령(鳥嶺)을 가리킨다. 녹운(綠雲)은 선인(仙人)을 감싸고 있는 상서로운 구름이다.

492 용추(龍湫)는……소리라 : 용추 폭포 소리가 땅을 울릴 만큼 크다는 말이다. 용추는 문경새재에 있는 폭포 이름이다.

진사 변헌[493]이 와서 보고, 이어 서경 상공이 임진년(1592, 선조25)에 풍원부원군(豐原府院君)의 시에 차운한 시[494]를 외고는 나에게 차운시를 요구하자 즉시 붓을 달려 완성하다

卞進士獻來見 仍誦西坰相公壬辰年所次豐原府院詩韻 要次 卽走筆占就

옛 성에 남은 비 걷히니	古堞收殘雨
높다란 집에 티끌 한 점 없네	高齋絶點塵
서로 만나 면목 보고 놀라고	逢場驚面目
지나간 일에 마음 슬퍼하네	往事愴心神
세월은 유독 늙음을 재촉하고	歲月偏催老
앵화는 이미 봄을 마쳤어라[495]	鶯花已罷春
아침에도 숙취가 풀리지 않아	宿酲朝不洗

493 변헌(卞獻) : 1570~1636. 본관은 초계(草溪), 법명은 쌍익(雙翼), 자는 시재(時哉), 호는 삼일산인(三一山人)이다. 일찍이 중이 되어 휴정(休靜)과 유정(惟政) 등에게 불법을 배우고 1592년(선조 25) 임진왜란 때 승군으로 출전하여 많은 공을 세웠으나, 이듬해에 환속하여 사과(司果)의 벼슬을 받았다. 1609년(광해군1) 진사시에 합격하였다. 시서(詩書)에 뛰어나 명(明)나라에 들어가서는 명인이라 칭찬을 받았다.

494 서경(西坰)……시 : 서경은 유근(柳根, 1549~1627)의 호이고, 풍원부원군(豐原府院君)은 유성룡(柳成龍, 1542~1607)의 봉호이다. 이 시는 《서경집(西坰集)》 권1에 〈백상루에 올라 여러 상공의 시에 차운하다.〔登百祥樓次諸相公韻〕〉라는 제목으로 실려 있다.

495 앵화(鶯花)는……마쳤어라 : 봄날이 다 지나갔다는 말이다. 앵화는 꾀꼬리와 꽃으로, 봄날의 풍경을 뜻한다. 두보(杜甫)의 시에 "앵화는 세계를 따르고, 누각은 산정에 의지하였네.〔鶯花隨世界, 樓閣倚山巔.〕"라고 하여, 가는 곳마다 꾀꼬리와 꽃이 있음을 표현하였다. 《杜詩詳註 卷12 陪李梓州王閬州蘇遂州李果州四使君登惠義寺》

마음대로 오건을 젖혔네 隨意岸烏巾

광산 현감(光山縣監)이 되어 임소로 가는 최유장[496]을 전송하다

送崔孺長宰光山之任

부임하는 고을은 웅주가 강등되었고[497]	邑是雄州降
예전 관직은 아헌[498]으로 청렴하였지	官曾亞憲淸
부모께서 연로하시니	親年當喜懼
자식이 어찌 공명을 생각하랴	兒念豈功名
산곽에는 가을 달이 깊고	山郭深秋月
호남 관문에는 나무 소리 어지러우리	湖關亂樹聲
반의에 자수가 빛나니[499]	斑衣映紫綬
노인성을 향해 춤추네[500]	舞向老人星

496 최유장(崔孺長) : 최연(崔葕, 1576~1651)으로, 유장은 그의 자이다. 최연은 1625년(인조3) 8월 13일에 광산 현감(光山縣監)으로 나갔다. 《承政院日記 仁祖 3年 8月 13日》

497 부임하는……강등되었고 : 광산현(光山縣)은 원래 광주목(光州牧)이었는데, 1489년(성종 20)에 광산현으로 강등되었다. 《新增東國輿地勝覽 卷35 全羅道 光山縣》

498 아헌(亞憲) : 사헌부 집의를 가리킨다. 최연은 1625년(인조3) 2월 21일에 사헌부 집의에 제수되었다. 《承政院日記 仁祖 3年 2月 21日》

499 반의(斑衣)에 자수(紫綬)가 빛나니 : 고관(高官)을 지냈는데도 어버이를 기쁘게 해 드린다는 말이다. 반의는 효자가 어버이 앞에서 입는 색동옷을 말하는데, 오채의(五彩衣)라고도 한다. 춘추시대 초(楚)나라의 은사(隱士)인 노래자(老萊子)가 나이 70에도 어버이의 마음을 기쁘게 해 드리려고 색동옷을 입고서 춤을 추며 재롱을 떨었던 고사가 전한다. 《初學記 卷17 孝子傳》 자수는 고관이 찼던 자주색 인끈으로 고관대작을 가리킨다.

500 노인성(老人星)을 향해 춤추네 : 어버이께 축수(祝壽)한다는 말이다. 노인성은 인

간의 수명을 관장한다는 수성(壽星)으로, 이 별이 나타나면 그 고장의 사람들이 장수하고 그 나라가 잘 다스려진다고 한다. 《史記 天官書》

평택에서

平澤

평택은 아주 오래된 고을이라	平澤邑甚古
장송 가지가 반은 말랐네	長松枝半枯
농가는 객관과 이웃해 있고	田家隣客館
마을 불빛은 관청 주방과 이어졌네	村火接官廚
무너진 담장으로 돼지 염소 나오고	墻圮猪羊出
휘도는 못에 기러기 오리 부르짖네	塘回雁鶩呼
황폐한 비석에 지난 자취 적혔는데	荒碑紀往蹟
와자와 결자 탓에 베끼기 어렵구나	訛缺字難摹

진위[501]에서

振威

작은 고을의 진위현	十室振威縣
남쪽에서 오면 경기의 초입이라	南來畿甸初
긴 시내는 고을을 에워싸고	長川遶邑里
높은 나무는 마을을 보호하네	喬木護村居
역마 바꾸는 곳이나 애초에 말이 없고	遞驛元無馬
소반에 오른 것은 겨우 생선이라	登盤僅有魚
난간에 기대 단풍잎 마주하니	憑欄對霜葉
하나하나 앞뜰에 떨어지누나	一一墮前除

501 진위(振威) : 현재 평택시 진위면을 가리킨다.

수원 도중에

水原途中

새벽에 수성관[502]을 출발하니	曉發隋城館
찬 산에 해가 더디 나오네	山寒日出遲
서리는 돌미륵을 적시고	霜沾石彌勒
나뭇잎은 옛 총사[503]에 떨어지네	葉脫古叢祠
난세에 성군에 의지하였으니	亂世憑君聖
남은 인생 쇠한 지기 분발하리	殘年撥志衰
봉래에 오색구름 찬란하니[504]	蓬萊五雲色
점점 서울이 가까워져 기쁘네	漸喜近京師

502 수성관(隋城館) : 수원(水原)의 관사이다. 수성은 수원의 옛 이름이다.

503 총사(叢祠) : 돌멩이를 쌓아 올려 만든 사당이라는 뜻으로, 서낭당을 말한다.

504 봉래(蓬萊)에 오색구름 찬란하니 : 봉래는 봉래전(蓬萊殿)으로, 장안(長安)에 있던 궁전 이름인데, 일반적으로 궁궐을 가리킨다. 두보(杜甫)의 시에 "구름은 봉래전과 가까워 항상 오색이요, 눈은 지작관(鳷鵲觀)에 아직도 많이 남아 있네.〔雲近蓬萊常五色, 雪殘鳷鵲亦多時.〕"라고 하였다.《杜少陵詩集 卷6 宣政殿退朝晚出左掖》

3월 그믐에 청음을 보내면서 주다[505]

三月晦日 送贈淸陰

하루 동안 두 종류의 한스러움은	一日兩種恨
그대 보내고 봄 보내는 거라오	送君兼送春
산중에는 여러 날 밤 비 내리고	山中連夜雨
들밖에는 홀로 사람 돌아가네	野外獨歸人
나무에 기대면 잠이 잘 오겠고	倚樹眠應好
중 만나면 이야기 또한 진실하리	逢僧話亦眞
봄빛이 어느덧 저물어 가는데	韶光坐衰歇
꽃 지는 게 가장 마음 아프네	花落最傷神

505 3월……주다 : 이 시에 대해 청음(淸陰)이 차운한 시는 《청음집(淸陰集)》 권4 〈석실에서 초여름에 죽음이 부쳐 온 시에 차운하다.〔石室初夏次竹陰寄詩韻〕〉라는 제목의 2수이다.

두 번째로 차운하다

二次

연한 잎은 막 여름 되어 우거지고	軟綠初敷夏
남은 꽃은 이미 봄의 끝자락에 있네	殘紅已殿春
무심하게 우연히 들른 곳에서	無心偶過地
술 있어 억지로 사람 머물게 하였네	有酒强留人
세상일은 원래 허망하지만	世事元來幻
사귀는 정은 늙을수록 진실하네	交情老去眞
시 이루고 흥취 남아 있으니	詩成餘興在
취한 뒤에 정신이 새로워지네	醉後更精神

세 번째로 차운하다

三次

꽃과 버들이 이제 한창 무성하니	花柳今方盛
봄 갔어도 다른 봄이 있네	春歸別有春
금문에는 대은이 거처하고[506]	金門棲大隱
석실에는 은자가 누워 있네[507]	石室臥幽人
그대는 명성이 허망함을 깨달았고	子悟名爲幻
나는 게으름이 천성임을 알았어라[508]	余知懶是眞
보내온 시 내용이 아주 청아하니	來詩語淸絶
한 번 읽으매 심신이 상쾌해지네	一讀爽心神

506 금문(金門)에는 대은(大隱)이 거처하고 : 자신은 조정에 있으나 먼 산림(山林)에 뜻이 있다는 말로, 조희일 자신을 가리켜 말한 것이다. 금문은 한(漢)나라 때 궁문인 금마문(金馬門)의 약칭으로 보통 대궐이나 조정을 가리킨다. 대은은 몸은 번잡한 시조(市朝)에 있으나 뜻은 속세를 벗어나 고원한 이상을 추구하는 데 있는 사람을 가리키는 것으로, 진(晉)나라 왕강거(王康琚)의 〈반초은(反招隱)〉에 "소은은 산속에 숨고, 대은은 시조에 숨는다.〔小隱隱陵藪, 大隱隱市朝.〕"라고 한 데서 온 말이다. 《文選 卷22》

507 석실(石室)에는……있네 : 청음(淸陰) 김상헌(金尙憲)을 가리켜 한 말이다. 석실은 경기도 양주(楊州)에 속한 곳으로, 김상헌이 이곳에서 은거하며 석실산인(石室山人)이라는 자호(自號)를 쓰기도 하였다.

508 나는……알았어라 : 세상에 대한 의욕을 버리고 한가하게 사는 것이 천성대로 사는 것이라는 말이다. 두보(杜甫)의 〈만성(漫成)〉에 "근자에 아미산 노인을 알았더니, 나의 게으름이 참된 천성인 줄 알더라.〔近識峨嵋老, 知余懶是眞.〕"라고 하였다. 《杜詩詳註 卷10》

조사 강왈광[509] 의 시에 차운하다. 2수

次詔使韻 二首 姜曰廣

황화[510]가 조서를 선포한 뒤에 皇華宣詔後
흥을 타고 맑은 유람 즐기네 乘興辦淸遊
저물녘에 배를 띄우고 가니 落日放船去
긴 강이 바다와 이어져 흐르네 長江連海流
옥 술잔 깊어 거듭 기울이고 玉觴深更倒
주옥같은 시는 보배로워 간직할 만하네 珠唾寶堪收
한바탕 꿈처럼 요대[511]에서 만났으니 一夢瑤臺會
신선 인연이 슬프게도 부질없구려 仙緣悵謬悠

배 위의 비단 자리 시원하니 船上錦筵敞
뱃머리에 황색 모자 빛나네 船頭黃帽喧
어둠과 안개는 같은 빛이요 暝和煙共色
파도와 달은 똑같은 자취라 波與月同痕

509 강왈광(姜曰廣) : 명(明)나라의 한림원 편수(翰林院編修)로, 인조 4년(1626)에 공과 급사중(工科給事中) 왕몽윤(王夢尹)과 함께 황태자가 탄생한 데 대한 조서를 반포하기 위한 사신으로 왔다. 이때 조희일은 평안남도 안주(安州))에 가서 그들을 영접하고 노고를 기록하여 특별히 가의대부(嘉義大夫)로 자급이 올랐다. 《竹陰集 附錄 神道碑銘》

510 황화(皇華) : 임금의 명을 받든 사신이라는 뜻인 황화사(皇華使)로, 중국 사신을 말한다.

511 요대(瑤臺) : 옥으로 장식한 누대로, 신선이 거처하는 곳을 가리킨다.

강한의 풍류[512]와 가깝고	江漢風流近
반계의 사업[513]이 있다오	潘溪事業存
고금이 다르다 말하지 마소	莫言今古異
등문[514]한 게 얼마나 다행인가	何幸忝登門

512 강한(江漢)의 풍류 : 강한은 장강(長江)과 한수(漢水)의 부근 지역인 무창(武昌)을 가리킨다. 강한의 풍류는 진(晉)나라의 재상 유량(庾亮)이 일찍이 정서장군(征西將軍)이 되어 무창에 있을 때 그의 좌리(佐吏)인 은호(殷浩), 왕호지(王胡之) 등과 함께 시를 읊조리며 고상한 풍류를 만끽했던 고사에서 온 말로, 시를 읊조리며 풍류를 즐기는 것을 의미한다. 《晉書 庾亮列傳》 두보(杜甫)의 시에 "공무 마친 많은 여가에 막료들을 맞아 즐기니, 강한의 풍류가 만고에 길이 전하리로다.〔自公多暇延參佐, 江漢風流萬古情.〕"라고 하였다. 《杜少陵詩集 卷21 江陵節度使陽城郡王新樓成王請嚴侍御判官賦七字句同作》

513 반계(潘溪)의 사업 : 반계는 보통 '반계(磻溪)'라고 쓴다. 중국 섬서성(陝西省) 동남쪽으로 흐르는 강이다. 강태공(姜太公) 여상(呂尙)이 위수(渭水)의 물가인 반계에서 낚시하고 있던 중, 80세의 나이로 주 문왕(周文王)을 만나 사부(師傅)로 추대되었고, 이어 무왕을 도와 은나라를 멸망시키고 주나라를 세우는 데 공헌한 고사가 있다. 《史記 齊太公世家》

514 등문(登門) : 선비들이 후한(後漢) 이응(李膺)의 인정을 받으면 명성이 높아지므로 그의 접대를 받는 것을 등문 또는 등용문(登龍門)이라고 하였다. 《後漢書 黨錮列傳 李膺》 여기서는 조희일이 중국 사신 강왈광(姜曰廣)에게 인정을 받은 것을 뜻한다.

세초암[515]에 쓰다

題洗草巖

무계동[516]에 누차 들어가니	屢入武溪洞
진세의 자취가 깊이 부끄럽네	深慙塵世蹤
푸른 쪽을 짜니 시내 되고	碧藍挼作澗
푸른 옥을 깎으니 봉우리 이루었네	蒼玉削成峯
저물녘 비에 황량한 누대를 꿈꾸고[517]	暮雨荒臺夢
석양 속에 옛 절의 종소리 들리네	斜陽古寺鍾
새 시를 매끄러운 돌에 쓰느라	新詩題石滑
말 멈추고 대 지팡이에 기댔네	住馬倚寒笻

515 세초암(洗草巖) : 세초를 하던 시내에 걸쳐 있는 바위로, 차일암(遮日巖)을 말하는 듯하다. 세초는 실록 편찬을 마친 뒤에 총재관(摠裁官) 이하가 창의문(彰義門) 밖 세검정 부근의 차일암에 가서 초본(草本)을 잘게 찢고 물에 담가 먹물을 빼는 일을 이른다.

516 무계동(武溪洞) : 창의문(彰義門) 밖에 있는 마을로, 현재 종로구 부암동에 있었다. 수석이 맑고 경치가 매우 아름다운 곳이다.

517 저물녘……꿈꾸고 : 두보(杜甫)가 초(楚)나라 시인 송옥(宋玉)의 유적지를 읊은 시에 "강산의 고택에 부질없이 문장만 남았으니, 황폐한 양대(陽臺)의 운우지정을 어찌 꿈엔들 생각하랴.〔江山故宅空文藻, 雲雨荒臺豈夢思?〕"라고 한 구절을 원용한 것이다. 《杜詩詳註 卷17 詠懷古跡》

죽음집

제5권

오언율시 하
五言律詩 下

육언율시
六言律詩

오언율시 하 五言律詩下

서장관 김지수와 헤어지다[518]

別書狀官金地粹

황제 계신 연산[519]은 먼데 日下燕山遠
하늘 동쪽으로 뱃길 열렸다네 天東鷁路開
돛 거두면 푸른 바다 다할 테고 收帆滄海盡
말 오르면 태산이 다가오리라 上馬泰山來
백양[520]은 일찍부터 알려졌던 지역이고 白壤曾聞地
황금은 옛날에 축조한 누대라네[521] 黃金舊築臺

518 서장관 김지수(金地粹)와 헤어지다 : 이 시는 1626년(인조4) 윤6월에 춘성군(春城君) 남이웅(南以雄), 동지중추부사 김상헌(金尙憲)과 서장관의 직함으로 명나라로 사신 가는 김지수(1585~1639)를 전송할 때 지은 작품이다. 《仁祖實錄 4年 閏6月 28日》 김지수는 본관은 의성(義城), 자는 거비(去非), 호는 태천(苔川)·태호(苔湖)·천태산인(天台山人)이다. 저서에 《태천집(苔川集)》이 있다.

519 연산(燕山) : 연경(燕京), 즉 북경(北京)을 말한다.

520 백양(白壤) : 지금의 중국 하북성(河北省) 일대인 기주(冀州)를 말하는 것으로 여겨진다. 《서경》 〈우공(禹貢)〉에 "그 곳의 땅은 희고 부드러웠다.〔厥土惟白壤.〕"라고 하였다. 사행길이 옛 연나라 지역을 통해서 갔으므로 이렇게 말한 것이다.

521 황금(黃金)은……누대라네 : 전국 시대 연(燕)나라 소왕(昭王)이 곽외(郭隗)의 건

이번 길은 장관도 갖추어져 있으니　　茲遊諧壯觀
한번 웃으며 술 가득 부어 권하누나　　一笑勸深杯

의에 따라 대(臺)를 지어 그 위에 천금(千金)을 놓고 천하의 현인(賢人)들을 예우하여 초빙했다는 고사가 전한다. 《史記 燕召公世家》

나오는 대로 읊조려 아우와 헤어질 때 주다 2수 의령에서 담양으로 찾아왔다.

押呼贈別舍弟二首 自宜寧來訪於潭陽

매서운 바람은 넓은 들판 흔들고 風威振大野
눈발은 한 겨울을 빚는 듯하네 雪片釀深冬
병든 눈엔 남은 눈물 맺혔고 病眼凝殘淚
이별할 생각에 수척한 얼굴 서글퍼라 離懷慘瘦容
먼 길에 가는 말은 지칠 테고 長途征馬困
우뚝 솟은 잔교엔 진운[522] 덮여있으리 矗棧陣雲封
평소에 어려울 때 도우려는[523] 뜻 지녔는데 急難平生意
때가 위태로워 울적함만 가슴에 한가득 時危鬱滿胸

522 진운(陣雲) : 층층으로 두텁게 쌓여서 마치 전진(戰陣)처럼 보이는 구름을 말한다. 《史記 天官書》

523 어려울 때 도우려는 : 《시경》 〈상체(常棣)〉에 "할미새가 언덕에 있으니, 어려울 때는 형제들이 돕는 법이라오.〔脊令在原, 兄弟急難.〕"라고 하였다.

숱한 난리 통에 한 해 저물어 가는데 多亂仍窮歲
이 겨울에 문득 서로 만났구나 相逢忽此冬
어찌 지금 병든 것 말하랴 那辭今日病
다행히도 예전 모습 그대로네 幸保舊時容
왔던 길 되짚어 가니 來路還尋去
남은 술동이 뉘와 함께 마실까 殘尊孰發封
내가 한밤중에 꿈꿀 때 唯應三夜夢
너는 팔량봉 날듯이 지나가겠지 飛度八良峯

수세하는 날에 족질 조준형이 찾아오다 2수

守歲日族姪趙俊馨來訪 二首

한없이 슬프고 기쁜 마음	多少悲歡意
서로 친밀히 담소 나누었네	相將笑語親
오경 되어 밤 다해가는데	五更垂盡夜
만호엔 잠 안 자는 사람들	萬戶不眠人
공업은 어느 날에나 이루어질까	事業期何日
세월은 이 몸 스쳐 지나가는데	光陰送此身
새해라서 초하룻날 또 바뀌겠지만	新年元又改
여전히 대명의 봄날이리	猶是大明春

해가 가는 걸 누가 지킬 수 있으랴	歲去那容守
자네 와서 어울리니 절로 좋을시구	君來好自親
굿으로 귀신을 쫓지 않더라도	不憑儺逐鬼
늙음이 사람 따라오는 건 알겠네	但覺老隨人
천리 밖 고향을 그리워하며	故國思千里
타향에서 이 한 몸 붙이고 있네	殊方寄一身
잠이 안 와 베개 베고 누워 있자니	無眠臥攲枕
새벽 호각소리가 새봄을 보내오누나	曉角送新春

완산 도중에

完山途中

봄밤의 꿈 어렴풋이 기억나니 暗記春宵夢
새벽 호각소리 듣고 놀라 깨었네 驚聞曉角興
풀은 말라 바람소리에 서걱이고 草枯風響碎
벼랑 얼어 폭포수는 엉겨있네 崖凍瀑流凝
숱한 난리 속에 이 몸 무슨 보탬될까 多亂身何補
노년에 병만 더욱 깊어지는데 衰年病轉增
큰 도읍으로 풍패의 고장이니 雄都豐沛邑
왕업 열 때 용이 날아올랐으리[524] 開業想龍騰

524 큰……날아올랐으리 : 큰 도읍은 완산(完山) 즉, 지금의 전주(全州)를 말한다. 풍패(豐沛)는 한(漢)나라 고조(高祖)의 고향으로 제왕(帝王)이 일어난 곳을 가리키는데, 태조 이성계(李成桂)의 본관이 전주(全州)이므로 이렇게 말한 것이다. 양웅(揚雄)의 〈진나라를 몹시 논척하고 신나라를 찬미하다〔劇秦美新〕〉에 "마침 한 고조가 용처럼 풍패에서 날아올라, 완과 섭땅에서 용맹을 떨쳤습니다.〔會漢祖龍騰豐沛, 奮迅宛葉.〕"라는 내용이 보인다. 《文選 卷48》

정월 대보름의 습진
正月十五日 習陣

객지에서 명절 만나니	客裏逢佳節
정월 대보름 때구나	風光屬上元
관등놀이는 예부터 전해오던 풍속이요	觀燈古俗事
달 보고 점친다[525]는 건 늙은 농부 말이네	占月老農言
떼 지어 몰려드는 어린진[526]	雜襲魚鱗陣
펄럭이는 표미의 깃발[527]	飛揚豹尾旛
이런 청유와 장대한 볼거리	淸遊與壯觀
저버린 채 홀로 문 닫고 있다네	辜負獨關門

525 달 보고 점친다 : 정월 대보름 밤에 달을 보고서 그 해의 풍년과 흉년을 점쳤다.

526 어린진(魚鱗陣) : 어리진(魚麗陣)이라고도 한다. 물고기가 서로 붙어서 나아가는 모양의 진법(陣法) 이름인데, 전차 25승(乘)을 편(偏)으로 삼아 앞에 배치하고 갑사(甲士) 5인을 오(伍)로 삼아 뒤에 배치하는 진법을 말한다. 《春秋左氏傳 桓公5年 杜預注》

527 표미(豹尾)의 깃발 : 비단을 잘라 표범의 꼬리 모양으로 만든 군기(軍旗)로, 표범의 위엄을 상징하여 사람들이 함부로 움직이지 못하게 하는 것이다.

복평[528]

祆坪

산 북쪽은 여전히 눈밭인데 山北雪猶在
물 남쪽은 다 녹아 벌써 흐르누나 水南澌已流
맑은 날씨 부르는지 새는 지저귀고[529] 喚晴禽語哢
언 땅을 밀치며 풀은 싹을 틔우네 排凍草芽抽
허리띠는 황금 장식이 무겁고 腰帶黃金重
일신의 이름은 백발에 부끄럽네 身名白髮羞
견여[530] 타고 자주 험한 곳 지나며 肩輿頻度險
비스듬히 앉아 깊고 그윽한 곳 흘겨보네 側坐睨深幽

528 복평(祆坪) : 이 당시 전라도 순창(淳昌)에 복평촌(祆坪村)이라는 마을이 있었다. 《東岳集 卷9 潭州錄 閏三月初二日踰鷗峙嶺……》

529 맑은……지저귀고 : 남송(南宋) 심여구(沈與求)의 시에 "우는 비둘기 절로 있어 맑은 날씨를 불러올 줄 안다.〔自有鳴鳩解喚晴.〕"라고 하였다. 《宋詩鈔 卷40 淸明日晩晴》

530 견여(肩輿) : 좁은 길을 지날 때 임시로 쓰는 가마를 이른다.

추월 금성 두 산을 지나는 도중에

秋月金城兩山途中

추월산[531]은 그 이름 자못 걸맞고 　秋月名殊爽
금성산[532]은 지세가 가장 높도다 　金城勢最尊
천 층 높이의 골짝 모퉁이 빙 둘렀고[533] 　千層峽角轉
백 리에 걸쳐 돌부리가 서려 있도다 　百里石根蟠
지리는 천혜의 험지요 　地理憑天險
이 몸은 귀문관[534]에 붙어있네 　生涯傍鬼門
시절 위태해 조정 책략만 믿으니 　時危仗廟算
공업 따윈 논하지 않으리 　功業且休論

531 추월산(秋月山) : 《신증동국여지승람(新增東國輿地勝覽)》 〈전라도(全羅道) 담양도호부(潭陽都護府)〉에 "부의 동북쪽 20리에 있는 진산(鎭山)이다."라고 하였다.

532 금성산(金城山) : 담양과 순창의 경계를 이루는 산이다. 《신증동국여지승람(新增東國輿地勝覽)》 〈전라도(全羅道) 담양도호부(潭陽都護府)〉에 "부의 북쪽 15리에 있다."라고 하였다.

533 천……둘렀고 : 추월산(秋月山)의 모습을 형용한 것이다. 《신증동국여지승람(新增東國輿地勝覽)》 〈전라도(全羅道) 담양도호부(潭陽都護府)〉에 "깎아지른 듯한 석벽이 사방으로 둘렀는데 마치 성과 같다.〔石壁削立, 四圍如城.〕"라고 하였다.

534 귀문관(鬼門關) : 본디 중국 광서성(廣西省)에 있는 변방 요새이다. 《舊唐書 地理志》 여기서는 험한 산길을 말한다.

근심이 밀려오다
憂來

공무 파하고 남은 문서 거둔 뒤	衙罷收殘牒
한가로이 굽은 층계 맴도누나	閑來遶曲階
석양은 대죽 사이로 쏟아지고	夕陽爭漏竹
봄기운은 가만히 매화 조르네	春意暗催梅
연전에 짓다만 시구 게으르게 잇고	懶續年前句
수심 겨워 병중인데 술 찾는다네	憂徵病裏杯
흉악한 무리들아 죄악 쌓지 마라	群兇休稔惡
하늘의 그물은 본래 넓고도 넓으니[535]	天網自恢恢

535 하늘의……넓으니 : 《노자(老子)》 73장에 "하늘의 그물은 넓고 넓어서 성글지만 놓치지 않는다.〔天網恢恢, 疎而不失.〕"라고 하였는데, 하늘이 악인을 잡기 위해 쳐 놓은 그물의 눈은 굉장히 넓지만 하나도 빠뜨리지는 않는다는 뜻이다.

목릉[536]의 기일

穆陵忌辰

이월 초하루는	二月今初吉
선왕께서 예척[537]한 때라네	先王禮陟辰
만년에 다난한 날 만났지만[538]	晩遭多難日
일찍이 태평한 시절 누렸다네	曾享太平春
옥섬돌에서 꽃구경 하시고	玉砌看花界
금규에서 글 짓는 신하 바라보셨네[539]	金閨視草臣
용의 수염 잡고 따라가지 못해[540]	龍髯攀莫及
백발의 몸 눈물이 수건 적시누나	白首淚沾巾

536 목릉(穆陵) : 선조(宣祖)의 능호(陵號)이다. 1600년(선조33) 선조의 비(妃) 의인왕후(懿仁王后) 박씨(朴氏)가 승하하자 처음 장지로 삼고 장사를 지낸 곳으로, 당초에는 유릉(裕陵)이라고 하였다가 1608년(광해군 즉위년)에 선조가 승하한 뒤 능호를 목릉이라고 정하고, 지금의 건원릉(健元陵) 서편 언덕에 장사 지냈다.

537 예척(禮陟) : 제왕의 승하(昇遐)를 말한다. 《서경》〈군석(君奭)〉에 "은나라 선왕(先王)이 예로써 올라가 하늘에 짝하여, 나라를 향유한 세월이 오래였다.〔殷禮陟配天, 多歷年所.〕"라고 하였다.

538 만년에……만났지만 : 1592년(선조25)에 일본의 침략 전쟁인 임진왜란을 만났다.

539 금규(金閨)에서……바라보셨네 : 금규는 한(漢)나라 때 궁궐문인 금마문(金馬門)으로 본디 학사(學士)들이 대조(待詔)하던 곳인데, 여기서는 홍문관(弘文館)을 말한다. 조희일(趙希逸)이 선조(宣祖) 때 홍문관에서 근무했음을 말한다. 《竹陰集 附錄 神道碑銘》

540 용(龍)의……못해 : 예척(禮陟)과 마찬가지로 제왕의 승하(昇遐)를 뜻한다. 옛날에 황제(黃帝)가 용을 타고 승천할 적에 따라 올라가지 못한 소신(小臣)들이 용의 수염을 잡고 있다가 수염이 빠지는 바람에 모두 떨어졌다는 고사에서 나온 말이다. 《史記 封禪書》

담주에서 감회가 일어

潭州有感

초나라 객[541] 해 넘기도록 병들었는데 楚客經年病
진 땅의 소식[542] 달포나 뜸하구나 秦音隔月稀
담주라는 이름은 같지만[543] 潭州名或似
상수[544]와는 땅이 완전 다르다네 湘水地全非
봄풀이 어찌 한을 알리오 春草何知恨
왕손처럼 돌아갈 것 못내 그리누나[545] 王孫苦憶歸
남에서 북으로 가는 기러기 시름겹게 바라보니 愁看南去雁
날마다 사람을 등지고 날아가누나[546] 日日背人飛

541 초(楚)나라 객 : 원래는 참소를 받아 조정에서 쫓겨난 초나라의 굴원(屈原)을 말하는데, 여기서는 귀양 가는 저자 자신을 뜻한다.

542 진(秦) 땅의 소식 : '진 땅'은 당(唐)나라의 수도였던 장안(長安)을 말하는데, 여기서는 한양의 소식을 가리키는 말로 쓰였다.

543 담주(潭州)라는 이름은 같지만 : 담주가 지금의 장사시(長沙市)인 중국의 호남(湖南) 담주(潭州)와 명칭이 같다는 말이다.

544 상수(湘水) : 초(楚)나라 굴원(屈原)이 빠져 죽었던 곳이며, 한(漢)나라 가의(賈誼)가 귀양 갔던 곳이다.

545 봄풀이……그리누나 : 고향을 떠나 있어 수심 겨운 심정을 말한 것이다. 한(漢)나라 회남왕(淮南王) 유안(劉安)이 〈초은사(招隱士)〉에서 "왕손은 출유하여 돌아오지 않건만, 봄풀은 돋아나서 무성하구나.〔王孫遊兮不歸, 春草生兮萋萋.〕"라고 한 데서 온 말이다. 《楚辭 卷8》

546 남에서……날아가누나 : 두보(杜甫)의 〈돌아가는 기러기〔歸雁〕〉에 "만 리 밖 형양의 기러기 올해에 또 북쪽으로 돌아가는구나. 쌍쌍이 길손을 보며 날아오르고 일일이

사람을 등지고 날아가도다.〔萬里衡陽雁, 今年又北歸. 雙雙瞻客上, 一一背人飛.〕"라고 하였는데, 이를 점화한 것이다.《全唐詩 卷233》

금구[547] 도중에

金溝途中

아침 햇살은 푸른 산을 비추고	朝旭射靑嶂
꽃빛은 불타는 노을에 물들었네	花光蒸爛霞
병든 눈엔 원래 절로 눈꽃 피지만	病眸元自纈
시흥이 다시 나를 잡아끄누나	詩興更相挐
작은 시내엔 사초가 언덕까지 자라있고	小澗莎侵岸
이름난 정원엔 대나무가 집을 에워쌌네	名園竹護家
시골집 일찍이 정하지 못했으니	田廬曾未卜
이 생애 가소롭기만 하네	堪笑此生涯

547 금구(金溝) : 전라북도 김제(金堤)를 말한다. 당시 행정구역 명칭은 금구현(金溝縣)이었다.

창녕 유대우에 대한 만사
俞昌寧大佑挽

난리 통에 알고 지냈으며	識面干戈際
형 아우로 교분 맺었었지	論交伯仲間
생이별은 원래 만날 기약 있지만	生離元有數
영결은 너무도 갑작스럽네	死別遽無端
어린 아인 돌아가는 상여 부여잡고	弱子扶歸櫬
고향엔 새 무덤이 만들어졌네	新阡闢故山
명정의 만사 짧은 것 무슨 유감 있으랴만	銘旌短何憾
그대 쉽게 묻지는 못할 듯하네	似爾得埋難

등극 부사로 가는 민 참판 사상 을 전송하며 주다[548]

送贈登極副使閔參判 士尙

태양이 신극에 오르니[549]	日馭升宸極
성사[550]가 한진[551]을 떠가네	星槎泛漢津
천년의 운[552]이 열림을 경하하고	賀開千載運
만방에 봄이 찾아옴을 기뻐하네	喜動萬邦春
용졸함은 참으로 우리의 도이니[553]	用拙眞吾道

548 등극……주다 : 이 시는 1628년(인조6) 명(明)나라 숭정제(崇禎帝)의 즉위를 축하하는 등극 사행의 부사로 가는 민성휘(閔聖徽, 1582~1647)를 전송하며 지은 것이다. 《國朝人物考 虜難時立節征討人 被拘人附》 사상(士尙)은 그의 자이다. 본관은 여흥(驪興), 초명은 성징(聖徵), 호는 졸당(拙堂)·용졸(用拙)이다. 저서에 《송경방고록(松京訪古錄)》이 있다.

549 태양이 신극(升宸)에 오르니 : 숭정제(崇禎帝)의 즉위를 표현한 것이다. 신극은 북극성(北極星)인데, 전하여 제왕이나 제위(帝位), 또는 제왕의 거소(居所)를 가리키는 말로 쓰인다.

550 성사(星槎) : 은하수를 건너는 뗏목이란 뜻으로 사신의 행차를 이른다. 《星槎博物志 卷10》

551 한진(漢津) : 《시경》〈운한(雲漢)〉에 "밝은 저 은하수여, 하늘에서 환히 빛나며 돌고 있네.〔倬彼雲漢, 昭回于天.〕"라는 구절이 있는데, 조씨(曹氏)의 주에 "은하수는 동쪽에서 시작하여 미수(尾宿)와 기수(箕宿) 사이를 경유하는데 이를 한진이라고 한다.〔天漢起于東方, 經尾箕之間, 是爲漢津.〕"라고 하였는데, 여기서는 한강(漢江)을 말한다.

552 천년의 운 : 성인이 태어나서 태평 시대를 이루는 때를 말한다. 황하의 물은 본디 탁하여 맑을 때가 없으나 천 년마다 한 차례씩 맑아지는데, 이는 성인이 태어나 태평 시대를 열 조짐이라고 한다. 《文選 卷53 運命論》

553 용졸함은……도이니 : 두보(杜甫)의 〈자취를 감추다〔屛跡〕〉에 "용졸함으로 나의

수고로움 다할 뿐 감히 몸 챙기랴 殫勞敢爲身
세찬 바람 맞으며 물결 헤쳐 나가고[554] 長風吹破浪
왕래할 때 지체하지 마시구려 來往莫逡巡

사상이 용졸이라 자호하고는 그 집에 편액을 내걸었다.[555]

도를 보존하니, 그윽한 삶이 물정에 가깝구나.〔用拙存吾道, 幽居近物情.〕"라고 하였는데, 이를 점화한 것이다. 《杜少陵詩集 卷10》

554 세찬……나가고 : 웅혼한 기백과 원대한 뜻을 지니고 용맹스럽게 앞으로 나아가는 것을 뜻한다. 남조(南朝) 송(宋)의 좌위장군(左衛將軍) 종각(宗慤)이 소년 시절에 숙부 종병(宗炳)이 그 뜻을 묻자, 말하기를 "거센 바람을 타고서 만리의 파도를 헤쳐 나가고 싶습니다.〔願乘長風破萬里浪.〕"라고 하였다. 《宋書 宗慤列傳》

555 사상(士尙)이……내걸었다 : 용졸당(用拙堂)은 백마강 하류 남당강(南塘江)의 입포(笠浦)에 민성휘(閔聖徽)가 지은 별장을 말한다. 《樂全堂集 卷1 題閔士尙用拙堂 聖徽》 《계곡집(谿谷集)》 권8 〈용졸당기(用拙堂記)〉에 "백마강이 서남쪽으로 흐르다가 가림군 남쪽 지점에 이르러 남당강이 되는데, 이 강 연안에 당우 한 채가 있다.……이 집이 바로 관찰사 민사상씨의 별장이다.〔白馬之江, 西南流, 至加林郡之南爲南塘江, 有瀕江而堂.……閔觀察士尙甫之別業也.〕"라는 내용이 보인다.

안주에서 감회가 일다

安州有感

칠불이 신통력 없어	七佛無神力
삼군이 뼈를 드러내게 되었네[556]	三軍有暴骸
저물녘 강도 오열하며 흘러가고	暮江流咽咽
원통한 귀신은 애달프게 곡하누나	冤鬼哭哀哀
변새 밖 가을바람에 잎이 질 때	塞外秋風落
하늘 끝으로 병든 객 찾아왔네	天涯病客來
장부는 장검을 찼으나	男兒佩長劍
사업은 그저 싸늘한 재 되었네	事業只寒灰

556 칠불(七佛)이……되었네 : 칠불사(七佛寺)는 평안남도 안주군 칠불산에 있던 사찰이다. 을지문덕이 살수(薩水)에서 수(隋)나라 군대와 싸울 때 7명의 승려가 옷을 입은 채 유유히 살수를 건넜다. 이를 본 수나라 군대가 살수를 건너다 모두 물에 빠져 죽었다. 이를 기리기 위해 칠불사를 짓고 승려 일곱을 상징하여 일곱 개의 돌기둥을 세웠다고 한다.《新增東國輿地勝覽 平安道 安州牧》

10월 22일 광암에 배를 대고 밤비 속에 강가에서 묵다

十月二十二日 泊廣巖夜雨宿江上

시월 강가 언덕에 배 대니	十月滄江岸
외론 배 외딴 섬 물가에 있는 듯	孤舟絶島涯
몸을 이미 나라에 바쳤으니	將身已許國
병 많다고 감히 집 생각하랴	多病敢思家
물새는 등불 앞에서 잠들고	水鳥燈前宿
요리사는 장막 밖에서 왁자지껄	廚人帳外譁
봉창엔 찬비 소리 들리는데	篷窓寒雨響
도성으로 가는 꿈도 꾸지 않네	無夢到京華

유상촌에서 노숙하다

露宿楡霜村

멀리 보이는 포구는 유상리이고	極浦楡霜里
푸른 바다는 가도[557]와 통하였네	滄溟椵島通
밀물은 괴상한 바윗돌을 때리고	潮頭舂醜石
펼친 돛은 세찬 바람에 부풀었다오	帆腹飽高風
백성들 흩어져 집은 무너졌고	民散屋無壁
흉년이라 전답은 쑥으로 뒤덮였네	年荒田有蓬
밤 깊자 추위가 뼛속까지 파고들어	夜深寒逼骨
몸 뒤척이니 고향 창가 생각나누나	轉輾憶窓櫳

557 가도(椵島) : 일명 피도(皮島)라고도 하는데, 평안도 철산부(鐵山府) 앞바다에 있는 서해의 섬으로 만주(滿洲)와 접경인 곳이다.

증산에서
甑山

바닷가라서 현에 사는 이 적고　　瀕海縣居小
증산은 깎아지른 산에 자리하였네　　甑山依斷山
옛 시구는 청사에 쌓여 있고[558]　　青紗護舊句
빈 단에는 흰 눈만 가득하도다　　白雪滿空壇
먼 변경에서 외론 신하는 병들었고　　關外孤臣病
하늘 끝이라 짧은 꿈에서나 돌아가네　　天涯片夢還
달밤에 거문고를 탔던　　瑤琴彈夜月
왕년의 즐거움 생각나누나　　回首昔年懽

갑진년(1604, 선조37) 북저공(北渚公)[559]은 수세관으로 체차되어 와서 함종(咸從)에 머물렀고, 당시 명원(明遠) 신 영공은 수령으로 있었으며,[560] 나는 월사공(月沙公)의 주청으로 말을 점고하러 와서 이 분들과

558 옛……있고 : 당(唐)나라 왕파(王播)가 어렸을 때 양주(楊州) 혜소사(惠昭寺) 목란원(木蘭院)에서 잿밥을 얻어먹었는데, 승려들이 싫어하여 그가 오기 전에 밥을 먹어 버리곤 했다. 그 뒤 왕파가 이 지방에 출진(出鎭)해서 이 절을 찾아갔더니, 지난날 자기가 지어 놓은 시를 벌써 푸른 비단으로 감싸 놓고 있었으므로, "이십 년 동안 먼지를 뒤집어쓰고 있다가, 오늘에야 푸른 깁으로 장식되었구나.〔二十年來塵撲面, 如今始得碧紗籠.〕"라는 시구를 지었다. 《唐摭言 起自寒苦》

559 북저공(北渚公) : 김류(金瑬, 1571~1648)의 호이다. 본관은 순천(順天), 자는 관옥(冠玉), 시호는 문충(文忠)이다. 저서에 《북저집(北渚集)》이 있다.

560 명원(明遠)……있었으며 : 명원은 신감(申鑑, 1570~1631)의 자이다. 본관은 평산

만나 매우 즐겁게 놀았다. 당시 증산은 함종의 속현인데 나는 열흘 동안 머물렀다. 두 공이 현의 10리쯤 떨어진 제단에서 나를 송별할 때 밤에 찾아와 증산에 묵었다. 관기가 거문고를 안고 나중에 왔는데, 그때 배꽃은 반쯤 지고 희미한 달빛은 뜰에 가득하였다. 두 공께서 홀로 묵고 있는 나를 위로하려 관기를 오게 한 것이리라. 거문고를 타고 술을 따르게 하면서 새벽까지 놀다가 자리를 파했다. 다시 오니 감회가 들어 시를 써서 지난 일을 기록하는 바이다.

(平山), 호는 소선(笑仙)·만옹(慢翁)이다. 신감의 신도비를 지은 송시열(宋時烈)에 따르면 신감은 형인 신흠(申欽)을 꺼리는 자들에게 견제를 당하자 외직을 청해 함종 현령(咸從縣令)으로 나갔다고 한다. 《宋子大全 卷165 刑曹參判申公神道碑銘》

성균관에서 중구일에 과거를 주관하다 감회에 젖어

泮宮試闈重九日有懷

문선왕의 사당[561]은 엄숙하고 肅肅文宣廟
선비들 시취하는 과장은 깊숙하다네 深深試士場
모래 헤치는 건 구슬 잃을까 두려워서이고 披沙珠恐失
돌 쪼개는 건 옥 감춰져 있을까 의심해서라네 剖石玉疑藏
어느 곳에서 상락주[562]를 따르고 何處斟桑落
누구 집에서 향기로운 국화를 감상할꼬 誰家對菊香
가을빛 보건대 벌써 저물어가니 秋光看已暮
쓸쓸함 속에 중양절이 지나는구나 索寞過重陽

561 문선왕(文宣王)의 사당 : 문묘(文廟)를 말한다. 당(唐)나라 현종(玄宗) 때 공자(孔子)를 문선왕(文宣王)이라 시호(諡號)하였다.

562 상락주(桑落酒) : 중국 하동(河東)의 상락(桑落) 고을에 우물이 있는데, 뽕잎이 지는 시기에 그 물을 길어다 술을 빚으면 그 술맛이 매우 좋으므로 붙여진 이름이라고 한다.《霏雪錄》 특히 중양절에 이 술을 즐겨 마셨는데, 두보(杜甫)의 〈중양절에 봉선현의 양 현령이 백수현의 최 현령을 만나다〔九日楊奉先會白水崔明府〕〉에 "앉아서 상락주를 열어 마시고, 와서 국화 가지를 어루만지네.〔坐開桑落酒, 來把菊花枝.〕"라고 하였다.《杜少陵詩集 卷4》

두 번째
二次

박약[563]과 시서 가르치고	博約詩書訓
조용히 예법 익히는 장소라네	從容禮法場
성인의 마음은 진퇴 알아[564]	聖心知進退
좋은 옥 팔지 보관할지 물었네[565]	良玉問沽藏
만국에선 삼생 갖추어 제향하고	萬國三牲享
천년 동안 한 가닥 향[566]을 피우네	千年一瓣香

563 박약(博約) : 박문약례(博文約禮)의 준말로, 스승에게 배워 식견을 넓히고 그 지(知)를 예(禮)로 요약하여 행(行)으로 실천하는 것을 말한다. 안연(顏淵)이 공자의 도에 대해서 감탄하며 술회한 뒤에 "부자께서는 차근차근 사람을 잘 이끌어 주시면서, 학문으로 나의 지식을 넓혀 주시고 예법으로써 나의 행동을 단속해 주셨다.〔夫子循循然善誘人, 博我以文, 約我以禮.〕"라고 하였다. 《論語 子罕》

564 성인의……알아 : 《주역》〈건괘(乾卦) 문언전(文言傳)〉에 "진퇴와 존망의 이치를 알아 정도를 잃지 않는 자는 오직 성인뿐일 것이다.〔知進退存亡而不失其正者, 其唯聖人乎.〕"라고 하였다.

565 좋은……물었네 : 자공(子貢)이 공자에게 묻기를 "아름다운 옥이 여기에 있다면 궤에 담아서 감춰두시겠습니까. 아니면 좋은 값을 받고 팔아야겠습니까?〔有美玉於斯, 韞櫝而藏諸? 求善賈而沽諸?〕"라고 하니, 공자가 이르기를 "팔겠다. 팔겠다. 그러나 나는 좋은 값을 기다리는 사람이다.〔沽之哉沽之哉, 我待賈者也.〕"라고 하였다. 《論語 子罕》

566 한 가닥 향 : 일주향(一炷香)이라고도 하는데, 흠앙(欽仰)하는 의미로 쓰인다. 송(宋)나라 진사도(陳師道)의 〈연국 문충공 집에서 육일당의 도서를 보고〔觀兗國文忠公家六一堂圖書〕〉에 "지난날 한 가닥 향을 공경히 증남풍을 위해 살랐네.〔向來一瓣香, 敬爲曾南豐.〕"라고 하였다. 《後山集 卷1》 여기서는 문묘(文廟)에서 제사를 지낼 때 피우는 향을 말한다.

〈주아〉[567]를 읽음에 마음 아프니　　傷心讀周雅
봉황이 기양에서 울지 않아서라네[568]　　鳴鳳失岐陽

기양(岐陽)이 다른 판본에는 조양(朝陽)으로 되어 있다.

567 주아(周雅) : 주나라 아악(雅樂)이라는 뜻으로, 《시경》의 소아(小雅)와 대아(大雅)를 말한다.

568 봉황이……않아서라네 : 《시경》〈권아(卷阿)〉에 "봉황이 우는구나, 저 높은 산등성이에서. 오동나무 자라났네, 저 산 동쪽 기슭에서.〔鳳凰鳴矣, 于彼高岡. 梧桐生矣, 于彼朝陽.〕"라고 한 데서 온 말이다. '기양(岐陽)'은 중국 기산(岐山)의 남쪽으로 주(周)나라가 일어난 곳이다.

세 번째

三次

예악으로 다스리던 삼왕[569] 뒤에	禮樂三王後
춘추 시대는 온갖 싸움판이었네	春秋百戰場
《춘추》 범례에서 필삭[570] 헤아리고	例凡推筆削
취사에서 행장[571] 짐작하네	取舍酌行藏
단의 은행나무[572]는 서리 맞아 떨어지고	壇杏經霜隕
운각의 경전에선 좀벌레 물리치는 향기 나네[573]	芸經辟蠹香

569 예악으로 다스리던 삼왕(三王) : 정이(程頤)의 《춘추전(春秋傳)》 서문에 "삼대(三代)의 왕이 번갈아 일어나 천하의 예법이 크게 갖추어졌다. 하(夏), 은(殷), 주(周)는 각각 자, 축, 인으로 정월을 세우고, 충과 질과 문을 각자 숭상하였다.〔暨乎三王迭興, 三重旣備. 子丑寅之建正, 忠質文之更尙.〕"라고 하였다. 《近思錄 卷3 致知類》 '삼왕'은 하(夏)나라 우왕(禹王), 은(殷)나라 탕왕(湯王), 주(周)나라 무왕(武王)을 말한다.

570 필삭(筆削) : 역사를 기록할 때 쓸 만한 것은 쓰고 없앨 만한 것은 없애는 것을 말한다. 《사기(史記)》 〈공자세가(孔子世家)〉에 "공자가 《춘추》를 짓는데, 쓸 것은 쓰고 삭제할 것은 삭제하니, 자하의 무리가 감히 한 마디 말도 돕지 못하였다.〔至於爲春秋, 筆則筆削則削, 子夏之徒不能贊一辭.〕"라고 한 데서 온 말이다.

571 행장(行藏) : 용행사장(用行舍藏)의 준말로, 자신의 도를 펼 수 있느냐 없느냐에 따라 거취를 결정하여 조정에 나아가기도 하고 물러나기도 하는 것을 말한다. 《논어》 〈술이(述而)〉에 "써주면 나의 도를 행하고 써주지 않으면 은둔한다.〔用之則行, 舍之則藏.〕"라고 하였다.

572 단의 은행나무 : 공자가 제자들과 강학했던 곳이다. 《莊子 漁父》 성균관의 강학 장소인 명륜당 구역을 가리킨다.

573 운각(芸閣)의……나네 : 운각은 서적 간행을 담당하는 교서관(校書館)의 별칭인데, 운초(芸草)가 서적의 좀 벌레를 없애는 효과가 있어 서고에는 반드시 운초를 비치했던

이어 희역[574]을 사색하고 완미하니 仍思玩羲易

온갖 변화는 한번 음되고 양되는 데 있도다 萬化一陰陽

데서 유래한 말이다. 명(明)나라 고명(高明)의 《비파기(琵琶記)》 〈효부제진(孝婦題眞)〉에 "향초 잎 향기 진동하자 책벌레 모두 달아나네.〔芸葉分香走魚蠹.〕"라는 내용이 보인다.

574 희역(羲易) : 복희씨(伏羲氏)가 팔괘(八卦)를 그은 역이라는 말로, 《주역》의 별칭이다.

네 번째 정랑 홍익한[575]에게 주다.

四次 贈洪正郎翊漢

일각[576]이 거둥하신 자리에서 日角光臨地
뛰어난 문장으로 시장에서 장원했네 宏詞冠試場
깊은 숲속이라야 표범이 변하는 게[577] 보이니 深林看豹變
얕은 물에선 교룡이 어찌 숨으리오[578] 尺水奈蛟藏
사귐의 도는 처음처럼 담담하고[579] 交道初年淡

575 홍익한(洪翊漢) : 1586~1637. 초명은 홍습(洪霫), 본관은 남양(南陽), 자는 백승(伯升), 호는 화포(花浦)·운옹(雲翁)이다. 척화론(斥和論)을 적극 주장한 오달제(吳達濟), 윤집(尹集)과 청(淸)나라로 끌려가 순절하였다. 저서에 《화포집(花浦集)》·《북행록(北行錄)》·《서정록(西征錄)》 등이 있다.

576 일각(日角) : 사람의 이마 중앙에 태양처럼 불룩 솟은 부분을 말하는데, 상술가(相術家)들이 이런 상(相)을 대귀(大貴)의 상이라고 칭한 데서 온 말로, 전하여 제왕(帝王)을 가리킨다.

577 표범이 변하는 게 : 《주역》 〈혁괘(革卦) 상육(上六)〉에 "군자는 표범처럼 변한다.〔君子豹變.〕"라고 하였는데, 어린 표범이 자라면서 털 무늬가 점점 빛나고 윤택해지는 것처럼, 사람이 개과천선(改過遷善)하여 일신(一新)되는 것을 의미한다. 여기서는 문장이 일신하는 것을 가리킨다.

578 얕은……숨으리오 : 이백(李白)의 시에 "규룡이 얕은 물에 숨은 셈이니, 논을 지어 흥망을 이야기할 수밖에 없도다.〔潛虯隱尺水, 著論談興亡.〕"라고 하였다. 《全唐詩 卷171 贈別舍人弟臺卿之江南》

579 사귐의……담담하고 : 조희일(趙希逸)이 홍익한(洪翊漢)과 좋은 관계를 계속 유지하고 있음을 말한 것이다. 《장자(莊子)》 〈산목(山木)〉에 "군자의 사귐은 담담하기가 물과 같고, 소인의 사귐은 달콤하기가 단술과 같다.〔君子之交淡若水, 小人之交甘若醴.〕"라고 하였다.

한화는 늦가을에도 향긋하도다[580] 寒花晚節香
소선에게 그대 뒤지지 않는데 蘇仙君不忝
내가 어찌 구양에게 부끄러우랴[581] 吾豈愧歐陽

공산(公山 공주(公州)) 친림 정시에 내가 시관으로 홍군의 시권을 힘써 추천하여 홍군이 장원을 차지하였다.

580 한화(寒花)는 늦가을에도 향긋하도다 : 한화는 추운 계절에 피는 꽃으로, 국화를 가리킨다. 송(宋)나라 한기(韓琦)의 시에 "옛 동산 가을빛이 묽어서 부끄럽소마는, 늦가을에도 향긋한 국화꽃을 한번 보소.〔雖慚老圃秋容淡, 且看寒花晚節香.〕"라고 하였다. 《安陽集 卷14 九月水閣》

581 소선(蘇仙)에게……부끄러우랴 : 소선은 소식(蘇軾)을 말하고 구양(歐陽)은 구양수(歐陽脩)를 가리킨다. 구양수는 1057년 지공거(知貢擧)에 임명되어 고문체로 답안을 작성한 사람들은 합격시킬 때 소식도 여기에 포함되었다.

다섯 번째 사간 조인보[582]에게 주다.

五次 贈趙司諫仁甫

환자 방엔 지팡이와 걸상 걸려있고[583] 病室懸藜榻

한가한 뜰엔 콩밭도 버려져 있네 閑庭廢藿場

조정에서 올곧은 논의 견지하는데 當朝持正論

외람되이 수레 타고 깊숙이 은거한 이 찾아왔네 枉駕問深藏

밤이슬로 궁의 벼루를 적셨고[584] 沆瀣沾宮硯

의관에는 대궐의 향 배었도다[585] 衣冠惹御香

나는 쇠한 용모로 낮은 관직에 있으면서 衰容忝微祿

일편단심으로 부질없이 해만을 향해 있네[586] 丹悃謾傾陽

582 조인보(趙仁甫) : 조정호(趙廷虎, 1572~1647)로, 인보는 그의 자이다. 조정호는 1626년(인조4) 11월 16일 사간에 제수되었다. 《承政院日記 仁祖 4年 11月 16日》

583 환자……걸려있고 : 후한(後漢)의 고사(高士)인 진번(陳蕃)이 예장 태수(豫章太守) 시절 빈객을 전혀 접대하지 않았으나, 당대의 고사였던 서치(徐穉)가 찾아오면 특별히 걸상을 내려서 그를 정중히 접대하고, 그가 떠난 뒤에는 다시 그 걸상을 걸어 두었다. 《後漢書 陳蕃列傳》 여기서는 지팡이를 걸어 두고 출입하지 않고 걸상을 걸어 두고 다른 사람을 응대하지 않았다는 뜻으로, 은거하는 모습을 형용한 것이다.

584 밤이슬로……적셨고 : 조정호(趙廷虎)가 새벽까지 문한(文翰)의 업무를 수행했음을 말한 것이다. 조정호는 1626년(인조4) 6월 23일 홍문관 교리에 제수되었다. 《承政院日記 仁祖 4年 6月 23日》

585 의관에는……배었도다 : 당(唐)나라 가지(賈至)의 〈대명궁의 아침 조회〔早朝大明宮〕〉에 "검과 패옥 소리는 옥 계단 오르는 발걸음 따르고, 의관을 갖춘 몸에는 어전 향로의 향이 스며드네.〔劍佩聲隨玉墀步, 衣冠身惹御爐香.〕"라고 하였다. 《全唐詩 卷235》

586 해만을 향해 있네 : 임금에 대한 충성을 말한다. 삼국(三國) 위(魏)나라 조식(曹植)

의 〈친인척과 왕래할 수 있기를 요청하는 표문〔求通親親表〕〉에 "해바라기가 태양을 향해 잎을 기울이는 것처럼, 비록 빛을 돌려주지 않아도 늘 그곳을 향하는 것은 바로 진심 때문입니다.〔若葵藿之傾葉太陽, 雖不爲之回光, 然終向之者, 誠也.〕"라고 하였다. 《三國志 魏志 陳思王植傳》

여섯 번째 문학 최유연[587]에게 주다.

六次 贈崔文學有淵

별업은 강기슭에 임해 있고 別業臨江岸
어촌이라 저자와 멀다네 漁村遠市場
조각배 타기로 원래 기약했으니 扁舟元有約
한 말 술 마련함이 없어서야 되겠는가[588] 斗酒可無藏
자줏빛 갈기 물고기는 신선하여 회로 먹을 만하고 紫鬛鮮堪膾
푸른 마름은 따 놓아서 더욱 향기가 나네 青蘋擷更香
다만 근심스러운 건 성문 일찍 닫혀 秪愁城早閉
고아한 흥취 석양에 깨질까 하는 것이지 佳興敗殘陽

587 최유연(崔有淵) : 최유연은 1629년(인조7) 윤4월 14일 문학에 제수되었다.《承政院日記 仁祖 7年 閏4月 14日》 최유연의 본관은 해주(海州), 자는 지숙(止叔), 호는 현암(玄巖)·현석(玄石)이다. 저서에 《현암고(玄巖稿)》가 있다.

588 한……되겠는가 : 소식(蘇軾)의 〈후적벽부(後赤壁賦)〉에 "저에게 한 말의 술이 있는데 이것을 보관해 둔 지가 오래입니다. 당신이 불시에 찾을 것을 대비하기 위함이지요.〔我有斗酒, 藏之久矣, 以待子不時之需.〕"라고 하였다.《古文眞寶後集 卷8》

일곱 번째 자술하다.

七次 自述

시원에선 합격자 명단 걸라 재촉하고 試院催題榜
전가에선 농부가 마당 깨끗이 치우누나[589] 田家去滌場
필력이 웅혼한 건 신명이 도와서이고 筆豪神有助
벼슬이 산직이니 자취가 숨겨진 듯하네 官散跡如藏
패엽은 천 편의 게송이요[590] 貝葉千篇偈
침단에선 한 가닥 향내가 나누나[591] 沈檀一炷香
해진 갖옷 추위 속에 끌어당기며 弊裘寒可攬
아침 햇살 등진 채 앉아서 존다네 坐睡負朝陽

589 전가(田家)에선……치우누나 : 《시경》 〈칠월(七月)〉에 "시월에 마당을 깨끗이 치우고, 두 동이 술로 연향을 베풀어, 새끼 양을 잡아 놓고, 저 공당으로 올라가서, 저 뿔잔 들어 축수드리니, 만수무강하리로다.〔十月滌場, 朋酒斯饗, 曰殺羔羊, 躋彼公堂, 稱彼兕觥, 萬壽無疆.〕"라고 한 데서 온 말이다.

590 패엽(貝葉)은……게송이요 : 응시자들의 문장이 모두 훌륭함을 말한 것이다. 패엽은 인도의 패다라(貝多羅) 나뭇잎을 가리키는 말인데, 이 잎사귀에 불경을 서사(書寫)하였으므로, 보통 불경의 대칭으로 쓰인다.

591 침단(沈檀)에선……나누나 : 향을 피우며 응시자들의 시권(試券)을 채점하는 모습을 형용한 것이다. 침단은 침향목(沈香木)과 단목(檀木)으로, 모두 향목(香木)의 이름인데 향을 피우는 원료로 쓰인다.

청음이 보답으로 매화를 보내준 것에 사례하다

謝淸陰答贈梅

굳센 절조 지닌 이는 원래 세속과 떨어져 지내니	苦節元離俗
청아한 자태는 그대를 마주한 것과 다름없네	淸姿合對君
매화나무 통째로 넘겨줄 수도 있을 터인데	尙堪全樹借
어찌 가지 하나 나눔을 아꼈으리오	何惜一枝分
꺾어진 곳에 옷처럼 눈 같은 매화 붙어 있어	折處衣沾雪
보내온 시엔 시구에도 향기 나누나	詩來句帶芬
따뜻해지는 봄이 외려 수심 겨우니	却愁春漸暖
어지러이 떨어짐을 차마 볼 수 있으랴	忍睹落紛紛

찰방 신관일의 천장에 대한 만사
申察訪寬一遷葬挽

장절 신공[592]의 후손이요	壯節申公後
동양[593]의 대성 집안이라네	東陽大姓家
평생 효제를 실천하였고	平生躬孝悌
말직에 있으며 영화 마다하였네	薄宦謝芬華
타향에서 잠시 형체를 묻었다가	異土埋形暫
멀리서 관을 선영으로 옮겼도다	先塋返櫬賒
묵은 뿌리에 또 봄 되면 풀 돋으리니	陳根又春草
눈물 참으며 더욱 탄식하네	忍淚更含嗟

592 장절(壯節) 신공(申公) : 고려의 개국공신인 신숭겸(申崇謙)으로 그의 시호(諡號)가 장절이다.

593 동양(東陽) : 신관일(申寬一)의 본관인 평산(平山)의 옛 이름이다.

오여화[594]에 대한 만사

吳汝和挽

서로 안 지 이기[595]나 됐는데 相識倏二紀
어느 때 서로 만났던가 幾時能合幷
살아서 이별함 늘 한스러웠는데 生離常抱恨
죽어서 이별함에 갑자기 목메네 死別遽呑聲
고죽에서 떠날 때 해준 말 孤竹贈行語
광릉에서 헤어질 때 나눈 정 廣陵分路情
생각해 보면 어제 같으니 思量如昨日
쓸쓸히 마음이 놀라누나 錯莫寸心驚

594 오여화(吳汝和) : 오윤해(吳允諧, 1562~?)로, 여화는 그의 자이다. 본관은 해주(海州), 호는 만운(晩雲)이다.

595 이기(二紀) : 일기(一紀)가 세성(歲星)이 한 바퀴 도는 12년이므로, 이기는 24년이다.

삼척 홍인걸[596]의 천장에 대한 만사

洪三陟仁傑遷葬挽

땅을 그은 감옥에도 들어간 적 없는데[597] 畫地亦不入
감옥에서 몇 년 동안 있었던가[598] 圜門投幾年
깊은 원한 품은 채 땅속 깊이 묻혔다가 幽冤埋厚地
하얀 해가 중천을 비쳤다네 白日啓重泉
행궁을 호종한 공이 있었으니[599] 功有行宮扈
집안은 외손에게 전해졌다오[600] 家憑宅相傳

596 홍인걸(洪仁傑) : 1541～1603. 본관은 남양(南陽), 자는 응시(應時)이다. 1595년(선조28) 삼척 부사(三陟府使)로 있을 때 왜군과 교전하여 사로잡은 포로 가운데 조선인이 섞여 있었는데, 아우 홍인간(洪仁侃)이 동족으로서 왜놈들을 도와 백성들을 해쳤다는 이유로 술김에 그들을 살해하였다. 홍인걸은 이 일로 투옥되어 결국 옥사하였다.《國朝人物考 牛栗從游親炙人》

597 땅을……없는데 : 홍인걸(洪仁傑)이 평소에 행실을 조심했다는 뜻이다.《한서(漢書)》〈매승전(枚乘傳)〉에 "땅에 금만 그어 감옥으로 삼아도 사람들은 들어가지 않으려 하고, 나무를 깎아 세워 옥리로 삼아도 사람들은 마주하지 않으려 한다.〔畫地爲獄, 議不入, 刻木爲吏, 期不對.〕"라고 하였다.

598 감옥에서……있었던가 : 홍인걸(洪仁傑)은 9년 동안 옥에 갇혀 있었다.《國朝人物考 牛栗從游親炙人》

599 행궁을……있었으니 : 1592년(선조25) 선조(宣祖)가 서쪽으로 몽진할 때 홍인걸(洪仁傑)은 오위장(五衛將)으로서 고양(高陽)으로 따라갔다.《國朝人物考 牛栗從游親炙人》

600 집안은 외손에게 전해졌다오 : 홍인걸(洪仁傑)은 정실부인에서 아들을 얻지 못하였고, 측실부인에서 아들 홍탁(洪逴)과 홍정(洪頲)을 두었는데 병자호란 때 집안이 망하였다. 정실부인이 낳은 딸 하나가 정철(鄭澈)의 아들 정종명(鄭宗溟)과 혼인하였다. 정종명의 차남이 정수(鄭洙)인데, 정수에게 홍인걸이 "외손(外孫) 정수(鄭洙)가 내 제사를 지낼

인간 세상은 함부로 옳다 그르다 하니 人間浪非是

베개 하나 베고 영면함 좋으리라 一枕好長眠

것이니, 기물(器物)을 모두 주라."는 유명을 남겼다고 한다. 《國朝人物考 牛栗從游親炙人》

영월 신계첨[601]에 대한 만사

辛寧越戒忝挽

같은 마을에 어진 분 계셔 아름다웠고[602] 同里仁爲美
빈천의 사귐이라 마음은 더욱 친근하였네 貧交意更親
고황[603]에 든 병 약석으로 치료하기 어려워 膏肓難藥石
정령은 갑작스레 돌아가시고 말았네 精爽遽沈淪
꽃은 전년과 다름없이 피었고[604] 花發似前歲
제비가 돌아와도 이전 주인 아니라네[605] 燕歸非主人

601 신계첨(申戒忝) : 신희손(辛喜孫, 1578～1630)으로, 계첨은 그의 자이다. 본관은 영월(寧越), 호는 우암(牛巖)이다. 신희손은 1626년(인조4) 12월 21일 영월 부사(寧越府使)에 제수되었다. 《承政院日記 仁祖 4年 12月 21日》

602 같은……아름다웠고 : 《논어》 〈이인(里仁)〉에 "마을의 인후함이 아름다우니, 마을을 택하되 인후한 마을에 처하지 않는다면 어찌 지혜롭다 하겠는가.〔里仁爲美, 擇不處仁, 焉得知?〕"라고 한 데서 온 말이다.

603 고황(膏肓) : 치료할 수 없는 깊은 병을 말한다. 춘추 시대 진 경공(晉景公)이 병이 들어 진(秦)나라의 명의를 불렀다. 의사가 도착하기 전에 경공이 꿈을 꾸었는데, 꿈속에서 두 아이가 말하기를 "내일 명의가 우리를 처치할 것인데, 우리가 고(膏)의 밑과 황(肓)의 위로 들어가면 명의라도 어찌하지 못할 것이다."라고 하였다. 이튿날 명의가 진찰하더니 병이 고황에 깊이 숨어 고칠 수 없다고 하였다. 《春秋左氏傳 成公10年》

604 꽃은……피었고 : 유희이(劉希夷)의 〈백발을 슬퍼하는 노인을 대신하여〔代悲白頭翁〕〉에 "옛사람은 낙양성 동쪽에 다시 오지 못하는데, 지금 사람은 꽃을 떨구는 바람을 다시 마주하네. 해마다 피는 꽃은 흡사한데, 해마다 사람은 같지 않네.〔古人無復洛城東, 今人還對落花風. 年年歲歲花相似, 歲歲年年人不同.〕"라고 하였다. 《全唐詩 卷82》

605 제비가……아니라네 : 유우석(劉禹錫)의 〈오의항(烏衣巷)〉에 "지난날 왕씨와 사씨의 집 앞을 날던 제비, 지금은 일반 백성들 집으로 날아드네.〔舊時王謝堂前燕, 飛入尋常百

바위 아래 물도 정이 많은지	多情巖下水
울어 예며 남쪽 이웃 지나가네	凄咽過南隣

姓家.〕"라고 하였다. 《增補重訂千家詩註解 卷上》

강계 장진[606]에 대한 만사

張江界縉挽

용력은 관서에서 걸출하였고	材力關西健
위엄은 새북에서 떨쳐졌다오	威風塞北宣
상장에 오르리라 기대했는데	方期登上將
지하에 묻힐 줄 뉘 알았으랴	誰謂掩重泉
쌍룡갑[607]에선 공연히 우는 소리 들리고	龍匣空聞吼
오호[608]의 시위를 더 이상 당기지 못하리라	烏號不復弦
시절이 위태로운데 장사를 잃었으니	時危失壯士
어지럽게 눈물이 줄줄 흐르는구나	錯莫淚潸然

606 장진(張縉) : 구체적인 이력에 대해서는 미상이다. 장진은 1626년(인조4) 8월 2일 강계 부사(江界府使)에 제수되었다. 《承政院日記 仁祖 4年 8月 2日》

607 쌍룡갑(雙龍匣) : 두 자루 보검의 칼집이다. 진(晉)나라 뇌환(雷煥)이 용천(龍泉)과 태아(太阿) 두 보검을 얻어 그중 하나를 장화(張華)에게 주었는데, 후에 장화가 주살(誅殺)당하자 그 칼의 소재를 잃었다. 뇌환이 죽고 그 아들이 보검을 가지고 연평진(延平津)을 건널 때 갑자기 보검이 허리에서 빠져나가 물속으로 떨어졌다. 사람을 시켜 물속으로 들어가 보검을 건지도록 하였는데, 칼은 보이지 않고 용 두 마리가 서려 있었다고 한다. 《晉書 張華列傳》

608 오호(烏號) : 뽕나무 가지로 만들었다는 질 좋은 활의 이름이다. 《회남자(淮南子)》 〈원도훈(原道訓)〉에 "활을 쏘는 자는 오호궁(烏號弓)을 집어 들고 기위전(綦衛箭)을 먹여 쏜다."라고 하였다. 그 주에 "오호는 뽕나무인데, 재질이 탄력성이 강하다. 까마귀가 뽕나무 가지에 앉았다가 날아가려고 하면 그 가지가 아래로 휘어졌다가 다시 원위치로 돌아가므로 까마귀가 감히 날지 못하고 그 가지에서 운다. 사람들이 그 가지를 베어 활을 만들어 오호궁이라고 이름을 붙였다."라는 내용이 보인다.

도사 이유일에 대한 만사

李都事惟一挽

오만한 관리가 어찌 말을 알았으리오[609]	傲吏焉知馬
술 잔뜩 취하고 수레에 토하였네[610]	沈酣且吐車
공명은 상황에 따라 오기도 하고	功名隨所遇
영욕은 본래 허무한 것이라네	榮辱本來虛
약을 쓰는 데 새로운 약제 모자랐고	行藥乏新劑
혼을 부른 곳은 옛집 아니었네	招魂非舊廬
고당엔 늙은 모친 계시니	高堂鶴髮在
이 한을 더욱 어이할까나	此恨更何如

609 오만한……알았으리오 : 오만한 관리는 말 따위는 알지 못한다는 뜻으로, 이유일(李惟一)이 그런 관리였음을 말한다. 진(晉)나라 왕휘지는 성품이 호방하고 세속에 얽매이지 않았다. 환온(桓溫)의 참군(參軍)으로 있을 때, 머리는 쑥대같이 하고 허리띠는 풀어헤친 채 자기 직무를 돌보지 않았으며, 또 거기장군(車騎將軍) 환충(桓沖)의 기병참군(騎兵參軍)으로 있을 때에는, 환충이 "경은 무슨 관서를 맡았는가?"라고 묻자, 대답하기를 "아마 마조인 듯합니다.〔似是馬曹.〕"라고 하였고, 또 "몇 마리 말을 관리하는가?"라고 묻자, "말을 모르는데 무슨 수로 숫자를 알겠습니까."라고 하였는데, 여기에서 온 말이다.《晉書 王徽之列傳》

610 술……토하였네 : 한(漢)나라 병길(丙吉)이 승상(丞相)이 되었을 때, 수레를 모는 관리가 어느 날 술에 취하여 승상의 수레에다 토하였다. 관리가 병길에게 보고하고 그를 축출하려고 하니, 병길이 "술에 취해 실수한 일로 사람을 버린다면 이 사람이 장차 어디에 붙어살 수 있겠는가. 이는 승상의 수레 방석을 더럽힌 것에 불과하다."라고 하였다.《漢書 丙吉傳》

이괴산[611] 덕윤 에 대한 만사

李槐山 德胤 挽

현허의 이치를 꿰뚫어 보았으며[612]	洞觀玄虛理
적막한 물가에 숨어 살았네[613]	幽棲寂寞濱
벼슬했던 건 자기를 굽혀서가 아니니	爲官非屈己
배웠던 걸 잠시 백성에게 베풀고자 해서였네[614]	所學暫施民
자연에서 세상과 천 겹의 담을 쌓았고	水石千重界
인간 세상에서 여든의 봄을 보냈다네	塵凡八帙春
옥화대[615]에 달이 떠오른들	玉華臺上月

611 이괴산(李槐山) : 이득윤(李得胤, 1553~1630)으로, 초명은 덕윤(德胤)이다. 괴산은 1624년(인조2) 괴산 군수(槐山郡守)가 되었기 때문에 붙은 호칭이다. 본관은 경주(慶州), 자는 극흠(克欽), 호는 서계(西溪)이다. 저서에 《현금동문유기(玄琴東文類記)》·《서계집(西溪集)》이 있다.

612 현허의……보았으며 : 이득윤(李得胤)이 역학(易學)에 조예가 깊었음을 말한 것이다. 이득윤은 선조(宣祖)에게 《주역》을 강하였으며, 사계(沙溪) 김장생(金長生) 또한 《주역》에 의문점이 있으면 이득윤에게 자주 문의하였다고 한다. 《西溪集 西溪先生文集序》

613 적막한……살았네 : 《서계집(西溪集)》의 서문을 쓴 홍석주(洪奭周)에 따르면 이득윤(李得胤)은 청주(淸州)의 서계(西溪)에서 노년을 보냈다고 한다.

614 벼슬했던……해서였네 : 이득윤(李得胤)이 지방 수령을 지냈음을 말한 것이다. 이득윤은 1604년(선조37)에는 의성 현령(義城縣令), 1624년(인조2)에는 괴산 군수(槐山郡守)로 부임하였다.

615 옥화대(玉華臺) : 이득윤(李得胤)이 청주(淸州) 서계(西溪)의 옥화동(玉華洞)에 지은 대(臺)이다. 이득윤은 1607년(선조40) 청주 서계로 낙향하여 옥화동에 옥화구곡(玉華九曲)을 설정하고 춘성당(春風堂), 추월헌(秋月軒) 등을 짓고 학문에 전심하였다

누구 향해 남아서 비추리오　　　　留照對何人

고 한다.

선전관의 시화축에 적다
題宣傳官軸

엄숙한 구진[616]의 반열이요	肅肅鉤陳列
깊숙한 곳에서 호표처럼 관문 지키네[617]	沈沈虎豹關
인부[618]를 이마 위에 받들고	麟符擎額上
용검을 허리에 차고 있네	龍劍佩腰間
부하 단속할 땐 매우 위엄 있지만	束下威稜緊
서로 즐기며 술 마실 땐 여유 있다네	交懽俎豆閑
한번 보시게 명장의 무리	試看名將輩
몇 명이나 이 반열에서 나왔는지	能幾出玆班

616 구진(鉤陳) : 하늘의 자미원(紫微垣) 안에 위치하여 천제(天帝)의 호위를 맡는다는 별 이름으로, 궁성을 호위하는 금군의 뜻으로 쓰였다.

617 호표처럼 관문 지키네 : 《초사(楚辭)》 〈초혼(招魂)〉에 "호랑이와 표범이 아홉 겹의 하늘 관문을 지키고 있으면서, 아래에서 올라오려고 하는 자들을 잡아 죽인다.〔虎豹九關, 啄害下人些.〕"라고 하였다.

618 인부(麟符) : 고대에 조정에서 발급했던 기린처럼 생긴 부절이다. 《신당서(新唐書)》 〈거복지(車服志)〉에 "황태자가 감국(監國)할 적에는 쌍룡부(雙龍符)를 발급하고, 북도 유수(北都留守)에게는 인부를 발급한다."라고 하였다.

동갑내기 모임의 이경인 극부[619]를 전별하는 자리에서 고성으로 부임하다.

同庚稧中李敬仁克夫餞筵 赴高城

말을 세우자 성문의 종소리 들려오니	立馬聞鍾動
서로 소매 잡고 밝은 달을 마주하네	攀裾對月明
애써 부르려니 목소리 쉽게 끊어지고	强歌聲易斷
마시는 것 경계하려니 취하는 게 어렵구나	戒飮醉難成
검벽에는 붉은 글씨 새겨져 있을 테고[620]	劍壁丹書透
금강산은 옥 골격처럼 버티고 있으리	金剛玉骨撑
해동에는 승경이 많지만	海東多勝境
절경하면 고성이라오	奇絶是高城

619 이경인(李敬仁) 극부(克夫) : 극부는 이경인의 자이다. 본관은 전주(全州), 호는 정촌(亭村)이다. 이경인은 1630년(인조8) 10월 고성 군수(高城郡守)로 부임하였다.《承政院日記 仁祖 8年 10月 19日》

620 검벽(劍壁)에는……테고 : 검벽은 검으로 자른 듯한 가파른 절벽으로, 여기에서는 고성(高城)의 삼일포(三日浦)에 있는 단서벽(丹書壁)을 말한다. 단서벽은 삼일호에 있는 바위섬으로, 단서암(丹書巖)이라고도 한다. 신라 때 네 화랑이 삼일호에 놀러 왔다가 바위에 붉은 글씨로 '영랑도남석행(永郎徒南石行)'이라는 글자를 새겨 놓았다고 하여 붙여진 이름이라 한다.《林下筆記 卷37 蓬萊秘書》

청음에게 부치다
寄淸陰

하늘의 뜻은 알 수 없고 未識上天意
본래 우리 도는 어그러졌네 本來吾道乖
뜻하지 않게 떨어져 있으니 居然成阻面
누구와 함께 소회를 논하리오 誰與共論懷
꿈 깨니 물시계 소리 바람결에 들려오고 夢覺風傳漏
텅 빈 처마 사이로 달빛만 계단에 가득하네 簷虛月滿階
그리움 속에 매화 벌써 피어[621] 相思梅已發
쓸쓸히 차가운 집 덮었으리라 悄悄掩寒齋

621 그리움……피어 : 당(唐)나라 노동(盧仝)의 〈그리워하는 이가 있기에〔有所思〕〉에 "그리워한 하룻밤 사이에 매화꽃이 피었으니, 홀연히 창 앞에 이른 모습 그대 아닌가 하노라.〔相思一夜梅花發, 忽到窓前疑是君.〕"라고 하였다. 《全唐詩 卷17》

목릉을 천장하는 발인 날에 감회가 일어[622]

穆陵遷葬發引日有感

악전에서 우러러보매 계신 듯하니[623]	幄殿瞻如在
영여는 바로 여기에서 나가네	靈輿卽此行
의장 행렬이 앞길을 인도하고	儀前路引
횃불 줄 세워 산을 두르니 환하구나	列炬擁山明
오경에 신하들이 곡하니	五夜群臣哭
온 숲의 온갖 새들 놀라누나	千林百鳥驚
신릉을 보매 점점 가까워지니	新陵看漸近
차가운 달빛만 금색 명정 비추네	苦月照金旌

622 목릉(穆陵)을……일어 : 목릉은 선조(宣祖)의 능호(陵號)이다. 처음 승하한 뒤 지금의 건원릉(健元陵) 서편 언덕에 장사 지냈는데, 터가 불길하고 광내(壙內)에 물이 차서 1630년(인조8) 2월 30일에 천장을 논의하고 이해 11월 4일에 발인하여 의인왕후(懿仁王后) 박씨(朴氏)의 왕비릉인 유릉(裕陵) 자리로 옮겼다. 《仁祖實錄 8年 2月 30日, 11月 4日》

623 악전(幄殿)에서……듯하니 : 선조(宣祖)의 혼령이 곁에 있는 듯함을 표현한 것이다. 《중용장구》 제16장에 "천하의 사람으로 하여금 재계하고 깨끗이 하며 의복을 성대히 하여 제사를 받들게 하고는, 양양히 그 위에 있는 듯하며 그 좌우에 있는 듯하다.〔使天下之人齊明盛服, 以承祭祀, 洋洋乎如在其上, 如在其左右.〕"라고 한 데서 온 말이다. 악전은 영악전(靈幄殿)으로 임금이나 왕후의 재궁(梓宮)을 안치하여 모시던 산릉(山陵)의 장막을 말한다.

문경을 지나는 도중 소재의 시에 차운하며[624]

聞慶途中 次蘇齋韻

약관에 일찍이 노닐었던 땅을	弱歲曾遊地
만년에 부절 잡고 오게 되었네	餘生仗節來
산하는 모두 예전 그대론데	山河摠依舊
경물은 더욱 마음 슬프게 하네	物色更堪哀
북과 나팔에 군용 엄숙하고	鼓角軍容肅
안개와 이내 저녁 경치 자아내네	煙嵐暮景催
나그네 소회는 감개가 많아[625]	羈懷多感慨
발길 닿는 곳마다 애써 머뭇거리네[626]	隨處强遲徊

624 문경(聞慶)을……차운하며 : 이 시는 《소재집(蘇齋集)》 권6 〈용추원의 누대에 적다〔題龍湫院樓〕〉라는 작품에 차운한 것이다.

625 나그네……많아 : 남송(南宋) 육유(陸游)의 〈마상(馬上)〉에 "노니는 나그네는 감개가 많고, 병든 늙은이는 기쁨이 적다네.〔客游多感慨, 老病少歡欣.〕"라고 하였다. 《全宋詩 卷204》

626 발길……머뭇거리네 : 육유(陸游)의 〈성에 들어가다〔入城〕〉에 "친한 벗님들과 기쁘게 악수하느라 발길 닿는 곳마다 얼마간 머뭇거린다네.〔親交喜握手, 隨處小遲留.〕"라고 하였다.

촉석루에서 배를 띄우다 본주 판관인 이상렴과 권극량, 첨지 하경호와 함께 노닐다.

矗石泛船 本州判官李尙稴及權克亮河僉知景灝同遊

영해[627]에는 승경이 많지 않은데　嶺海無多勝
천지 사이에 이 누대 있다네[628]　乾坤有此樓
높다란 암벽은 천 길처럼 우뚝하고　危巖千丈立
날아오를 듯한 난간은 공중에 떠 있는 듯　飛檻半空浮
깎아지른 언덕 옆에 도화수 흘러가고[629]　絶岸桃花水
신선은 죽엽주를 타고 노니네[630]　仙人竹葉舟
석양의 물결은 아득하기만 한데　夕陽波浩渺

627 영해(嶺海) : 영남(嶺南) 지역을 가리킨다.

628 천지……있다네 : 원(元)나라 허유임(許有壬)의 〈악양루에 오르며〔登嶽陽樓〕〉에 "산천이 참으로 아름답기는 하지만 나의 고향이 아니니, 무궁한 천지 사이에 이 누대가 있구나.〔山川信美非吾土, 天地無窮有此樓.〕"라고 하였다. 《淵鑑類函 人部 遊覽》

629 깎아지른……흘러가고 : 두보(杜甫)의 〈남정(南征)〉에 "봄 언덕 옆에 도화수 흘러갈 때 구름 같은 돛을 올리고 단풍나무 숲을 간다네.〔春岸桃花水, 雲帆楓樹林.〕"라고 하였다. 《全唐詩 卷228》 도화수(桃花水)는 봄에 하천의 물이 불어난 것을 말한다. 여기에서는 촉석루 앞에 흐르는 남강의 물이 불어났다는 말이다.

630 신선은……노니네 : 봄날 강물에 배를 띄우고 물놀이하는 장면을 형용한 것이다. 장안(長安)에 머물던 진계경(陳季卿)이 사찰에 그려진 〈환영도(寰瀛圖)〉를 보고는 고향인 강남(江南)으로 돌아가기를 희망하자 어떤 노인이 대나무 잎을 꺾어 그림의 위수(渭水) 속에 올려놓고 진계경에게 "여길 보고 있으면 소원이 이루어질 것이다."하였다. 시키는 대로 하자 어느새 대나무 잎으로 만든 배를 타고 집에 도착하였다고 한다. 《說郛 卷117 異聞實錄 竹葉舟》

출렁이며 가볍게 나는 갈매기 바라보네 搖颺送輕鷗

남명 덕천서원[631]의 어귀에 입덕문 세 글자가 돌에 새겨져 있었다

南冥德川書院洞口 刻石入德門三字

그 옛날 인후한 마을[632] 찾아갔는데　夙世尋仁里
입덕문에 거듭 오게 되었네　重來入德門
뉘 알았으랴 방장산[633] 기슭에　誰知方丈麓
또 무릉도원이 있을 줄　又有武陵源
물 고요해 물고긴 즐겁게 노닐고　水靜魚游樂
산 깊어서 새는 본성 보존하네[634]　山深鳥性存
소나무 그늘이 진 옛 정자에서　松陰古亭上
한껏 씻겨 세상 번뇌 사라지누나　絶洒謝塵煩

631 덕천서원(德川書院) : 남명(南冥) 조식(曺植)을 제향한 서원이다. 경상남도 산청군 시천면 원리에 있다. 1576년(선조9)에 창건되었고, 1609년(광해군1) 사액을 받아 사액서원으로 승격하였다.

632 인후한 마을 : 학덕 있는 장자(長者)가 사는 마을을 가리킨다. 《논어》 〈이인(里仁)〉에 공자(孔子)가 "마을이 인후한 것이 아름다우니, 살 곳을 가려서 인한 곳에 살지 않으면 어떻게 지혜롭다 하겠는가.〔里仁爲美, 擇不處仁, 焉得知?〕"라고 하였다.

633 방장산(方丈山) : 지리산(智異山)을 말한다.

634 산……보존하네 : 당(唐)나라 상건(常建)의 〈파산사 뒤의 선원에 적다〔題破山寺後禪院〕〉에 "산빛은 새의 본성 기쁘게 하고, 연못 그림자는 사람 마음 비게 하네.〔山光悅鳥性, 潭影空人心.〕"라고 하였다. 《全唐詩 卷1》

대소헌[635]

大笑軒

지혜로운 선비는 지난 일을 통해 살피고	智士推前事
충성스런 신하는 화의 근원을 안다오	忱臣識禍源
길게 노래한 건 크게 통곡한 것이었고	長歌甚痛哭
크게 웃은 건 말하지 않으려 해서였지	大笑欲忘言
희학하며 뜬세상 살았고	謔浪行浮世
호방하게 굴며 술에 취하곤 했다네	詼奇醉淥尊
평소 껄껄 대던 날에도	平生啓齒日
순국하려는 뜻 먼저 지녔다오	舍命志先存

635 대소헌(大笑軒) : 이 시는 정유재란 때 황석산성(黃石山城)을 사수하다 순절한 조종도(趙宗道)의 만사(挽詞)로, 대소헌은 그의 호이다. 본 작품은 조종도의 문집인 《대소헌일고(大笑軒逸稿)》 권3 부록(附錄)에 실려 있는데, 조어(措語)가 약간 다르다.

청음을 생각하다

懷淸陰

이별의 한 지날수록 괴로운데	別恨經時苦
나그네 소회로 밝은 달 마주했네	羈懷對月明
약속이라도 한 듯 제비는 돌아오고	燕歸如有信
매우 무정하게 꽃은 떨어지누나	花落太無情
담장 밖엔 버들나무 그늘 이어졌고	墻外柳陰合
문 앞엔 모래 언덕 비껴 있누나	門前沙岸傾
지난번 오가던 곳	向時來往處
사람 발길 끊겨 슬프다네	惆悵斷人行

한식날에 청송 부사 허항이 찾아오다

寒食日許靑松恒來訪

가랑비 보슬보슬 내리는 저녁	細雨霏微夕
가벼운 바람 쌀쌀하게 부는 때	輕風料峭時
나그네는 한식날 떠나보내고	客辭寒食節
봄은 복사나무 가지에 있구나[636]	春在小桃枝
병 달고 사느라 약물만 의지하는데	抱病唯沾藥
이별에 마음 아파 다시 술 찾누나	傷離更喚巵
산골은 백성들 풍속 예스러우니	峽中民俗古
베개 높이 하고 누워 아무 일도 안하네	高枕臥無爲

636 봄은……있구나 : 남송(南宋) 조정(趙鼎)의 〈자고천(鷓鴣天)〉에 "여로에서 어찌 계절이 바뀜을 감지하리오. 봄이 복사나무 가지에 이른 것에 소스라치게 놀랐다네.〔客路那知歲序移? 忽驚春到小桃枝.〕"라고 하였다. 《蕙風詞話 卷2》

최 판서[637] 천건 의 개장에 대한 만사

崔判書 天健 改葬挽

재차 무덤 여는 날이고 再闢玄扃處
거듭 밝은 해 보게 된 때라네 重瞻白日時
고자는 서럽게 곡하고 哀哀孤子哭
과처는 참담히 슬퍼하네 慘慘寡妻悲
예전 알던 이 얼마나 있는가 舊識幾人在
여기서 새 무덤으로 옮겨간다네 新阡從此移
평소 인척 관계라 平生忝姻屬
병석에서 억지로 만사 쓴다오 伏枕強題詩

637 최 판서 : 최천건(崔天健, 1568~1617)의 본관은 전주(全州), 자는 여이(汝以), 호는 분음(汾陰)이다. 1616년(광해군8) 김제남(金悌男)의 일파로 몰려 온양(溫陽)에 안치되었다가 이듬해 죽었다. 《光海君日記 9年 8月 1日》

이복생의 자당에 대한 만사
李復生慈堂挽

부군의 상 노년에 당해서는	所天暮年喪
정려에 맞게 예법 지켰네	秉禮合旌閭
몸에 걸친 옷은 빛깔 없었고	身上衣無采
소반 음식은 나물뿐이었지	盤中食有蔬
어떤 마음으로 오래도록 사셨을까	何心享高壽
저승과 막혀 한스러워 하셨으리	唯恨隔幽墟
효자가 어진 행실 다 적었으니	孝子述賢行
내 말은 응당 근거가 있는 것이네	吾言應取諸

길주 현극[638]에 대한 만사

玄吉州極挽

일찌감치 가문의 가르침 잘 받들어	早服家庭訓
모두들 형제가 인재라고 일컬었네	咸稱伯仲材
큰 활은 부질없이 벽에 방치돼있고	大弨空倚壁
긴 칼은 이끼가 낀 지 오래되었네	長劍久生苔
깊은 원한 씻자마자	纔雪幽冤枉
노장 묻는다는 소식 들리누나	旋聞老將埋
인척으로 평소 잘 지낸 터라	連姻平昔好
만사 지으려니 눈물이 뺨을 적시네	題挽淚沾顋

공의 아우인 병사공(兵使公)이 갑자기 원통하게 죽었다.[639] 나는 의금부에서 재직하고 있을 때 이조 판서로 있던 승평부원군(昇平府院君 김류(金瑬))과 함께 수상인 완평부원군(完平府院君 이원익(李元翼))의 관소로 가서 병사공의 신원을 위해 힘써 노력하였다. 지금 공의 상을 당하고 나니 아우인 병사공도 생각나 시 속에 함께 언급하였다. 혹시라도 구천에서 이를 알아주진 않을까.

638 현극(玄極) : 1554~1632. 본관은 순천(順天)이다. 길주 목사 겸 남북도수방어사(吉州牧使兼南北道守防禦使)를 역임하였다. 《記言別集 卷19 玄吉州墓碣銘》

639 아우인……죽었다 : 아우는 남병사(南兵使)를 지낸 현즙(玄楫, 미상~1624)을 말한다. 현즙은 이괄(李适)의 난에 연루되었다는 혐의로 1624년(인조2) 참형에 처해졌다가 1627년(인조5)에 관작이 회복되었다. 《仁祖實錄 2年 1月 17日·25日, 5年 3月 21日》

신창 현감 한사일에 대한 만사
韓新昌師一挽

전부터 좋은 인척 관계 맺은데다	宿托連姻好
선대의 교분까지 깊었다네	兼將世義深
헤어진 지 뒤 여러 번 해 바뀌었는데	分携頻換歲
부음 들려 문득 눈물이 옷깃 적시네	存沒忽沾襟
주막에서 술을 가득 따랐는데	酒肆尊罍滿
무덤에는 그림자와 메아리도 잠잠하구나	泉臺影響沈
하늘가에 조각구름 떠가니[640]	天涯片雲去
너무도 시름겨워 홀로 슬피 읊조리네	愁絶獨悲吟

640 하늘가에 조각구름 떠가니 : 당(唐)나라 유장경(劉長卿)의 〈저물녘 상강에 머물면서 친구를 그리워하다〔晩泊湘江懷故人〕〉에 "하늘가에 조각구름 떠가니, 멀리서 서울을 가리키며 생각에 잠기누나.〔天涯片雲去, 遙指帝鄕憶.〕"라고 하였다. 《全唐詩 卷356》

충원으로 부임하는 이도장 소한 과 헤어지다[641]

別李道章赴忠原 昭漢

궁궐로 나아가기에 적합할 뿐인데	秖合趨中禁
어찌하여 상유[642]로 가게 되었나	胡爲赴上游
떠나는 날 아침에 우리는 한스럽지만	去朝吾輩恨
부임하는 저녁에 백성은 노래 부르리	來暮小民謳
푸른 단풍 기슭에서 닻줄 끌어당기고	引纜青楓岸
백로 나는 물가에서 돛을 거두리라	收帆白鷺洲
한 점으로 보이는 종남산[643]	終南山一點
몹시 시름겨워 다시 고개 돌려 보겠지	愁絶更回頭

641 충원(忠原)으로……헤어지다 : 도장(道章)은 이소한(李昭漢)의 자이다. 본관은 연안(延安), 호는 현주(玄洲)로, 조선 중기 한문사대가(漢文四大家)로 일컬어졌던 월사(月沙) 이정귀(李廷龜)의 아들이다. 저서에 《현주집(玄洲集)》이 있다. 충원은 충청북도 충주(忠州)의 옛 이름이다.

642 상유(上游) : 상류(上流)와 같은 뜻으로 한강(漢江)의 상류인 충주(忠州)를 말한다.

643 종남산(終南山) : 중국 섬서성(陝西省) 장안(長安)의 남쪽에 있는 산인데, 여기서는 서울의 남산(南山)을 가리킨다.

상사 정굉에 대한 만사

鄭上舍浤挽

선사는 포의와 다름없어[644]	選士猶衣布
밭 갈며 굶주림 달래었지	耕田且慰飢
자족하였으니 실로 가상했고	無求眞可尙
지조 지녔으나 아는 이 없었다네	有守莫能知
탕약이 어찌 효험이 있었으리오	鼎藥那收效
토시 얹혔던 송골매 결국 누구 차지되려나	韝鷹竟屬誰
남쪽 동산에 수성[645]이 떨어지니	南園壽星落
눈물을 뿌려가며 만사를 적누나	揮涕寫哀詞

644 선사(選士)는 포의와 다름없어 : 정굉(鄭浤)이 과거의 예비 시험인 소과(小科)의 생원 진사시(生員進士試)에 급제한 성균관 유생이기 때문에 이렇게 말한 것이다.

645 수성(壽星) : 사람의 수명을 결정하는 별이자 장수(長壽)를 상징하는 별이다. 일명 남극노인성(南極老人星)이라고도 한다.

주청 부사인 동악 일행이 석다산에 이르러 정박했다는 소식을 듣고[646]

聞奏請副使東岳一行 到泊石多山

나 대신 조천하는 사절 맡았는데[647] 自替朝天節
그대 돌아올 쯤이면 내 병은 깊어지리라 君歸我病深
하늘은 장사를 누워 있게 하여 蒼天臥壯士
초심 저버린 채 백발 신세로 있다네 白首負初心
길 갈 때는 하늘의 별 바라볼 테고 行色瞻星象
바람 약해 까치 소리 듣고 점치겠지[648] 風微候鵲音
오늘 아침 베개 밀치고 일어나 今朝推枕起
기쁨에 겨워 소리 높여 읊조리네 失喜動高吟

646 주청……듣고 : 동악(東岳)은 이안눌(李安訥)의 자이다. 이안눌은 1632년(인조10) 3월 28일, 인조의 생부인 정원군(定遠君)의 추존을 위해 가는 주청 부사에 차임된 다음 6월 1일에 출발하였다. 《仁祖實錄 10年 3月 28日》《承政院日記 仁祖 10年 6月 1日》《東岳集 卷20 崇禎五年歲在壬申六月初一日丁卯……求和教》 석다산(石多山)은 평안남도 평양부의 바닷가에 있는데, 해로(海路)로 사행 갈 때 배를 타던 곳이다. 《萬機要覽 軍政篇 海防》《承政院日記 仁祖 7年 6月 8日》 대본에는 '石茶山'으로 되어 있는데, 《만기요람》과 《승정원일기》에 의거하여 '茶'를 '多'로 바로잡아 번역하였다.

647 조천하는 사절 맡았는데 : 원래 주청 부사는 조희일이 맡았는데, 병 때문에 체차되어 이안눌이 주청 부사가 되었다. 《仁祖實錄 10年 3月 28日》

648 바람……점치겠지 :《회남자(淮南子)》〈무칭훈(繆稱訓)〉에 "까치집을 보면 바람이 불어오는 방향을 안다.〔鵲巢知風之所起.〕"라고 한 데서 온 말이다. 까치는 바람이 많이 불지 적게 불지를 미리 알아서 많이 불면 낮은 곳에 둥지를 짓고 적게 불면 높은 곳에 짓는다고 한다.

입에서 나오는 대로 읊어 구원[649]에게 부치다

口占寄九畹

병이 어찌 온몸 못쓰게 하리[650]	病豈全身痺
팔 하나로도 너끈히 술 기울일 수 있는데	杯堪一臂傾
자식 있어 의지가 되니	有兒能得力
벼슬하며 명예 구할 것 없다네	爲宦莫要名
좋은 술은 전의에서 오고	美酒來全義
맛 좋은 고긴 지평에서 온다지[651]	嘉魚自砥平
푸줏간 바라보며 공연히 입맛 크게 다시니	望屠空大嚼
먹을 거나 말하는 가소로운 서생이로다	說食笑書生

649 구원(九畹) : 이춘원(李春元, 1571~1634)의 자이다. 본관은 함평(咸平), 초명은 신원(信元)·입지(立之), 자는 원길(元吉)이다. 저서에 《구원집(九畹集)》이 있다.

650 병이……하리 : 이춘원(李春元)은 1621년(광해군13) 명나라의 사신을 평안도 안주(安州)에서 맞이하다가 갑자기 중풍에 걸려서 돌아오게 되었다.《國朝人物考 牛栗從游親炙人》

651 맛……온다지 : 《구원집(九畹集)》 권3에 〈죽음에게 화답하다〔和竹陰〕〉라는 시제(詩題)로 죽음의 본 작품이 실려 있는데, 해당 주(注)에 당시 이춘원(李春元)의 두 아들이 각각 전의(全義)와 지평(砥平)의 수령으로 있었다고 한다.

두 번째 차운하다

二次

침상엔 연기가 모락모락 피어나고	枕上篆煙裊
계단 앞엔 처마 낙숫물 떨어지네	階前簷溜傾
깊이 숨어 비방 피하듯 보였고	深藏如避謗
높이 누워 명성 구하듯 비춰졌네	高臥似徼名
사람들 발자취 끊긴 곳이 가경이고	絶跡爲佳境
한가롭게 지냄이 태평이로다	閑居是太平
그저 병화 멈춰서	但令兵禍息
먹고 마시며 여생이나 보존했으면	飮啄保殘生

세 번째 차운하다

三次

탕약을 늘 달이게 하면서	鼎藥常教煮
술잔 스스로 기울이는 것 끊었네	尊醪斷自傾
풍진 세상엔 변고 많으니	風塵多世故
문장은 몸과 명예 그르친다네	章句悞身名
마음이 평탄한 사람 사랑하고	人愛胸襟坦
음조가 고른 시 아낀다네	詩憐韻調平
깊이 읊조리느라 오래도록 잠 못 드는데	沈吟久不寐
종소리 울리자 달 희미하게 떠오르네	鍾動月微生

석죽화를 읊다

詠石竹花

석죽화는 매우 작고 가늘어	石竹甚微細
풀 사이에서 멋대로 자란다네	草間隨意生
연분홍빛은 매우 말쑥하고	淺紅殊淡雅
짙은 보랏빛은 더욱 선명하다네	深紫更鮮明
비단 같은 언덕을 더 아름답게 하지만	繡坂能添巧
시의 소재로는 이름을 떨치지 못하네	詩壇未擅名
마루와 섬돌 가까운 곳에 옮겨 심으니	移栽近軒砌
청아한 정취는 그윽한 정과 안성맞춤	淸賞愜幽情

경주 부윤 박군언 홍미 에게 주다[652]

贈慶州尹朴君彦 弘美

젊어서부터 문단의 수재였는데[653] 夙歲詞林秀
정사 처리하는 재주도 넉넉하네 兼優政事才
백성에게 혜택 잘 베풀어 能遺小民惠
또한 대번[654]에 가서 발휘하게 되었네 又殿大藩來
불같은 더위에 가을 기운 잠잠한데 火爍金精伏
가을 오자 옥피리 소리 구슬퍼라 秋生玉笛哀
별 보아도 오히려 멀지 않으리니 瞻辰還不遠
백 척의 높은 첨성대가 있다오 百尺有高臺

경주에 있는 첨성대는 천여 년이 되었으나[655] 고적은 완연하여 기울어지지 않았다.

652 경주(慶州)……주다 : 박홍미(朴弘美, 1571~1642)의 본관은 월성(月城), 초명은 경립(敬立), 자는 직재(直哉)·군언(君彦), 호는 관포(灌圃)이다. 저서에 《관포집(灌圃集)》이 있다. 박홍미는 1633년(인조11) 6월 17일 경주 부윤으로 하직하였는데, 이 무렵에 지은 것으로 여겨진다. 《承政院日記 仁祖 11年 6月 17日》

653 젊어서부터 문단의 수재였는데 : 박홍미(朴弘美)는 선조(宣祖)와 인조(仁祖) 시대에 이식(李植), 권필(權韠), 임전(任錪), 정홍명(鄭弘溟)과 문명(文名)을 나란히 한다는 평가를 받았다. 《灌圃集 序》

654 대번(大藩) : 큰 번진(藩鎭)을 뜻하는 말로, 여기서는 경주(慶州)를 가리킨다.

655 첨성대(瞻星臺)는……되었으나 : 첨성대는 천문관측시설로 선덕여왕(善德女王, 재위 632~647) 때에 돌을 다듬어 쌓았다고 전해진다. 《新增東國輿地勝覽 慶尙道 慶州府》

석주의 시에 차운하여 고달부 정사에 써주다[656]

次石洲韻 贈題高達夫精舍

생각건대 예전 호남 나그네	憶昨湖南客
청춘이라 수염 세지 않았네	青春鬢未華
달밤에 거문고를 타고	朱絃彈夜月
안개 속 꽃밭에서 좋은 술에 취했지	綠酒醉煙花
댓집은 큰길에 임해 있고	竹屋臨官道
소나무 울타린 모래 기슭과 접해 있네	松籬際岸沙
예전 노닐던 곳 다시 찾아보니	重尋舊遊處
이 생애에서 저버린 듯하네	恐負此生涯

처(處)가 다른 판본에는 지(地)로 되어 있다.

656 석주(石洲)의……써주다 : 권필(權韠)의 시는 오언율시인 《석주집(石洲集)》 권3 〈고달부의 유거에 적다〔題高達夫幽居〕〉를 말한다. 달부(高達)는 고홍달(高弘達, 1575~1644)의 자이다. 고홍달의 본관은 제주(濟州), 호는 죽호(竹湖)이다. 성균관 유생일 때 인목대비(仁穆大妃)를 폐하려는 논의가 일어나자 성균관을 떠났다. 인조반정 후 유일(遺逸)로 천거되어 참봉에 제수되었으나 곧바로 물러나 부안(扶安)에 은거하였다.

심 청평 륜 에 대한 만장
沈淸平 倫 挽章

일흔 넘겨 모두 장수했다 일컫고 踰七皆稱壽
군에 봉해져[657] 모두들 영화 부러워했지 封君競慕榮
공은 장수와 명성을 가졌지만 於公雖兩有
덕에 비하면 온전히 누린 것 아니라네 較德未全亨
스스로 지조 지켜 가풍이 올바르게 되었고 自守家風正
벼슬살이할 때 정사와 교화가 깨끗했다네 爲官政化淸
평소 사이좋게 잘 지낸 마음에 平生歡好意
어지럽게 눈물이 줄줄 흐르누나 錯莫淚縱橫

657 군(君)에 봉해져 : 심륜(沈倫)은 1625년(인조3) 6월 22일 청평군(靑平君)에 봉해졌다. 《承政院日記 仁祖 3年 6月 22日》

한사수가 억 당진 현감으로 나갈 때 주다

贈韓士秀 嶷 宰唐津

약관부터 항상 나를 따랐으니	弱歲常從我
쏟은 정 누군들 그대 같을쏘냐	傾情孰似渠
전성[658]은 영광스런 봉양이니	專城是榮養
작은 고을이나 고향이라 좋으리라	薄縣勝家居
바닷가 마을에선 염세 보내오고	蠻戶輸鹽稅
관아의 주방에선 물고기 바치겠지	官廚薦海魚
공무의 여가에 응당 생각나면	公餘應念及
부디 몇 줄 편지나마 보내주시게	須寄數行書

658 전성(專城) : 한 고을을 도맡는다는 뜻으로, 고을 수령이 되어서 부모를 봉양하는 것을 말한다.

또 아우의 시에 차운하여 사명[659]에게 주다

又次舍弟韻 贈士明

교외에서 살면 생계 꾸릴 방도 적으니	郊居少生計
어디에서 〈귀거래사〉를 읊으랴	何處賦歸來
십 년간 고달팠던 이 몸이라	以我十年苦
천리 길 돌아가는 그대 부럽기만	羨君千里回
사마상여는 원래 병 있었고[660]	相如元有病
동방삭은 본디 익살꾼[661] 아니었네	方朔本非詼
헤어진 후 중양절 되면	別後重陽節
국화만이 공연히 절로 피겠네	黃花空自開

659 사명(士明) : 한응남(韓應南, 1572~?)의 자이다. 본관은 청주(淸州), 호는 송암(松巖)이다.

660 사마상여(司馬相如)는……있었고 : 사마상여는 오늘날의 당뇨인 소갈병(消渴病)을 앓았다. 《史記 司馬相如列傳》

661 동방삭(東方朔)은 본디 익살꾼 : 동방삭은 본디 해학(諧謔)과 골계(滑稽)를 잘하여 그것으로 임금을 풍간(諷諫)하였다고 한다. 《漢書 卷東方朔傳》

〈동악과 이별하다〉에 차운하다

次別東岳

평안한지 안부 묻기 위해	爲謝平安問
심부름꾼 적막하게 사는 곳 찾아왔네	伻尋寂寞棲
덧없는 인생에서 얼마나 만났다 헤어졌던가	浮生幾聚散
이별 한스러워 했는데 또 동서로 갈리누나[662]	離恨又東西
몸은 전송하는 반형[663]의 자리에 못끼고	跡阻班荊送
옷깃 부여잡느라 시를 짓지도 못했네	詩違摻袂題
산집에 꽃이 다 떨어지고	山家花落盡
봄 가면 더욱 마음 서글프리	春去更含悽

662 이별……갈리누나 : 이빈(李頻)의 〈벗님 유탄지가 목주로 돌아가는 것을 전송하다〔送友人喩坦之歸睦州〕〉에 “피차 의지할 데 없는데, 동과 서로 또 이별하누나.〔彼此無依倚, 東西又別離.〕”라고 하였다. 《全唐詩 卷589》

663 반형(班荊) : 벗들끼리 반가이 만나서 얘기를 나누는 것을 말한다. 《춘추좌씨전(春秋左氏傳)》 양공(襄公) 26년 조에 “초나라 오거가 정나라로 도망갔다가 다시 진나라로 도망가던 도중, 그의 친구인 채나라의 성자 또한 진나라로 가던 길에 정나라의 교외에서 서로 만나 형나무를 깔고 앉아서 함께 밥을 먹으면서 오거의 초나라 복귀에 대한 이야기를 나누었다.〔伍擧奔鄭, 將遂奔晉, 聲子將如晉, 遇之於鄭郊, 班荊相與食, 而言復故.〕”라고 한 데서 온 말이다.

택당이 부쳐온 시에 차운하다 그때 분매에 붉고 흰 두 가지 색의 꽃이 피어 있었다. 이식

次澤堂寄詩韻 時有盆梅紅白兩色 李植

호젓한 거처는 산기슭에 붙어 있고	幽居傍岳麓
쌓인 눈은 성 북쪽에 가득하네	積雪滿城陰
매화꽃 필 때면 추운 겨울인데	梅發當嚴候
사람이 찾아오니 고인의 마음 알겠네	人來見古心
처음엔 병색이 심한 것에 놀랐다가	初驚病色苦
은은한 향기 끼쳐와 문득 의아했네	忽訝暗香侵
시 속에 담긴 뜻 알겠으니	領得詩中意
맑은 술 다시 수작하기를 기대하노라	淸尊待更斟

아(訝)가 다른 판본에는 각(覺)으로 되어 있다.

원운 소서를 아울러 적다.[664]
元韻 幷小序

선달 초하룻날 죽음 사장(詞丈)을 찾아뵈었는데, 자리 곁에 분매가 활짝 피어 있는 것을 보니 솥발처럼 앉은 모양새가 삼익(三益)을 이루었다. 사장께서 병중임에도 화색이 돌아 여러 차례 큰 술잔으로 술을 권하시느라 나는 어두워지는 줄도 몰랐다. 돌아가는 길에 입에서 나오는 대로 읊어 지어 보내드리고 크게 한번 웃었다. 시의 내용은 다음과 같다.

매화 꽃봉오리 보기 위해서가 아니라	不爲看梅蕊
애당초 죽음 문안하러 간 것이네	初來問竹陰
신선 자태는 물외를 초월하였으며	仙姿超物表
봄소식에서 천심을 볼 수 있었네	春信見天心
휘장 너머 처마엔 고드름 달려 있고	隔幌簷氷矗
창에는 산의 눈빛이 밀려드네	當窓岳雪侵
정 도탑고 몸도 훈훈하여	殷勲相煖熱
이 때문에 여러 잔 마시었다네	賴得數杯斟

664 원운……적다 : 이식(李植)의 원운과 서문은 《택당집(澤堂集)》 권6에 실려 있는데, 시제(詩題)는 《죽음집》의 서문을 축약한 〈선달 초하룻날 죽음 조이숙을 방문하였는데, 분매가 활짝 피어 있기에 술을 가져오라하고 서로 권하였다. 그 때문에 한껏 취하여 율시 하나를 지어 그 뜻을 부치다〔臘月初吉 訪竹陰趙怡叔 盆梅正開 呼酒相勸 爲之一醺 仍以一律寄意〕〉로 되어 있으며, 시 본문도 글자가 다소 다르다.

산택의 비쩍 마른 유생이 절하고 올립니다.[665]

665 산택의……올립니다 : 대본에는 원운과 같은 글자 크기로 되어 있는데, 문맥을 고려하여 원주 방식으로 처리하였다.

동지 겸 주청 봉세자 사은 부사 홍 영공 명형 에게 주다[666]

贈冬至兼奏請封世子謝恩副使洪令公 命亨

나는 오랜 병에 약물 달고 사는데	藥物經年病
그댄 풍랑 헤쳐 가며 만리로 가는구나	風濤萬里行
사행은 장관이 갖추어져 있으리니	乘槎諧壯觀
베개에 기댄 남은 생애 웃음만 나오네	攲枕笑殘生
땅 밑에선 초양이 움트고[667]	地底初陽動
하늘 동쪽은 소해가 맑구나	天東少海清
내년 봄꽃 떨어진 뒤에는	明春花落後
손잡으며 즐겁게 서로 맞이하겠지	握手好相迎

666 동지……주다 : 홍명형(洪命亨, 1581~1636)은 1634년(인조12) 7월 22일 인조에게 하직 인사를 하였다.《仁祖實錄 12年 7月 22日》 홍명형의 본관은 남양(南陽), 자는 계통(季通), 호는 무적당(無適堂), 시호는 의열(義烈)이다. 병자호란 때 강화도로 들어갔다가 청나라 군대에 의해 강화도가 함락될 것이 분명하다고 판단하여 선원(仙源) 김상용(金尙容)과 함께 자결하였다.《國朝人物考 甲子虜難》

667 초양(初陽)이 움트고 : 11월이 되었음을 말한다. 초양은《주역》에서 11월에 해당하는 복괘(復卦)의 초구(初九) 양(陽)을 말한다. 맨 아래 초구만이 양이고 위의 다섯 효는 음이기에, 초양이 움튼다고 말한 것이다.

서천 사군 이문백[668] 목 에게 부치다

寄舒川李使君文伯 楘

아아 내가 칠 년을 병든 채로 있노라니	嗟我七年病
천리 밖에 있는 그대 생각나누나	憶君千里程
시 지어 멀리서 그리운 마음 담아 보냈고	詩裁緘遠思
편지 보내 이별의 마음 달래주었지	書到慰離情
옥서에서 사륜 쓰는 자리 비었지만[669]	玉署絲綸曠
황당[670]의 정치와 교화 깨끗해지리	黃堂政化淸
하늘 남쪽 저 멀리까지 바라다보면	天南目力盡
외로운 섬에 공중누각 비치리라	孤島蜃樓明

668 이문백(李文伯) : 이목(李楘, 1572～1646)으로, 문백은 그의 자이다. 본관은 전주(全州), 호는 송교(松郊), 시호는 충정(忠正)이다. 저서에 《송교유고(松郊遺稿)》가 있다.

669 옥서(玉署)에서……비었지만 : 옥서는 옥당(玉堂)으로 홍문관의 별칭(別稱)이고, 사륜(絲綸)은 임금의 조서(詔書)를 뜻한다. 《예기(禮記)》 〈치의(緇衣)〉에 "임금의 말이 실과 같지만 밖으로 나가면 명주실처럼 커지고, 임금의 말이 명주실 같지만 밖으로 나가면 밧줄처럼 굵어진다.〔王言如絲, 其出如綸; 王言如綸, 其出如綍.〕"라고 한 데서 유래하였다. 이목(李楘)은 서천 군수에 제수되기 전, 홍문관의 장관인 부제학(副提學)을 역임하였다.

670 황당(黃堂) : 지방 태수가 거처하는 청사를 가리킨다. 옛날에 태수 청사의 벽을 자황(雌黃)으로 바른 데서 연유한 것이다.

남한산성의 스님 시축 안의 시에 차운하다

次南漢僧軸中韻

늙을수록 어찌 이리 게으름 심한가　　投老慵何甚
시세 쫓는 것 병든 몸에 마땅치 않네　　趨時病不宜
솥 안의 약을 달이라 재촉하고　　催煎鼎裏藥
힘겹게 시축 안의 시에 화답하네　　强和軸中詩
다생의 습기[671] 끊어버리지 못해　　未了多生習
다만 조물주에게 맡길 뿐이라네　　唯憑造化兒
외로운 중이 석장 날려 떠나니[672]　　孤僧飛錫去
초승달 그야말로 눈썹 같구나　　新月正如眉

671 다생(多生)의 습기(習氣) : 다생은 중생이 선악의 업(業)을 지음으로 인하여 윤회(輪廻)의 고통을 받아서 생사(生死)가 서로 이어지는 것을 말하고, 습기는 번뇌를 가리킨다.

672 외로운……떠나니 : 동진(東晉) 손작(孫綽)의 〈천태산을 노닐며 짓다〔游天台山賦〕〉에 "왕교는 학을 몰며 하늘을 올랐고, 응진은 석장을 날리며 허공을 걸었네.〔王喬控鶴以沖天, 應眞飛錫以躡虛.〕"라고 한 데서 온 말이다. 석장은 승려가 짚고 다니는 지팡이를 이른다. 《文選 卷11》

영공 남택지[673] 선 가 해주 목사에서 황해 감사로 승진했기에 주다

贈南澤之令公由海牧陞方伯 銑

빼어난 공적으로 높이 발탁되어	異績蒙優擢
동장이 옥부로 바뀌었다네[674]	銅章替玉符
오늘 아침 허리 굽힌 자는	今朝折腰者
어제 어깨 나란히 하던 자라네	昨日比肩徒
동읍은 은혜에 일찍이 무젖었으니[675]	桐邑恩曾浹
당음으로서 교화를 다시 펴리라[676]	棠陰化更敷
수레 방석에 토하는 객이 있어도[677]	車茵有吐客

673 남택지(南澤之) : 남선(南銑, 1582~1654)으로, 택지는 그의 자이다. 남선은 해주 목사(海州牧使)로서 치적(治績)이 좋다는 감사의 장계로 인해 1634년(인조12) 7월 27일 해주 목사에서 황해 감사(黃海監司)로 승진하였다. 《仁祖實錄 12年 7月 24日·27日》

674 동장(銅章)이 옥부(玉符)로 바뀌었다네 : 동장은 동(銅)으로 만든 관인(官印)으로 군현(郡縣)을 맡은 지방관을 뜻하고, 옥부는 고관(高官)들이 차던 옥으로 만든 부절을 가리킨다. 남선(南銑)이 수령에서 감사로 승진했음을 말한다.

675 동읍(桐邑)은……무젖었으니 : 남선(南銑)이 해주 목사로서 직임을 잘 수행했음을 말한다. 동읍은 한(漢)나라의 순리(循吏) 주읍(朱邑)이 젊은 시절 색부(嗇夫)가 되어 가혹하게 하지 않고 은애(恩愛)로써 직무를 수행했던 동향(桐鄕)을 가리킨다. 《漢書 朱邑傳》

676 당음(棠陰)으로서……펴리라 : 남선(南銑)이 앞으로 황해 감사의 직임을 잘 수행할 것이라는 말이다. '당음'은 지방 장관의 선정(善政)을 비유하는 말이다. 《시경》 〈감당(甘棠)〉에 "우거진 감당나무를 자르지도 말고 베지도 마라. 소백께서 초막으로 삼으셨던 곳이니라.〔蔽芾甘棠, 勿翦勿伐, 召伯所茇.〕"라고 한 데서 온 말이다.

노망함을 용서해 주시게나 能恕老狂無

7,8구는 당시 아우가 막하의 관리로 있었기 때문에 이렇게 말한 것이다.

677 수레……있어도 : 전한(前漢) 때 명재상인 병길(丙吉)의 말을 모는 관리가 술을 좋아하여 자주 직무에 소홀했다. 하루는 그가 술이 취해 병길의 수레에 토하여 방석을 더럽혔다. 서조(西曹)의 주리(主吏)가 그를 파직시키려 하자 병길이 "술 취한 실수로 사람을 쫓아낸다면 장차 어디에서 받아 주겠는가. 그대는 참으라. 이는 승상의 수레 깔개를 더럽힌 것일 뿐이다."라고 하였다. 《漢書 丙吉傳》

청음이 그의 막내 아우인 중정과 신륵사에서 헤어지며 배를 나누어 타고 작별하며 돌아왔다고 한다. 나도 아우와의 작별에 임하였기 때문에 감회가 들어 지어주다[678]

聞淸陰與其季仲靜送別神勒寺 分舟作別而還 余亦將別舍弟 故有懷贈之

아우는 상류를 향해 떠나고　弟向上游去
형은 도중에 돌아왔다지　兄從中路歸
떠나는 배는 닻줄 풀기가 어렵고　行舟難解纜
늙은 형의 눈물 쉽게 옷을 적셨으리　老淚易霑衣
소사[679]는 푸른 단풍 기슭에 자리하였고　蕭寺靑楓岸
어촌은 백로 노니는 물가에 있다네　漁村白鷺磯
형제와 헤어지는 한스러움 같으니　鴿原同恨別
세모에 누구한테 의지할꼬　歲暮欲誰依

678 청음(淸陰)이……지어주다 : 이 작품과 관련된 김상헌(金尙憲)의 작품은 《청음집(淸陰集)》 권4 실린 〈이숙이 그의 동생 여숙이 해서의 막부로 부임하는 것을 전송하다가 마침 내가 중정과 신륵사에서 작별한다는 것을 듣고는 시를 보내왔기에 차운하다.〔怡叔送其弟與叔赴海西幕 適聞余別仲靜于神勒寺寄詩次韻〕〉이다. 중정은 김상헌(金尙憲)의 이복 막냇동생인 김상복(金尙宓)의 자이다.

679 소사(蕭寺) : 불교의 사원을 가리킨다. 양 무제(梁武帝) 소연(蕭衍)이 절을 짓고 나서 소자운(蕭子雲)을 시켜 비백(飛白)의 서체(書體)로 자기의 성씨인 소(蕭) 자를 크게 써서 붙이게 한 고사에서 유래한 것이다. 여기서는 신륵사(神勒寺)를 가리킨다.

족질 김신행에 대한 만사

挽族姪金愼行

선대부터 화목하여서	敦睦由先世
꾸준히 우리 집 찾아왔었네	殷懃踵我門
힘써 아욱 가꿔 부모님 봉양했고[680]	力葵資孝養
많은 곡식 거둬 자손들이 칭송하였네[681]	多稼頌曾孫
병이 위독해 약물도 소용없었으니	病篤藥無及
부음 전해 와 문득 울음 삼키게 되었네	訃傳聲奄吞
만사 지으며 애도하는 맘 끝이 없어	題詩意不極
눈물 뿌리며 서쪽 들판 바라보노라	霑洒望西原

680 힘써………봉양했고 : 《시경》 〈칠월(七月)〉에 "칠월에는 아욱과 콩을 삶는다.〔七月亨葵及菽.〕"라고 하였다. 이 구절에 대해 집전(集傳)에서는 "맛 좋은 채소로 연로하여 병든 사람을 봉양하고 손님을 접대하거나 제사를 받든다.〔嘉蔬, 以供老疾, 奉賓祭.〕"라고 하였다. 여기서는 김신행(金愼行)이 열심히 채소를 가꾸어 이것으로 부모님을 봉양했다는 말이다.

681 많은……칭송하였네 : 《시경》 〈대전(大田)〉에 "큰 밭에 심기를 많이 하였다.〔大田多稼.〕"라고 하였다. 여기서는 김신행(金愼行)이 농사에 부지런하여 많은 수확을 거두어서 이로 인해 자손들이 편히 살게 되었다는 말이다.

자가 제보인 익위 성여발의 아내에 대한 만사

成翊衛汝撥字濟甫內室挽

몸은 고향과 얼마나 멀었던고	故國身何遠
타향에서 병에 걸려 낫지 못했네	他鄕病未痊
못다 마친 길쌈은 상자에 던져져 있고	殘工抛篋裏
묵은 약물은 화로 옆에 방치되었네	宿藥置爐邊
늙었기에 남편 마음 더욱 괴로울 테고	老益郎心苦
가난 속이라 아내의 어진 덕행 그리우리	貧思婦德賢
가을바람에 해로곡[682] 부르며	秋風薤露曲
목멘 채 새 무덤으로 향하누나	凄咽向新阡

682 해로곡(薤露曲) · 만가(輓歌)이다. 한 고조(漢高祖)에게 반기를 들디 패망한 전횡(田橫)의 죽음을 두고, 그 무리가 지은 만가 2장 중 1장에 "부추 위의 이슬이여, 어이 그리 쉽게 마르는가. 이슬은 말라도 내일 아침 다시 내리지만, 사람은 죽어 한 번 가면 언제나 돌아오려나.〔薤上露, 何易晞? 露晞明朝更復落, 人死一去何時歸?〕"라고 한 데서 온 말이다.《樂府詩集 卷27 相和歌辭 薤露》

조카딸 한씨에 대한 만사

女姪韓氏挽

이른 나이에 양친 잃고	早世雙親失
타향에서 줄곧 병으로 야위었다네	他鄉一病尫
고치려고 와서 늙은 외삼촌에게 의지했는데	舁醫仗老舅
조제한 약이 좋은 처방 아니었네	調藥悞良方
너는 누구 품으로 돌아가려나	子與何人抱
몸이 옛 무덤 곁에 묻히게 되었네	身藏舊兆傍
붉은 색의 명정 강을 지나가니	丹旐過江去
몹시 애통하여 눈물이 옷깃 적시누나	痛絶淚霑裳

피금각의 시에 차운하다[683] 피금각은 사군 정홍명이 김제 수령으로 있을 때 지은 것이다.

次披襟閣韻 鄭使君弘溟爲金堤倅所建

멀리 떨어져 있어 괴로운데	別爲天涯苦
시가 곡구[684]에서 새로워졌네	詩從谷口新
노건한 문장에 놀랐고	文章驚老健
청빈한 세업을 좋아했네	世業愛淸貧
눈 속 매화에서 봄소식 들려오고	雪裏梅花信
술동이 안 죽엽춘[685]은 익었다네	尊中竹葉春
어느 날에나 함께 술 취하고 매화 감상하면서	何時共醉翫
자리 함께하며 엉겨붙은 먼지 털어낼꼬	聯席拂凝塵

683 피금각(披襟閣)의 시에 차운하다 : 이 작품은 정홍명(鄭弘溟)의 《기암집(畸庵集)》 권4에 실린 〈군재에서 회포를 적어 시단의 여러 선비들에게 편지를 보내어 화답을 구하다.〔郡齋書懷 投簡騷壇諸彦求和〕〉라는 작품에 차운한 것이다.

684 곡구(谷口) : 서한(西漢) 말엽에 고사(高士)인 정자진(鄭子眞)이 지조를 굽히지 않고 곡구란 곳에서 농사를 지으며 살았는데 그 이름이 경사(京師)를 진동하였다 한다. 정자진을 정 곡구(鄭谷口)라고도 불렀다. 《法言 問神》 여기서 곡구는 정홍명이 있는 김제(金堤)를 가리킨다.

685 죽엽춘(竹葉春) : 술 이름인 죽엽청(竹葉淸)을 말한다. 진(晉)나라 장화(張華)의 〈경박편(輕薄篇)〉에 "창오의 죽엽청이요, 의성의 구온차이다.〔蒼梧竹葉淸, 宜城九醞醝.〕"라고 하였다.

두 번째 차운하다

二次

편지가 이르렀는데 정은 변함없으니	書到情仍舊
양기가 생겨나고 해도 새로 바뀌었네	陽生歲又新
작은 집 열어놓으면 시원하고	小軒開得爽
좋은 시구 팔면 가난 견딜 만하리	佳句買堪貧
지방 수령으로 조정의 중망 받았고	字牧當朝望
인화 베풀어 태곳적 봄날같이 되었네	仁和太古春
평생 진작하고 분발하려는 뜻 지녔으나[686]	平生飛動意
이 몸은 풍진 속에 늙어가고 있구려	此物老風塵

686 평생……지녔으나 : 두보(杜甫)의 〈고식안에게 바치다〔贈高式顏〕〉에 "평생 진작하고 분발하려던 뜻이, 그대를 보니 일어나지 않을 수 없구려.〔平生飛動意, 見爾不能無.〕"라고 하였는데, 이를 원용한 것이다. 《全唐詩 卷224》

앞 시에 차운하며 동악에게 부치다

次前韻 寄東岳

동악은 종백을 사직하고[687]	東岳辭宗伯
깊은 가을 옛 거처에 누웠네	高秋臥舊棲
문명은 천하를 놀라게 했고[688]	文聲驚海內
규성의 빛은 호서를 비추었네[689]	奎彩照湖西
베갯머리에서 그리워하여 시를 짓고	枕上相思句
술잔 앞에선 흥이 나는 대로 지었다네	樽前謾興題
보내준 시 두 수는 모두 탁월하여[690]	郵筒成兩絶
고개 돌려 바라보노라니 홀로 쓸쓸하구나	回首獨悽悽

687 동악(東岳)은 종백(宗伯)을 사직하고 : 종백은 예조 판서의 이칭이다. 이안눌(李安訥)은 1633년(인조11) 5월 22일 예조 판서가 되었다. 《仁祖實錄 11年 5月 22日》《국조인물고(國朝人物考)》를 보면 이안눌이 예조 판서 겸 예문관 제학에 임명되었으나 사양하고 면천(沔川)으로 돌아가니, 충청도 관찰사에 임명되었다고 하였다. 면천은 충청도 당진(唐津)에 속한 곳이다.

688 문명은……했고 : 두보(杜甫)의 〈손님이 오다〔賓至〕〉에 "어찌 천하를 놀라게 할 문장이 있으리오. 부질없이 번거롭게 강가에 거마를 멈추셨네.〔豈有文章驚海內? 漫勞車馬駐江干.〕"라고 하였는데, 이를 점화한 것이다. 《杜詩詳注 卷9》

689 규성(奎星)의……비추었네 : 규성은 이십팔수(二十八宿) 가운데 하나로, 문장(文章)과 문운(文運)을 주관하는 별이다. 문장이 뛰어난 이안눌(李安訥)이 호서 지방에 머물고 있음을 말한다. 이안눌은 1634년(인조12) 1월 18일 공청 감사(公淸監司)에 제수되었다. 《仁祖實錄 12年 1月 18日》

690 보내준……탁월하여 : 《동악집(東岳集)》 권21 〈죽음 조 참판 이숙이 보내 준 시에 받들어 차운하다〔奉次竹陰趙參判怡叔見寄韻〕〉에 실린 오언율시 두 수를 말한다.

세 번째 차운하여 동악에게 사례하다 며칠 전부터 분매가 활짝 피었다.

三次謝東岳 數日來盆梅盛開

얕은 물에는 잠긴 용이 숨어있고	尺水潛虯蟄
빈산에는 병든 학이 깃들어 있네[691]	空山病鶴棲
북두성 자루는 막 북쪽 떠나갔고[692]	斗杓初謝北
해는 어느새 서쪽으로 기울었네	羲馭忽傾西
약은 해를 넘긴 약봉지에서 사라지고[693]	藥乏經年裹
시는 지난여름 보내온 것에 화답하네	詩賡去夏題
그리워하는 데 매화마저 피어	相思梅又發
이별의 한 매우 슬프도다	離恨十分悽

691 얕은……있네 : 잠긴 용과 병든 학은 초야에 은거하고 있는 이안눌(李安訥)을 비유한 것이다.

692 북두성……떠나갔고 : 북쪽을 가리키던 북두칠성 자루가 동쪽으로 기울어짐을 말한 것으로, 1월이 되었음을 의미한다.

693 약은……사라지고 : 해가 지나면서 약봉지에 있던 약이 줄어들었다는 의미이다.

네 번째 차운하다

四次

문득 호영의 관찰사[694]로 왔다 알리고는	忽報湖營使
머무는 산기슭으로 찾아왔었네	來尋岳麓棲
누대 끝엔 별들이 북극성 향해 있고	樓標星拱北
부절 잡고 깃발 잡은 한나라의 정서장군이네[695]	節擁漢征西
정신을 집중해서 구했기 때문에 시구는 놀랍고	句警凝神覓
붓 가는 대로 썼지만 글씨는 단정하다네	書楷信筆題
풍상이 입안으로 들어와[696]	風霜入牙頰
여러 번 감탄하노라니 마음 서글퍼지누나	三歎覺心悽

694 호영(湖營)의 관찰사 : 호영은 충청도 감영(監營)을 말한다. 이안눌(李安訥)은 1634(인조12) 1월 18일 공청 감사(公淸監司)에 제수되었다.《仁祖實錄 12年 1月 18日》

695 부절……정서장군(征西將軍)이네 : 한(漢)나라의 정서장군은 한 무제(漢武帝) 때의 명장(名將)으로 흉노(匈奴)와 70여 차례의 전쟁을 하여 많은 공훈을 세우고도 운명이 기박하여 봉후(封侯)를 얻지 못했던 이광(李廣)을 가리키는데, 여기서는 관찰사의 직임을 맡은 이안눌(李安訥)을 형용한 것이다.

696 풍상(風霜)이 입안으로 들어와 : 조희일(趙希逸)이 이안눌(李安訥)이 보내온 시를 읊조린다는 말이다. 풍상은 이안눌의 시가 서릿발같이 준엄한 기상이 있다는 말로, 한나라의 회남왕(淮南王) 유안(劉安)이《홍렬(鴻烈)》21편을 편찬하고는 "글자마다 모두 풍상의 기운을 담고 있다.〔字中皆挾風霜.〕"라고 한 데서 유래하였다.《西京雜記 卷3》

다섯 번째 차운하다

五次

일찍이 용계의 노인[697] 사모해 夙愛龍溪老
표범처럼 은거한[698] 곳 자주 찾아갔었네 頻尋豹隱棲
매화 동산 가장자리엔 대나무 소리 들려오고 竹聲梅塢畔
논두렁 서쪽엔 소나무 그림자 어려있었네 松影稻畦西
사람은 으슥한 무덤에 가려졌고 人掩泉臺閟
시는 그림 벽 쓴 곳에 남아 있네 詩留畫壁題
서로 즐겼던 일 한바탕 꿈과 같아 交懽如一夢
돌이켜 생각함에 슬픔 견딜 수 없어라 追憶不堪悽

보내온 시에 옛날 일을 감개하는 뜻이 있었고 또 '소나무와 대나무가 옛 거처에 우거졌네.'[699]라는 구절이 있었기 때문에 읊은 것이다.

697 용계(龍溪)의 노인 : 이영원(李榮元, 1565~1623)을 말한다. 이영원은 자는 자선(子善), 호는 용계(龍溪)이다.

698 표범처럼 은거한 : 숨어살며 벼슬하지 않음을 말한다. 한(漢)나라 유향(劉向)의 《열녀전(列女傳)》에 "첩이 들으니 남산에 검은 표범이 있는데 안개비 속에서 이레 동안 아무 것도 먹지 않고 산 위에 가만히 있다고 합니다. 이는 무엇 때문이겠습니까. 그 털을 윤택하게 하여 문채를 이루기 위해서입니다."라고 한 데서 온 말이다.

699 소나무와……우거졌네 : 이안눌의 이 구절은 《동악집(東岳集)》권21 〈죽음 조참판 이숙이 보내 준 시에 받들어 차운하다〔奉次竹陰趙參判怡叔見寄韻〕〉의 두 번째 시에 보이는 구절로 "가을날 높은 산의 길에는 소나무와 대나무가 옛 거처에 우거졌네. 학덕 높은 선비는 현의 북쪽에 묻혀있고, 공의 아들은 관서에 머물고 있네. 달을 마주하여 술잔 잡았었고, 매화 찾아 시구를 함께 지었다네. 어찌 이웃의 젓대소리 들을 것 있겠나. 말을 멈추자 어느새 마음이 서글퍼지누나.〔秋日高山路, 松筠鎖故棲. 徵君埋縣北, 嗣子滯

연성[700]으로 가는 정하숙[701] 영공에게 주다

贈鄭下叔令公之延城

일찍이 옥 같은 사람에게 기댔으니	夙倚人如玉
오직 의지하여 단금지교 맺었네	唯憑契斷金
문 앞에 떠날 채비한 이 있어	門前有行色
베갯머리서도 헤어지는 심정으로 맘 아프네	枕上愴離襟
벽란도[702]에는 해가 지고	落日碧瀾渡
창해의 물가엔 외론 성 자리했네	孤城滄海潯
산창에 매화 반쯤 시들었으니	山窓梅半謝
홀로 은은한 향기 대하며 읊조리네	獨對暗香吟

關西. 對月杯曾把, 尋梅句共題. 何須聽隣笛? 駐馬忽心悽.」"라고 하였다.

700 연성(延城) : 황해도 연안(延安)을 말한다.

701 정하숙(鄭下叔) : 정두원(鄭斗源, 1581~?)으로, 하숙은 그의 자이다.

702 벽란도(碧瀾渡) : 황해도 예성강(禮成江) 하류에 있었던 하항(河港)이다.

신 자의 운을 써서 세 번째 차운하다
三次新字

서로 교유한 지 지금까지 두 세대이니	交懽今兩世
어찌 백발에 처음 같을쏘냐	豈作白頭新
술 마시는 정취를 알 뿐이니[703]	但識酒中趣
몸 밖의 가난은 얘기하지 마소	休言身外貧
성긴 대나무 뿌리는 눈 속에 비치고	竹根疏映雪
부드러운 매화 꽃술엔 봄이 담겼어라	梅蕊嫩含春
자유롭게 소요하는 곳이라서	自在逍遙處
맑은 시 세속 티끌 벗어버렸네	淸詩脫俗塵

703 술……뿐이니 : 이백(李白)의 〈홀로 마시다〔獨酌〕〉에 "술 마시는 정취만을 알뿐이니, 깨어 있는 자에게는 전하지 말라.〔但得酒中趣, 勿爲醒者傳.〕"라고 한 데서 온 말이다. 《古文眞寶前集 卷2》

네 번째 차운하다

四次

봄은 보건대 점차 가까워지고　青陽看漸近

누워 들으니 새소리 새롭구나　臥聽鳥音新

뜻이 굳건하니 늙음이 무슨 문제일까　志健何妨老

몸이 한가로우니 가난도 싫지 않도다　身閑不厭貧

솔로 술 빚어 막 좋은 술 걸렀고　醲松初挹醁

쑥을 끓여서 이미 봄을 맛보았네　湯艾已嘗春

매화 지는 작은 창은 고요한데　梅落小窓靜

거마의 먼지 날리는 곳은 어디인가　何邊車馬塵

승지 오숙에 대한 만사[704]

吳承旨䎘挽

조령에서 직임을 교대했고[705] 嶺上交旌節
관서에서 헤어짐 슬펐었네 關西愴別離
한창 격조했던 그리움 펴리라 기약했거늘 方期披阻思
만사 적으리라 어찌 생각이나 했으리오 豈料寫哀詞
박아함은 오나라 계찰을 스승 삼았고 博雅師吳札
맑고 향기로움은 정의를 추앙했다네 淸芬挹正儀
긴 날개 펼치며 한껏 날지 못했지만 脩翮飛不盡
영화로이 추증되는[706] 사사로운 은혜 입었네 榮贈荷恩私

당나라 오숙(吳俶)은 자가 정의인데, 당시 사람들이 그를 숲속의 난초와 혜초라고 하였다.

704 오숙(吳䎘)에 대한 만사 : 오숙은 1634년(인조12) 명나라 사신 황손무(黃孫武)가 가도(椵島)에 와서 접반사로 갔다가 송도(松都)에서 졸하였다. 《仁祖實錄 12年 11月 2日》《國朝人物考 卷22 名流》 오숙의 본관은 해주(海州), 자는 숙우(肅羽), 호는 천파(天坡)이다. 저서에 《천파집(天坡集)》이 있다.

705 조령에서 직임을 교대했고 : 조희일(趙希逸)과 오숙(吳䎘)이 경상 감사(慶尙監司)의 임무를 교대한 것을 말한다. 조희일은 1630년(인조8) 12월 15일 경상 감사에 제수되었고 오숙은 후임자로 1631년 9월 5일에 제수되었다. 《承政院日記 仁祖 8年 12月 15日, 9年 9月 5日》

706 영화로이 추증되는 : 오숙(吳䎘)이 졸한 뒤 특별히 추증하라는 인조의 분부에 오숙을 이조 참판 겸 양관 대제학에 추증하였다. 《國朝人物考 卷22 名流》

동양위 신익성 의 시에 차운하다[707]

次東陽韻 申翊聖

반가운 손님과 만나 매우 기뻐서	絶喜逢佳客
다정한 마음에 술을 권하누나	多情勸酒杯
몸의 질병이 문득 나아	頓蘇身上疾
같이 자면서 함께 매화 감상하였네	同賞枕邊梅
세월은 부질없이 늙음 재촉하건만	歲月空催老
문장은 재능을 다 쓰지 못하고 있네	文章未盡才
은근히 바란다네 눈 녹은 곳	幽期雪消處
소나무 아래서 푸른 이끼 쓸기를	松下拂蒼苔

707 동양위(東陽尉)의 시에 차운하다 : 신익성(申翊聖)은 선조의 셋째 딸인 정숙옹주(貞淑翁主)에게 장가들어 동양위에 봉해졌다. 이 시는 《낙전당집(樂全堂集)》 권2에 실린 〈죽음에게 부치다〔寄竹陰〕〉라는 작품에 차운한 것이다.

또 짓다
又

만나서 떠나감 두려워	逢場畏却去
한사코 억지로 술잔 잡게 하도다	作意强持杯
사람은 예전의 귀밑털 바뀌었고	人改舊時鬢
지난 선달의 매화꽃은 시들었네[708]	花殘前臘梅
덧없는 인생은 절로 병도 많지만	浮生自多病
성대인데 어찌 인재 버려두리오	聖代豈遺才
그대 돌아간 뒤에 문 닫으니	門掩君歸後
깊숙한 정원엔 이끼 잔뜩 덮여있네	庭深沒踝苔

708 지난……시들었네 : 맹호연(孟浩然)의 〈동지 지나서 오와 장 두 선생의 별장에 들르다〔冬至後過吳張二子檀溪別業〕〉에 "매화는 선달에 시들어가고, 버들 빛은 절반이나 봄날 같도다.〔梅花殘臘月, 柳色半春天.〕"라고 하였다. 《全唐詩 卷160》

세 번째 차운하여 백주 이명한 에게 사례하다

三次謝白洲 李明漢

적막함 속에 심오한 이치 찾고 寂寞尋玄理
병 오래 앓아 좋은 술도 신경 껐네 沈綿謝淥杯
살면서 몇 첩의 약 복용했나 生涯幾貼藥
봄 정취는 매화 한 가지에 있구나 春事一枝梅
난세엔 뜻밖의 재앙 근심스러웠고 亂世憂無妄
태평성대엔 재주 없음 부끄럽다네 淸時愧不才
교룡갑[709] 안의 검 蛟龍匣中劍
수술에는 껄끄럽게 오래도록 이끼만 끼네[710] 繡澁久生苔

709 교룡갑(蛟龍匣) : 명검의 칼집을 말한다.

710 수술에는……끼네 : 뜻을 제대로 펴 보지 못하는 심정을 형용한 말이다. 이백(李白)의 〈독록편(獨漉篇)〉에 "벽에 걸린 칼 한 자루 때때로 용의 울음. 코끼리 자르지 못한 채 수술에는 껄끄럽게 이끼만 끼는구나.〔雄劍挂壁, 時時龍鳴. 不斷犀象, 繡澁苔生.〕"라고 하였다. 《李太白文集 卷3》

죽암의 유배지에 부치다[711]

寄竹巖纍所

삼수는 대황[712] 밖에 있고	三水大荒外
천산은 머나먼 변방 가에 있네	千山窮塞邊
유배 간 지 묻노니 얼마나 되었나	霈恩問幾日
헤어진 지 어느덧 해가 지났구나	作別奄經年
땅이 멀어 소식 끊어졌지만	地遠魚緘斷
긴 하늘엔 기러기 그림자 이어지네	天長雁影連
차가운 매화 한두 가지	寒梅一兩片
꺾어 보내어 마음을 전하네	折寄寸心傳

711 죽암(竹巖)의 유배지에 부치다 : 죽암은 김광현(金光炫, 1584~1647)을 말한다. 김광현은 1634년(인조12년) 인조가 사친(私親)인 정원군(定遠君)을 부묘(祔廟)하라는 명을 내리자 양사에서 이의를 제기하였는데, 이에 대해 논의를 정지시킨 유백증(兪伯曾)을 탄핵했다가 삼수(三水)에 유배되었다. 《仁祖實錄 12年 閏8月 11日·13日》《月沙集 附錄 卷2 行狀》

712 대황(大荒) : 먼 지역을 말한다.

또 짓다

又

내가 예전 유배 갔기에[713] 以我昔年謫
그대 지금 심정 그려지누나 想君今日情
응당 아이 보면서 기뻐하다가 應知見兒喜
어버이 그리는 정성 간절하리라 轉切戀親誠
쑥은 변하지만 난초는 그래도 향기나고 艾變蘭猶馥
경수는 탁하지만 위수는 홀로 맑다네[714] 涇渾渭獨淸
일을 잘못 헤아린 늙은이는 衰翁錯料事
베개에 기댄 채 두 줄기 눈물만 흘린다오 欹枕淚雙傾

713 내가……갔기에 : 광해군(光海君) 때 대북(大北)의 정인홍(鄭仁弘), 이이첨(李爾瞻) 등이 촉발시킨 인목대비(仁穆大妃)의 폐모론(廢母論)에 반대 의견을 내었다가 평안도 이산(理山)에 유배된 것을 말한다. 《丈巖集 卷14 郡守林川趙公墓誌銘》

714 경수(涇水)는……맑다네 : 경수와 위수(渭水)는 원래 중국 섬서성(陝西省)에 있는 두 물 이름인데, 경수는 물이 탁하고 위수는 맑기 때문에 비유한 것이다.

하동지사로 연경에 가는 최 참의 혜길 에게 주다[715]

贈崔參議 惠吉 賀至赴京

병석에 누운 채 병든 몸 한탄스러워　伏枕嗟吾病
사행 가는 그대의 행차 부럽기만　乘槎羨子行
큰 바다는 옥새[716]와 맞닿아 있고　滄溟濱玉塞
은하수는 요경[717]과 접해 있다네　銀漢接瑤京
땅의 기운은 초양 돌아오고[718]　地氣初陽復
하늘의 뜻은 큰 덕 생기게 하네[719]　天心大德生
봄이 와서 사신의 일 마치고 나면　春來使事竣
술잔 들고 웃으며 그대 맞이하리라　把酒笑相迎

715 하동지사(賀冬至使)로……주다 : 최혜길(崔惠吉, 1591～1662)은 1635년(인조13) 6월 6일에 동지사로서 연경으로 출발했다.《仁祖實錄 13年 6月 6日》 최혜길의 본관은 전주(全州), 자는 자적(子迪), 호는 유하(柳下)이다.

716 옥새(玉塞) : 한대(漢代)에 감숙성(甘肅省) 돈황(敦煌)에 있던 옥문관새(玉門關塞)의 약칭으로, 전하여 변방을 의미한다.

717 요경(瑤京) : 하늘 위에 있다는 옥황상제의 궁궐을 말하는데, 여기서는 청(淸)나라 수도인 북경(北京)을 가리킨다.

718 초양(初陽) 돌아오고 : 동짓날을 말한다.《주역》〈복괘(復卦) 단(彖)〉에 "복에서 천지의 마음을 볼 수 있다.〔復其見天地之心乎.〕"라고 하였는데, 이에 대해 정전(程傳)에서는 "일양이 아래에서 회복됨은 천지가 만물을 낳는 마음이다.〔一陽復於下, 乃天地生物之心也.〕"라고 풀이하였다.

719 하늘의……하네 :《주역》〈계사전 하(繫辭傳下)〉에 "천지의 큰 덕을 생이라 하고, 성인의 큰 보배를 자리라 한다.〔天地之大德曰生, 聖人之大寶曰位.〕"라고 한 데서 온 말이다.

여주로 부임하는 권 영형 확 에게 주다[720]

贈權驪州令兄之任 鑊

병 무릅쓰고 떠나는 그대 전송하면서　力疾送君去
술잔 멈추고 다시 괴로이 읊조린다네　停杯還苦吟
교우의 정은 어려움 닥칠 때 드러나고　交情臨難見
이별의 한은 노쇠하면 심해진다네　離恨到衰深
일엽편주 동쪽에 도착하는 날[721]　片帆東開日
높은 누대에서 북쪽 보는 마음 있으리　危樓北望心
가을 오면 신륵사에서　秋來神勒寺
서로 약속해 즐겁게 찾아가리라　相約好相尋

720 여주(驪州)로……주다 : 권확(權鑊, 1568~1638)은 1635년(인조13) 4월 28일 행여주 목사(行驪州牧使)에 제수되었다. 《承政院日記 仁祖 13年 4月 28日》 권확의 본관은 안동(安東), 자는 사중(士重), 호는 석계(石溪)이다.

721 일엽편주……날 : 권확(權鑊)이 여주(驪州)에 도착하는 때를 말한다.

권제중 엽 영공의 《금강시첩》[722]

權霽仲令公金剛詩帖 曄

바다는 삼천 년 만에 변하는데　　海變三千載
나는 육십 년 만에 노쇠했네　　吾衰六十年
명산은 부질없이 눈에 들어오고　　名山空入望
계절은 속절없이 자주 변해가네　　流景坐頻遷
언제나 학소대에서 노니리　　翫鶴那期日
용을 엿볼 인연은 묻지 마시게[723]　　窺龍莫問緣
정신으로 노닐며 누워서도 살필 수 있어　　神遊臥可占
몸이 꿈속 혼보다 먼저 가 있네　　身在夢魂先

722 권제중(權霽仲) 영공의 금강시첩(金剛詩帖) : 권제중은 권엽(權曄)으로, 제중은 그의 자이다. 권엽은 고성 군수(高城郡守)를 지냈는데, 《금강시첩》은 군수로 있을 때 지은 작품을 엮은 첩으로 보인다.

723 용을……마시게 : 금강산(金剛山) 안에 있는 구룡연(九龍淵)을 두고 말한 것이다.

김 첨지 희 에 대한 만사
金僉知 熹 挽

윤씨 어른 막 세상 떠났는데	尹丈初辭世
지금 공이 또 하직했다 하네	今公又告亡
오호라 한 마을에서	堪嗟一洞裏
두 집안 상사를 연달아 곡하누나	連哭兩家喪
덧없는 인생사는 순식간이고	倏忽浮生事
해로의 시[724]는 처량하기만 하네	凄涼薤露章
붉은 명정 물 거슬러 올라가니	丹旌遡流去
눈물 뿌리며 서서 아득히 바라보네	揮淚立蒼茫

724 해로(薤露)의 시 : 만가를 말한다. 560쪽 주 682) 참조.

유 성산[725] 시회 대한 만사
柳星山 時會 挽

어릴 때부터 늘 따라 노닐어서	小少從遊慣
신의가 도타움을 잘 알았다네	深知信義敦
교우의 정은 삼대 걸쳐 오래되었고	交情三世舊
나이는 맏형 뻘이라 존대하였네	年事伯兄尊
영남 고을로 가던 가을에 전별연 열었고	嶺邑秋開餞
호서의 장원에서 달이 술잔에 들어왔었네	湖莊月入樽
즐겁게 만났던 일 추억하느라	追思歡會地
베개에 기댄 채 두 줄기 눈물 흘린다오	攲枕淚雙痕

725 유 성산(柳星山) : 유시회(柳時會, 1562~1635)가 성산 현감(星山縣監)을 지냈기 때문에 이렇게 호칭한 것이다. 유시회는 1631년(인조9) 5월 13일 성산 현감에 제수되었다.《承政院日記 仁祖 9年 5月 13日》

김 정랑[726] 주 에 대한 만사
金正郞 輳 挽

청한한 지조 갖춘 부자를 夫子淸寒操
나는 소싯적부터 알았다네 吾生小少知
어찌 선달의 영예 구하려 했으리 肯求先達譽
스스로 후조의 자태[727] 보존하셨네 自保後凋姿
산사에서 따라 머물던 때 있었고 蓮社從棲日
동향[728]에 관찰사로 가기도 하였네 桐鄕按節時
인생의 비환에 한 잔 술 마시었는데 悲懽一杯酒
생각나서 눈물이 턱에 줄줄 흐르네 回首淚交頤

726 김 정랑(金正郞) : 김주(金輳, 1564~1636)의 본관은 해평(海平), 자는 지원(志遠), 호는 운암(雲巖)이다. 저서에 《운암집(雲巖集)》이 있다.

727 후조(後凋)의 자태 : 소나무와 측백나무처럼 변함없는 지사(志士)의 절조를 비유하는 말이다. 《논어》 〈자한(子罕)〉에 "날씨가 추워진 뒤에야 소나무와 측백나무가 뒤늦게 시듦을 알 수 있다.〔歲寒然後, 知松柏之後凋也.〕"라고 한 데서 유래하였다.

728 동향(桐鄕) : 전임 수령의 은혜로운 정사를 잊지 못하는 고을을 뜻한다.

영원으로 부임하는 강학[729]에게 주다

贈姜翯赴寧遠

강학이 경성 반자(鏡城半刺)[730]에서 체차되어 돌아온 뒤 대동 찰방(大同察訪)에 제수되었는데,[731] 체상(體相 도체찰사)인 승평부원군(昇平府院君 김류(金瑬))이 연로한 어버이가 있다고 말해주어 영원으로 옮겨 제수되었다.

재주가 젊은이 속에 출중했지만　才出少年輩
벼슬자리에선 자취 쓸쓸하였네　跡孤名宦場
우관[732]은 매우 낙척한 것이고　郵官殊落摭
　척(摭)이 다른 판본에는 척(斥)으로 되어 있다.
고을 수령 또한 바쁘게 떠도는 것이라네　邑宰且棲遑
영광스레 봉양토록 한 성상의 은혜 융숭하고　榮養君恩侈
변방을 근심한 묘당의 계책 훌륭하구나　邊虞廟算良

729 강학(姜翯) : 1602~1636. 본관은 진주(晉州), 자는 군백(君白), 호는 완암(浣岩)이다. 영원 군수(寧遠郡守)를 맡고 있을 때 병자호란이 일어나 관례(官隷)를 모아 싸우다가 순절하였다.《日省錄 正祖 19年 8月 27日》

730 경성 반자(鏡城半刺) : 반자는 중국에서 주군(州郡)의 장관(長官) 아래의 직함인 통판(通判)을 지칭하는 말인데, 우리나라에서는 그 직임이 판관에 해당된다. 강학(姜翯)은 1633년(인조11) 7월 11일 경성 판관에 제수되었다.《仁祖實錄 11年 7月 11日》

731 대동 찰방(大同察訪)에 제수되었는데 : 강학(姜翯)은 1636년(인조14) 4월 21일 겸 대동 찰방(兼大同察訪)에 제수되었다.《承政院日記 仁祖 14年 4月 21日》

732 우관(郵官) : 찰방의 이칭이다.

부모님 앞에서 색동옷 입고 춤추며[733] 尊前綵衣舞
효로써 다스려 머나먼 변방 교화시키리 孝理變遐荒

733 색동옷 입고 춤추며 : 옛날 초(楚)나라의 노래자(老萊子)는 일흔 살의 나이에도 어버이를 즐겁게 해 드리기 위하여 어린애처럼 색동저고리를 입고서 춤을 추었다는 고사가 전한다. 《小學 稽古》

진부역에서 호 선사의 시축에 적다

珍富驛 題浩師軸

하나의 물줄긴 세차게 흐르고	一水溶溶注
천 개의 봉우린 우뚝이 둘러있네	千峯立立周
온 가족 외딴 곳에 버려두었고	全家投絶域
산수 좋은 곳에 은거할 계획도 어긋났네	幽計負神丘
초가을 비는 후드득 내리고	淅瀝新秋雨
옛 진부역의 누대는 쓸쓸하구나	蕭條古驛樓
한가한 스님 찾아와서 시 달라고 조르니	閑僧來覓句
말 세운 채 또한 머뭇거린다오	立馬且遲留

대관령에서

大關嶺

오십 년 전에 왔던 곳	五十年前跡
다시 왔는데 여전하네	重來尙宛然
장사의 힘으로 산 무너졌고[734]	山崩壯士力
터진 골짝을 거령[735]이 받치고 있네	硤坼巨靈奉
길 다한 곳은 은하수와 통한 듯	路盡疑穿漢
활짝 갠 바다는 홀연 하늘과 닿아 있네	溟開忽接天
선경이 눈앞에 펼쳐졌으니	壺蓬在眼底
곧장 신선들 찾아가고파라	直欲問群仚

734 장사의……무너졌고 : 이백(李白)의 〈촉도난(蜀道難)〉에 "땅이 무너지고 산 꺾여 장사들 죽으니, 그 뒤로 구름사다리 돌로 만든 잔도 고리처럼 이어 놓았다네.〔地崩山摧壯士死, 然後天梯石棧相鉤連.〕"라고 하였다. 《古文眞寶前集 卷7》

735 거령(巨靈) : 화산(華山)을 쪼갰다고 전해지는 황하(黃河)의 신이다. 옛날에 산 하나가 하수(河水)를 막고 있어서 하수가 빙 돌아서 흘렀는데, 거령이 이 산을 둘로 쪼개어 하수를 곧게 흐르게 하였다고 한다. 《文選 卷2 西京賦》

또 짓다
又

검각 삼천리 길은 험하고[736]	劍路三千險
진나라 관문은 백이중[737]이라네	秦關百二重
허공의 남기엔 새들 지나는 길 엇갈렸고	虛嵐交鳥道
깎아지른 골짝엔 발자취 끊겼다네	絶壑斷人蹤
골짝 어귀엔 천년의 눈 쌓였고	嵌積千年雪
바위엔 태고의 소나무가 말라있네	巖枯太古松
여윈 말 쓰러지지 않으려 하니	羸驂耐顚倒
말 몰며 가파른 곳 지나가누나	叱馭過巃嵸

736 검각(劍閣)……험하고 : 중국 사천(四川) 검각현(劍閣縣) 동북쪽 대검산(大劍山)과 소검산(小劍山) 사이에 있는 잔도(棧道)의 이름이다. 여기에서는 대관령을 넘어가는 길이 검각처럼 험하다는 말이다.

737 백이중(百二重) : 백이관(百二關)과 같은 말로, 험고한 지형을 의미한다. 《史記 高祖本紀》

이장경 영공을 전농의 촌가에서 송별하고 뒤미처 보내다. 그때 무척 더웠고 갈 길이 바빠 갑자기 떠나느라, 문에 나와 전송하는 친구들이 대단히 적었다. 마침 나도 더위를 먹어 술을 경계하고 있었다. 그래서 누운 채 말을 주고받으니, 더욱 멍해짐을 느꼈었다

追寄李長卿令公送典農村舍 時苦熱無比 行忙遽出 親舊出門絶少 適患暍戒飮 臥而接語 尤覺惘然

동쪽 교외 십리 길에서[738]	十里東郊路
아쉬워하며 먼 길 가는 이 보내야 했네	含情送遠行
병이 깊었기에 술잔만 부질없이 잡았고	病深杯謾把
생각 복잡해 시구 이루기 어려웠네	思苦句難成
관새라서 경계해야 할 것 많지만	關塞雖多警
강도는 또한 가까운 여정이라오	江都亦近程
일찍이 약속하였지	襟期曾有托
섣달 전 매화 망울 터질 때 보기로	梅破臘前英

738 동쪽……길에서 : 조희일(趙希逸)이 머물고 있는 전농(典農)은 동대문 밖에서 10리 떨어진 곳에 있었다.

이전 시의 운을 사용하여 양양 사군 박군언[739]에게 부치다

用前韻 寄襄陽朴使君君彦

위대하도다 조화의 힘이여　偉哉造化力
치고받다 이렇게 우뚝한 모양 이루다니　搏攫此巍然
알지어다 천 길의 산도　須識山千仞
처음엔 하나의 주먹만 한 돌에서 비롯됨을　初因石一拳
가없는 푸른 바다를 굽어보며　俯觀窮碧海
나는 걸음으로 푸른 하늘 올라간다면　飛步上青天
평소의 내가 아니리니　不是平生我
정녕 신선으로 변한 듯하리　端疑羽化仙

739 양양 사군 박군언(朴君彦) : 박홍미(朴弘美, 1571~1642)로, 군언은 그의 자이다. 박홍미는 1635년(인조13) 양양 부사(襄陽府使)가 되었다. 《灌圃集 吏曹參判灌圃朴公行狀》

중추 15일 음산하게 비가 내려 달 뜨길 기다렸으나 결국 완상하지 못했다. 다음 날 16일에는 마침 맑게 개어서 밤새도록 달을 마주하니 흥이 일었다

中秋十五日陰雨 待月竟未賞翫 翌日十六 適値淸霽 終宵對月 有興

팔월 월정사에서	八月月精寺
달 보니 참으로 둥글구나	月輪看正圓
말하지 말라 십오일 밤	莫言三五夜
공활한 하늘 개지 않았다고	未霽泬寥天
고향에도 함께 비추고 있을 텐데	故國應同照
타향이라 홀로 쓸쓸하구나	他鄕獨自憐
쓸쓸한 종소리 들려와서	寒鍾坐來徹
베개 기댄 채 온갖 생각에 잠 못 이루네	攲枕耿無眠

홍 감사[740] 명구 에 대한 만사

洪監司 命耉 挽

험준한 관서에서 이동하며 싸우는데	轉鬪西關阨
근왕 명이 북로에 전해졌네	勤王北路通
힘은 외로웠으나 마음은 떨지 않았고	力孤心不惴
몸은 피폐했지만 담력은 더욱 웅대하였네	身廢膽彌雄
학문은 집안에 전해오는 가르침 이었고	學襲傳家訓
이름은 나랏일에 죽었다는 충성 남겼네	名留死事忠
이조 판서로 백관들 사표 되었으니	天官百僚表
슬퍼하며 추증하여[741] 융숭히 숭종[742]하셨다네	哀贈侈崇終

740 홍 감사 : 홍명구(洪命耉, 1596~1637)의 본관은 남양(南陽), 자는 원로(元老), 호는 나재(懶齋), 시호는 충렬(忠烈)이다. 병자호란 때 근왕병(勤王兵)을 이끌고 남하하던 중 청나라 군대와 만나 싸우다 강원도 금화(金化)에서 전사하였다.《仁祖實錄 15年 1月 28日》

741 이조……추증하여 : 홍명구(洪命耉)는 사후 이조 판서에 추증되었다.《仁祖實錄 15年 1月 28日》

742 숭종(崇終) : 죽은 사람을 높인다는 뜻인데, 일반적으로 임금이 치제(致祭)하거나 시호(諡號)를 정해 주는 것을 가리킨다.

이 판서[743] 상길 에 대한 만사

李判書挽詞 尙吉

나는 우리 공에게 몹시 사랑을 받았다. 찾아뵙고 이야기를 나눌 때는 동등한 무리와 다름없이 대해줄 뿐만 아니었고, 곁에서 모시고 토론할 때에는 자질구레한 격식을 씻어버리시어 정성스러운 마음은 하시는 말씀에 가득하여 털끝만큼도 나태하고 소홀히 하는 뜻이 없으셨다. 이 때문에 사모하고 존경하는 마음이 가슴속에 새겨졌으니, 어찌 잠시라도[744] 풀어진 적이 있었던가. 아아, 예부터 큰 난리가 있기는 하였지만 오늘날처럼 지극한 경우가 있었다는 것은 듣지 못하였고, 예부터 전복되고 패망하는 근심은 있었지만 또한 강도(江都)처럼 심한 경우는[745] 보지 못하였다. 아아, 어찌 차마 말할 수 있겠는가. 공은 덕망을 갖춘 원로로서 그 땅에 기거하고 있었지만 맡고 있는 직임이 없었으니

743 이 판서 : 이상길(李尙吉, 1556~1637)의 본관은 벽진(碧珍), 자는 사우(士祐), 호는 동천(東川), 시호는 충숙(忠肅)이다. 정언(正言), 회양 부사(淮陽府使), 안주 목사(安州牧使), 호조 참의 등을 역임하였다. 1636년(인조14) 병자호란이 일어나자 영위사(迎慰使)가 되어, 80세의 노령에도 불구하고 묘사(廟社)를 받들고 강화도에 들어갔다. 다음 해 청군이 강화도로 육박해오자 아들 이경(李坰)을 불러 뒷일을 부탁한 뒤 스스로 목을 매어 죽었다. 《承政院日記 英祖 2年 4月 23日》 이상길이 공조 판서를 지냈기 때문에 이렇게 말한 것이다.

744 잠시라도 : 대본에는 '須曳'로 되어 있는데, 일반적인 용례에 의거하여 '曳'를 '臾'로 바로잡아 번역하였다.

745 강도(江都)처럼 심한 경우는 : 1637년(인조15) 1월 강화도가 청나라 군대에 의해 함락된 것을 말한다. 《仁祖實錄 15年 1月 26日》

땅을 지키는 신하도 아니었고 군병을 통솔하는 관리도 아니었다. 그런데 일이 잘못되었을 때 구차하게 피하지 않고, 위험에 임하여 치욕을 무릅쓰지 않아 기꺼이 칠 척의 목숨을 버리고서 평소의 이름을 온전히 하셨다. 그렇지만 기리고 안타깝게 여기는 은전을 거행했다는 말이 들리지 않아 목숨을 건지기 위해 도망치고 오랑캐에게 사로잡혀 복역한 자와 거의 다름이 없게 되었다. 아, 내가 들은 것이 혹 사실에 부합되지 않은 것인가. 비록 자결하지 않더라도 오히려 구차하게 살지 않으면서 기꺼이 치욕을 견디는 경우가 본디 있었다. 벽촌에서 폐인으로 지내느라 이미 상여끈을 잡으며 장지까지 따라가지는 못하고 그저 짤막한 만사에 의탁해서 슬픔을 쏟으니, 영령께서는 모두 아실 것이다.

강도가 험고하다고 맹신하여　　枉恃江都險
허둥지둥 종묘사직 옮기려 하였네[746]　　蒼黃廟社遷
나라 위태로운데 어찌 치욕 견디리오　　顚危那忍辱
명예와 절조 끝내 온전히 하셨다네　　名節竟能全
자그마한 배에 실려 상여 서울로 돌아왔으나　　短棹喪歸漢
긴 무지개는 의기가 하늘까지 찌르누나　　長虹氣射天
어찌하여 뜻을 같이하던 부로　　何如同志老

746 허둥지둥……하였네 : 강화도로 파천(播遷)하려고 했던 것을 말한다. 1636년(인조 14) 12월 13일에 청나라 군대가 안주(安州)에 이르렀다는 소식이 전해오자 김류(金瑬)가 인조에게 강화도로 들어갈 것을 권하자 인조가 이를 허락하였다. 《仁祖實錄 14年 12月 13日》

육신이 연기로 변했단 말인가 體魄化炎煙

상(喪)이 다른 판본에는 신(身)으로 되어 있다.

정축년(1637, 인조15) 선달 7일 해 길이가 1각이 늘었을 때 막 두서너 송이의 꽃봉오리를 피운 분매를 대하고는 경물에 감흥이 일고 슬픔 마음이 들어서 짓다

丁丑臘月初七 晷添一刻 對盆梅初放數蕊 感物傷懷作

절기에서 천심이 회복됨[747]을 보았고	節見天心復
마음은 세도로 인하여 슬프구나	懷因世道傷
여생은 의지할 곳을 잃었고	餘生迷倚着
다난 속에 삶과 죽음 맡기노라	多難屬存亡
흰 머리털 천 가닥은 짧아만 지고	白髮千絲短
봄은 일선분씩 길어지고 있네[748]	靑陽一線長
차가운 집에서 쓸쓸히 앉아 있노라니	寒齋坐悄悄
선달 매화 향기 매우 수심 겹게 하네	愁絶臘梅香

747 천심(天心)이 회복됨 : 봄의 기운이 자라는 것을 비유한 말이다.

748 일선분씩 길어지고 있네 : 동지 이후로 날마다 해가 길어지는 것을 말한다. 《형초세시기(荊楚歲時記)》에 "진·위 때 궁중에서 붉은 선으로 해 그림자를 측정하였는데, 동지 이후로는 해 그림자가 날마다 일선분씩 길어진다.〔晉魏間, 宮中以紅線量日影, 冬至後, 日影添長一線.〕"라고 하였다.

우연히 읊다

偶吟

어지럽고 혼란스런 상황	泯泯惛惛境
아침마다 저녁마다 같네	朝朝暮暮同
화로 연기 서린 데서 낮잠 자고 나니	爐煙午眠後
봄기운은 새소리 안에 있구나	春意鳥聲中
많은 난리 만난 것만 두려워하다	秖畏逢多亂
되려 이미 늙은이 된 건 잊었다네	還忘已老翁
죽고 사는 것과 병화는	天年與兵禍
한번 웃으며 푸른 하늘에 맡기리라	一笑任蒼穹

석문[749] 이경직 에게 주다

贈石門 李景稷

묻노니 석문의 병은	爲問石門疾
예전과 같은가 다른가	與前同不同
하늘은 장사를 누워 있게 하고	蒼天臥壯士
봄바람 부는 데 좋은 술도 못 마시네	綠酒負春風
허리에선 황금 띠를 풀었고	腰卸黃金帶
몸은 자죽 지팡이에 의지하였네	身扶紫竹笻
어느 날에나 나란히 베개 베고	何當竝欹枕
시원스레 말하며 흉금 털어놓을까	快辯寫心胸

일찍이 대지팡이를 보내주었기 때문에 끝 구절에서 언급하였다.

749 석문(石門) : 이경직(李景稷, 1577~1640)의 호이다. 본관은 전주(全州), 자는 상고(尙古), 시호는 효민(孝敏)이다.

보고 느낀 것을 읊다
卽事

봄빛 아름다워 잠시 좋았는데	乍愛韶光好
절물 시들어 외려 탄식하노라	還嗟節物闌
꽃잎은 어찌 그리 급하게 날리는고	花飛何太急
봄은 속절없이 빨리도 가는구나	春去劇無端
분분히 춤추는 게 보이더니	閱眼紛紛舞
바람 따라 편편이 구르누나	隨風片片團
피고 지는 것 신경 쓰이니	關心開與落
소싯적 볼 때와 다르구나	不似少時看

고성으로 목욕하러 가는 민 판윤 윤보 영공 형남 을 전송하다
送閔判尹潤甫令公高城沐浴之行 馨男

세속 때 장차 어이 씻으리	世累將何滌
선경 맘껏 찾아가는 것이리	仙區恣所過
삼일포[750] 찾아가지 않더라도	未窮三日浦
십 년간 앓던 병 먼저 나으리라	先去十年痾
아득한 천 층의 봉우리요	縹緲千層岫
망망한 만 리의 물결이라네	蒼茫萬里波
늦봄에 봄옷이 잘 맞으리니[751]	暮春春服穩
돌아가는 길엔 청화함 따르리라	歸駕趁清和

750 삼일포(三日浦) : 강원도 고성군(高城郡) 외금강면(外金剛面) 남쪽에 있는 호수 이름으로, 관동팔경의 하나이다. 신라 때 영랑(永郎)·술랑(述郎)·안상랑(安詳郎)·남석랑(南石郎) 네 국선(國仙)이 사흘 동안 이 호수에서 놀았다는 전설이 있다.

751 늦봄에……맞으리니 : 한가한 정취를 형용한 말이다. 《논어》〈선진(先進)〉에 공자가 제자들에게 포부를 물어보자 슬(瑟)을 연주하던 증점(曾點)이 슬을 내려놓고 "늦봄에 봄옷이 이미 이루어지면 갓을 쓴 어른 5, 6명과 동자 6, 7명과 함께 기수에서 목욕하고 무우에서 바람을 쐰 뒤 노래하며 돌아오겠습니다.〔莫春者, 春服旣成, 冠者五六人、童子六七人, 浴乎沂, 風乎舞雩, 詠而歸.〕"라고 한 데서 유래하였다.

북대에 올라 군산도를 바라보다 정미년(1607, 선조40)에 있어야 한다.

登北臺 望群山島 當在丁未年

백마강의 근원은 멀지만	白馬江源遠
뭇 물줄기 이곳에 함께 모인다네	群流此會同
세차게 큰 바다로 나아가고	溶溶赴大海
긴 하늘과 한데 이어졌네	混混接長空
해와 달은 허공에 걸려 있고	日月無何外
어룡은 태극 가운데 있도다	魚龍太極中
자라 등의 봉래산도 작게 보이니[752]	蓬山鼇背小
만 리 바다에 바람 타고 돛배 하나 가네	萬里一帆風

752 자라……보이니 : 《열선전(列仙傳)》에 "자라가 등에 봉래산(蓬萊山)을 지고 창해의 가운데서 손뼉을 쳤다."라고 하였다.

반학당에 적다

題伴鶴堂

봉래산은 가는 길 없는 가 했더니	蓬島疑無路
도화원에 사람 있어 반갑다네	桃源喜有人
만남에 흥을 일으킬 만하니	逢場堪引興
어디서 다시 진경을 찾으리	何處更尋眞
꽃기운은 봄 지났으나 향기나고	花氣春餘馥
산의 모습은 비 온 뒤라 새롭다네	山容雨後新
흰 학 한 쌍이 날아오니	飛來雙白鶴
나는 너희와 친해지고 싶구나	吾與爾相親

또 짓다
又

반학당은 산기슭에 자리하여	伴鶴堂依麓
숲 안개 술자리에 어려 있네	林霏襲酒筵
대숲 바람은 젓대소리 맑게 하고	竹風淸笛響
시냇가 비는 거문고 줄 둔탁하게 하네	溪雨澁琴絃
절경은 샅샅이 찾아가기 어려운데	靈境難窮討
이번 걸음은 또한 좋은 기회라네	玆行亦勝緣
평지에 백 척 누대 세워졌으니	平臨臺百尺
취한 뒤엔 나는 신선과 어울리는 듯[753]	醉後挾飛仙

753 나는……듯 : 소식(蘇軾)의 〈전적벽부(前赤壁賦)〉에 "나는 신선과 어울려 한가로이 놀며, 명월을 안고 길이 마치려 한다.〔挾飛仙以遨遊, 抱明月而長終.〕"라고 한 데서 온 말이다. 《古文眞寶後集 卷8》

가을날 정길보가 연 술자리에 참석하다

秋日赴鄭吉甫酒席

가을 든 건청동　秋入乾川洞
장마 끝이라 시원한 기운 일어나네　涼生積雨餘
푸른 연꽃은 물 밖으로 살짝 나와 있고　青荷出水短
푸른 버들은 성글게 못을 둘렀구나　綠柳遶塘疏
노래가 고와서 술잔 멈춘 채 듣고　歌艷停杯聽
시에 미쳐 맘 내키는 대로 적어가네　詩狂放筆書
종남산에 날이 벌써 저물었건만　終南日已暮
가려다 다시 머뭇거리누나　欲去更躕躇

진주 이 상사 종형의 옛 거처에 적다 신미년(1631, 인조9)

題晉州李上舍從兄舊居 辛未年

귀양 갔을 땐 형이 아우 걱정했는데	謫去兄憂弟
살아 돌아왔을 땐 눈물이 수건에 가득하였지	生還涕滿巾
가련하구나 오늘밤 달	可憐今夜月
옛날 이곳에 있던 형을 비추었겠지	曾照昔年人
푸른 대나무엔 공연히 죽순이 더해지고	綠竹空添筍
찬 매화엔 몇 번의 봄이 지나갔더뇨	寒梅幾度春
못가에 초당은 그대로니	池邊草堂在
쓸쓸하여 더욱 맘 아프네	悽恨更傷神

압운을 불러주자 영안 도위의 홍주원 부채에 적다
押呼題贈永安都尉 洪柱元 扇面

이 걸음 늦은 게 한스러우니	堪恨此行晚
된서리 내리고 국화 핀 가을되었네	霜嚴黃菊秋
술상 차려놓고 바짝 붙어 앉을 뿐	杯盤坐密席
높은 누대에서 가무 열지 않았네	歌舞廢高樓
세상일 어찌 굳이 말할 것 있으리	世事何須說
내 삶도 참으로 이미 뜬구름 같은데	吾生固已浮
응당 술에 흠뻑 취한 상태라야	唯應醉鄉裏
또한 잠시 쉬고 노닐 수 있으리	也得暫休遊

육언율시 六言律詩

이양백[754]에게 주다
贈李養伯

서로 즐거우니 오늘 밤은 어떤 밤인가　相歡今夕何夕
교유한 지 십 년이 지나 이십 년이라오　交道十年廿年
돌아가려다 돌아가지 못한 채 그댄 머물고　欲歸未歸君住
취한 듯 취하지 않고 난 잠이 드네　似醉非醉吾眠
맑은 하늘 은하수는 이슬이 씻은 듯하고　天淨星河露洗
깊은 밤 종루 소리는 바람결에 전해지네　夜深鍾漏風傳
취한 채 삼청교를 지나가는데　醉過三淸橋上
대궐 동쪽에서 가을 소리 들리누나　秋聲禁苑東邊

754 이양백(李養伯) : 이배원(李培元, 1575~1653)으로, 양백은 그의 자이다. 본관은 함평(咸平), 호는 귀휴당(歸休堂)이다. 1601년(선조34) 진사시에 합격하였고, 1613년(광해군5) 증광문과에 병과로 급제하였다. 내직과 외직 여러 벼슬을 역임하였다. 저서에 《귀휴당집(歸休堂集)》이 있다.

술자리에서 입에서 나오는 대로 붓을 달리다 갑인년(1614, 광해군6)

酒席口呼走筆 甲寅年

물어보세 벗님들 몇이나 남았는지 借問朋知有幾
천맥 넘어갈 때면 안부 물었다네[755] 每踰阡陌相存
만사 신경 써서 머리 희끗해지니[756] 萬事栽培華髮
온갖 시름 좋은 술로 털어낸다오[757] 千愁蕩滌芳尊
기슭마다 가는 풀에 봄물[758] 細草春流岸岸
마을마다 사립문에 늙은 나무[759] 柴門老樹村村

755 천맥(阡陌)……물었다네 : 위(魏)나라 조조(曹操)의 〈단가행(短歌行)〉에 "동서남북으로 뻗은 천맥을 건너며, 서로 안부를 묻누나.〔越陌度阡, 枉用相存.〕"라고 하였다. 《文選 卷27》

756 만사……희끗해지니 : 왕안석(王安石)의 〈우연히 읊다〔偶成〕〉에 "세월이 흐르니 홍안은 사라지고, 세상사 신경 쓰니 백발만 생기누나.〔年光斷送朱顔去, 世事栽培白髮生.〕"라고 한 데서 온 말이다. 《王安石集 卷20》

757 온갖……털어낸다오 : 이백(李白)의 〈벗을 만나 함께 묵다〔友人會宿〕〉에 "온갖 시름 씻어 버리고자, 눌러앉아 백 병의 술 마시노라.〔滌蕩千古愁, 留連百壺飮.〕"라고 하였다. 《古文眞寶前集 卷1》

758 기슭마다……봄물 : 두보(杜甫)의 〈봄날의 강촌〔春日江村〕〉에 "농사일로 마을마다 바쁘니, 봄물이 기슭마다 깊이 찼도다.〔農務村村急, 春流岸岸深.〕"라고 한 데서 온 말이다. 《全唐詩 卷228》

759 마을마다……나무 : 두보(杜甫)의 〈어린 아들을 생각하며〔憶幼子〕〉에 "시냇물은 빈산의 길로 흐르고, 사립문은 늙은 나무 심어진 마을에 있다네.〔澗水空山道, 柴門老樹村.〕"라고 한 데서 온 말이다. 《全唐詩 卷224》

달 떠오르길 기다려 돌아가는데	待得月生歸去
옷에는 술 마신 흔적 남았도다[760]	衣裳酒後餘痕

760 옷에는……남았도다 : 한악(韓偓)의 〈봄이 다하다〔春盡〕〉에 "봄날 아쉬워 날마다 몽롱하게 취했는데, 깨고 나니 옷에는 술 자국 범벅이구나.〔惜春連日醉昏昏, 醒後衣裳見酒痕.〕"라고 하였다. 《全唐詩 卷681》

상사 선시한이 호남에서 찾아왔기에 지어주다
宣上舍時翰 自湖南委訪 贈之

바닷가에서 냄새 나는 이 쫓았단[761] 얘기 들었는데	海上曾聞逐臭
술잔 앞에선 홀연 이렇게 허물없이 사귀네	尊前忽此忘形
땅에 떨어진 사람들 모두가 나의 형제니[762]	落地爲兄爲弟
만나서 누가 취하고 누가 깨어 있느뇨	逢場誰醉誰醒
대나무에선 솔솔 맑은 바람 불어오고	竹產淸風嫋嫋
꽃은 부슬부슬 내리는 가랑비에 젖었도다	花霑細雨冥冥
부탁하네 며칠 머물러 주기를	願且留連信宿
수심어린 눈 잠시 그대 덕에 반가운 눈[763] 되었으니	愁眸暫爲君靑

761 바닷가에서……쫓았단 : 괴벽하다 싶을 정도로 상대방을 좋아한다는 말이다.《여씨춘추(呂氏春秋)》〈우합(遇合)〉에 "몸시 냄새가 나는 사람이 있었는데, 그 친척, 형제, 처첩, 친구들이 아무도 같이 살 수가 없자 스스로 괴로워하다가 바닷가에 홀로 살았다. 그런데 바닷가 사람 중에 그 냄새를 좋아하는 자가 있어 밤낮으로 그를 따라다니며 떠나지 않았다.〔人有大臭者, 其親戚、兄弟、妻妾、知識無能與居者, 自苦而居海上. 海上人有說其臭者, 晝夜隨之而弗能去.〕"라는 고사가 전한다.

762 땅에……형제니 : 도잠(陶潛)의 〈잡시(雜詩)〉에 "땅에 떨어진 사람들 모두가 나의 형제이니, 어찌 반드시 골육의 친척만 있으리오.〔落地爲兄弟, 何必骨肉親?〕"라고 한 데서 온 말이다.《古文眞寶前集 卷2》 이것은 서로 다른 곳에 태어났어도 모두가 형제처럼 친한 사이가 된다는 말로, 손님을 친근하게 여기는 뜻이다.

763 반가운 눈 : 진(晉)나라 때의 명사(名士)인 완적(阮籍)은 세속의 법도에 구애받지 않고 지내면서 속사(俗士)를 만나면 흰자위〔白眼〕를 드러내어 경멸하는 뜻을 보여 주다가, 의기투합하는 사람을 만나면 검은 눈동자〔靑眼〕로 대하여 반가운 뜻을 드러냈다는 고사가 전한다.《晉書 阮籍列傳》

방초를 읊다 기미년(1619, 광해군11)

詠芳草 己未年

황폐한 성 옛 길가에 방초 돋았는데	芳草荒城古陌
봄바람 날마다 한결같이 불어대네	東風日日吹齊
비취색으로 짠 멀고 가까운 평평한 들판	織翠平蕪遠近
이내 서린 높고 낮은 끊어진 언덕	和煙斷壟高低
가랑비가 살짝 적신 들판 경치에	細雨輕霑野色
해질녘 홀로 가는 사람 길 잃었네	斜陽獨去人迷
서글퍼라 강남의 봄 저물어 가니	惆悵江南春暮
우거진 풀에 왕손의 회한 깃들었네[764]	王孫恨入萋萋

764 우거진……깃들었네 : 한(漢)나라 회남 소산(淮南小山)의 〈초은사(招隱士)〉에 "왕손은 유람 길 떠나서 돌아오지 않는데, 봄풀은 자라나 무성해졌구나.〔王孫遊兮不歸, 春草生兮萋萋.〕"라고 하였다. 《楚辭 卷8》

다시 형자 운을 사용하여 배우는 사람인 선에게 취중에 주다[765]

復用形字 醉贈宣學者

세도는 아득히 흘러가고	世道悠悠泛泛
만물은 형형색색이라네	天機色色形形
좋은 일은 이루기 어렵고 잃기 쉬우니	好事難成易失
나그네 회포는 언뜻 취했다가 도로 깬다네	羈懷乍醉還醒
달은 아득한 푸른 물결에 지고	月落滄波杳杳
두견새는 어둑한 구름 낀 숲에서 우네	鵑啼雲樹冥冥
영 땅 곡조인 〈백설〉[766] 함께 읊조리니	郢調同吟白雪
오묘한 노래 부르는 진청[767] 어찌 필요하리	妙音何待秦青

765 다시……주다 : 앞앞 작품인 〈선 상사 시한이 호남에서 찾아왔기에 지어주다〔宣上舍時翰自湖南委訪贈之〕〉"라는 작품의 운자를 이용한 것으로, 여기에서 '배우는 사람인 선'은 선시한(宣時翰)을 말한다.

766 영(郢)……백설(白雪) : 영은 초(楚)나라 수도의 이름이고, 〈백설〉은 〈양춘백설가(陽春白雪歌)〉로 곡조가 매우 고상하여 화답하는 사람이 아주 드물었다고 한다. 상대방의 고상하고 아취 있는 곡이나 아름다운 시를 뜻하는 말로 쓰인다.《文選 卷23 對楚王問》

767 진청(秦青) : 노래를 잘한 사람의 이름이다. 진청이 자기 제자(弟子) 설담(薛譚)을 전송하는 자리에서 손수 박자를 치며 슬피 노래하니, 구슬픈 노랫소리가 숲을 진동하여 그 애절한 메아리가 멀리 가는 구름을 멈추게 했다는 고사가 전한다.《列子 湯問》

문소[768]에서 포은의 시[769]에 차운하다 당시 안동에서 변보를 듣고 전지를 받들어 옮겨가 머물다.

聞韶次圃隱韻 時自安東聞邊報 奉旨移住

먼 곳의 나그네 빈 객관에 와서 머무니	遠客來投空館
해 진 청산에 그림자 비끼었네	落日青山影斜
가는 풀 자라는 평원엔 마을 길 났고	細草平原村逕
푸른 버들 심긴 깊은 마을엔 뉘 집 있는고	綠楊深巷誰家
웅대한 뜻 용검[770]에 맡겼지만	壯心唯憑龍劍
세상사에 오사모만 젖혀 쓰네	世事獨岸烏紗
호마가 변방에서 먼지 일으키니	戎馬關山塵起
센 머리 더 늘어난 내 신세 가엾어라	自憐霜鬢添華

768 문소(聞韶) : 경상북도 의성(義城)의 옛 명칭이다.

769 포은(圃隱)의 시 : 《포은집(圃隱集)》 권2에 실린 〈정사년 3월 비가 내리는 가운데 의성의 북루에 오르다〔丁巳三月雨中登義城北樓〕〉라는 작품이다.

770 용검(龍劍) : 보검을 뜻하는데, 고대에 용연(龍淵)과 용천(龍泉) 등의 명검이 있었던 데서 유래하였다.

동복[771] 현감으로 부임하는 안씨를 전송하다
送安同福赴任

그대는 인왕산 기슭에 머물렀고	君住仁王山麓
나는 대은암[772] 앞에 거주했네	我居大隱巖前
동갑에 같은 마을 같은 병 앓아	同庚同里同病
서로 친하고 가까웠으며 아꼈다네	相親相近相憐
백발에 외진 고을 수령되었으니	白首分符僻邑
반가운 눈빛[773]으로 어느 해나 손잡으리	靑眸握手何年
이월이라 강남엔 매화 떨어지고	二月江南梅落
우거진 방초 끝없이 이어져 있으리[774]	煙綿芳草芊芊

771 동복(同福) : 전라남도 화순(和順)을 말한다.

772 대은암(大隱巖) : 백악산(白嶽山) 기슭에 있는 바위를 말한다. 《新增東國輿地勝覽 漢城府》 김영상은 전대의 기록을 근거로 "지금의 경복고등학교 뒷문에서 약간 동쪽, 거기서 북악 산봉우리 쪽으로 골짜기를 이룬 그 안이 대은암이었다."라고 판단하였다. 《김영상, 서울육백년 1, 대학당, 1996, 241쪽》

773 반가운 눈빛 : 청안(靑眼)과 같은 말이다.

774 우거진……있으리 : 두보(杜甫)의 〈낙유원의 노래〔樂遊園歌〕〉에 "낙유의 옛 동산 높아서 상쾌하고, 끝없이 이어진 푸른 풀은 무성하게 자라있네.〔樂遊古園崒森爽, 煙綿碧草萋萋長.〕"라고 하였는데, 이를 점화한 것이다. 《全唐詩 卷216》

지은이 조희일(趙希逸)

1575~1638. 조선 중기의 문신으로, 본관은 임천(林川), 자는 이숙(怡叔), 호는 죽음(竹陰) 또는 팔봉(八峰)이다. 1601년(선조34) 진사시에 장원으로 뽑혔는데, 후일 그의 아들 석형(錫馨)도 진사시에 장원을 하여 아버지 조원(趙瑗)에 이어 3대가 진사 장원의 가통을 세웠다. 이듬해 별시 문과에 병과로 급제하고, 다시 1608년(광해군 즉위년) 문과중시에서 을과로 급제하였다. 이후에 승정원 주서, 정언, 예조 좌랑, 이조 정랑, 교리, 광주 목사(光州牧使), 예조 참판, 형조 참판, 경상 감사 등을 역임하였다. 시문과 서화 등에 모두 뛰어나 명성이 높았다. 저서에 《죽음집(竹陰集)》, 《경사질의(經史質疑)》가 있다.

옮긴이

최이호(崔二浩)

전남 완도(莞島)에서 태어났다. 조선대학교 국어국문학부를 졸업하고, 고려대학교 고전번역협동과정(박사)을 수료하였다. 한국고전번역원 부설 교육원 연수부, 전문과정1, 2를 졸업한 뒤 《일성록(日省錄)》을 번역하였고, 2020년부터 현재까지 조선대학교 인문학연구원 고전번역연구소에서 연구원으로 번역에 참여하고 있다. 또 한국고전번역원 부설 교육원에서 강의를 하고 있다.

이민호(李珉鎬)

전북 정읍(井邑)에서 태어났다. 단국대학교 한문교육과를 졸업하고, 성균관대학교 한문고전번역 석박사통합과정을 수료하였다. 한국고전번역원 번역위원과 단국대학교 한문교육연구소 연구원을 거쳐 조선대학교 인문학연구원 고전번역연구소 연구원으로 재직 중이다. 논문으로 〈지천 황정욱 시의 요체(拗體)에 대하여〉, 번역서로 《승정원일기》, 《기암집 3》, 《죽음집 1》 등이 있다.

권역별거점연구소협동번역사업 연구진

연구책임자 이상원(조선대학교 국어국문학부 교수)
공동연구원 박종훈(조선대학교 국어국문학부 교수)
엄태식(조선대학교 국어국문학부 교수)
정길수(서울대학교 국어국문학과 교수)
연구원 유종수
이민호
최이호

교열 박대현(전 한국고전번역원 교수)
윤문 배대웅

죽음집2

조희일 지음 | 최이호·이민호 옮김
2023년 12월 16일 초판 1쇄 발행
편집·발행 심미안 | 등록 2003. 3. 13. 제05-01-0268호
주소 (61489) 광주광역시 동구 천변우로 487 2층
전화 062-651-6968 | 팩스 062-651-9690 | 블로그 blog.naver.com/munhakdlesimmian

값 40,000원

ISBN 978-89-6381-435-3 94810
ISBN 978-89-6381-406-3(세트)